成都市文化体制改革和文化产业发展领导小组办公室 主编

成都百年学校

天府文化 百年成都 丛书

汪令江 李媛 邱果

编著

成都时代出版社

天府文化　百年成都

Tianfu Culture, A Century-old Chengdu

"天府文化 · 百年成都"丛书序

最温暖的记忆，最深刻的年轮

毛志雄

在中国城市体系，乃至世界城市体系中，成都是少有的千年城池未变、城名未改的现代都市。而这座拥有 4500 年文明史和 2300 年建城史的中国国家历史文化名城，如今正呈现出国际化、现代化的崭新形象。在成都迈向可持续发展的世界城市的历史当口，有必要回顾成都刚刚过去的百年历史，研究和探索成都究竟有什么样的昨天，凭什么走到如此壮阔的今天，靠什么走向更加美好的明天。

从 20 世纪初到 21 世纪初的这一百年，是成都历史上记忆最温暖的一百年。这一百年，离我们如此之近，时光虽已过去，但尚未走远；历史虽已翻篇，但仍触手可及，大量的史料和物证还在手中，众多的亲历者和见证人还在身边，历史的余温尚存。这一百年，和我们如此之亲，是我们和父辈共同走过的一百年，其间充满了我们和父辈乃至祖辈的共同经历，当年一起的追求与梦想还历历在目，当年一起的艰辛与付出还记忆犹新，件件都那样的亲切，那样的温馨感人。这一百年，惠及我们如此之多，是每个成都人、每个成都家庭变化最大和收获最多的一百年，也是最值得回味和最值得珍视的一百年，大家共同目睹了成都影响中国甚至影响世界的重大事件，共同收获了成都发展带来的繁荣与富足、进步与和谐。回顾百年历史，可以看到父辈的昨天是如何的青春飞扬、城市的昨天是如何的莺飞草长，可以看到在这一百年里，时代、城市和家人给予的爱和力量。让我们永远感恩这个蓬勃发展的时代，感恩这座生生不息的城市，感恩生我养我的挚爱亲人。

这一百年还是成都历史上变化最深刻的一百年。这一百年，本质上是成都从传统走向现代、从封闭走向开放的一百年，是成都从农业文明走向工业文明和城市文明、从内陆城市走向世界城市的一百年，堪称成都建城史上最深刻的年轮。成都现代文明是于这一百年开局的。1874 年，在张之洞和四川总督吴棠亲自筹划下，尊经书院在成都南门石犀寺附近（今成都市青羊区文庙前街）开始修建，并于 1875 年春建成学舍，招生开学。随后的 1897 年、1902 年和 1910 年，四川第一所官办新式学校——成都中西学堂、四川大学的前身四川省城高等学堂、华西协合大学相继在成都设立；1901 年，成都开始外派留学生，当年即派出首批赴日留学生 24 名和赴美留学生 23 名，截至 1909 年，成都府共派赴日留学生 311 名。成都现代工业是在这一百年生长的。1877 年，洋务派成员四川总督丁宝桢在成都创办"四川机器局"，从上海洋行购买机器，仿造洋枪洋炮，修理军用机械，此后，四川机器局又先后开办银圆局、铜圆局，并更名为成都造币厂；我祖父日本留学归国后就曾担任成都造币厂厂长。1903 年，成都设立四川通省劝工总局，并先后成立富国机械厂、启明电灯公司、乐利造纸公司等企业。成都现代意义的城市是在这一百年起步的。1921 年，北洋政府建立成都市政公所，专门管辖川西道成都、华阳两县的城区。之后，成都城区开始大规模修建道路，建成春熙路等重要道路，并兴建自来水、电力和电话等基础设施。1928 年，民国政府正式设置成都市。回顾百年历史，我们可以深刻感受到时代变迁、制度革命和文化演进对城市的巨大作用，可以深切感受到国家刻骨铭心的磨难、民族感天动地的奋斗和人民彪炳史册的创造对城市的巨大影响，并发自内心地致敬伟大的时代，致敬伟大的祖国，进一步坚定中国特色社会主义的道路自信、理论自信、制度自信、文化自信。

这一百年也是成都历史上发展最精彩的一百年。这一百年，每当国家、民族的危难关口，成都人总是挺身而出，主动担当。1911 年，成都人民掀起保路运动，直接引爆辛亥革命；1912 年，成都人彭家珍炸死良弼，促使清帝逊位，被孙中山先生誉为辛亥革命的"收功弹丸"；抗日战争中，川军参加抗日正面战场主要战役的有 340 万人，伤亡 64 万人，许多人来自成都，成都人王铭章将军率所部 122 师死守滕县，壮烈捐躯，为台儿庄战役的胜利立下不朽功勋。这一百年，成都总是行进在中国开放的大道上，无论是被动开放还是主动开放。20 世纪初，成都设立法国领事机构，之后又设立华西协合大学和圣修、仁济、协合医院等教会学校和教会医院，让成都在百年之初最先接触外来文明；抗战期间，燕京大学、齐鲁大学、金陵大学、金陵女子文理学院等高校内迁成都，大批专家名流和文化人齐聚蓉城，使成都一跃成为重要的文化中心。这一百年，成都总是顺应历史潮流，积极应变，主动求变，努力与时代同行。1898 年 4 月，经学家廖平、思想家宋育仁等在成都成立蜀学会，创办《蜀学报》，鼓吹维新变法，为中国和四川维新变法做出重要贡献。而后，成都最早的马克思主义者王右木等在成都组织马克思主义读书会，成立"四川社会主义青年团"和中共成都独立小组，宣告中国共产党早期组织在成都成立。回顾百年历史，可以深刻认识成都在中国社会进步中的重要作用，成都不仅是时代变革的引爆器，还是社会进步的加速器；可以深刻认识历史变量在成都发展中的重要作用，即时代变迁赋予了成都重大机遇，制度革命带给了成都巨大能量，文化演进给予了成都持久活力。成都更加自觉地与时代同行，为历史担当，书写更加精彩的成都篇章。

从 20 世纪初到 21 世纪初的这一百年，是当代成都人最期望探寻、最值得研究和最应当书写的一百年。这一百年，成都在中华民族波澜壮阔的复兴征程中一路前行，基本走完发达国家城市几百年才走完的工业化、城市化历程。回顾百年历史，在由衷地赞叹其辉煌成就、感叹其来之不易的同时，有必要反思成都百年巨变的主要成因。

首先是得益于时代的力量。这一百年，是激烈动荡又快速前进的一百年，是先进的社会生产取代落后的社会生产的一百年。这一百年，成都经历了资本主义、帝国主义的入侵，特别是日寇侵华战争的巨大冲击，经历了结束封建帝制、消除军阀割据和成立中华人民共和国等重大事件的巨大影响。可以讲，在成都几千年建城历史中，没有任何一个百年像这一百年遭遇如此深重的社会磨难，没有任何一个百年像这一百年实现如此深刻的社会变化。也正是这一百年，使成都凤凰涅槃，浴火重生，让成都彻底结束闭关自守和贫穷落后，真正走向文明进步和繁荣富强。没有这个时代的洗礼，成都人思想不可能如此解放，斗志不可能如此昂扬。

其次是得益于制度的力量。革命是历史前进的火车头。这一百年，是风起云涌又不断跃进的一百年，是先进的社会制度取代落后的社会制度的一百年。马克思主义中国化在这百年中显示出强大的生命力，推动中国建设富强民主文明和谐美丽的社会主义现代化国家，推动成都成为具有竞争力和影响力的体现新发展理念的国家中心城市。正是由于优越的社会制度，这一百年成都经济社会飞速发展，经济总量从 1949 年的 3.99 亿元增长到 2023 年的 2.21 万亿，发展成为全国城市第七、省会城市第二的特大中心城市。没有中国特色社会主义制度，不可能有成都的今天。

再次是得益于文化的力量。成都历来具有不排外、汇百流、善吸收、能创新、勇进取的开放性格。历史上，开明氏入蜀，带来了荆楚文化；秦定蜀，带来了关中文化；清代"湖广填四川"及 1949 年后的"三线建设"，加速了文化的交融。在数千年的历史长河中，成都依托优越的自然条件、深厚的历史积淀和独特的文化底蕴，在自然与人文、封闭与开放、农耕文明与城市文明碰撞融合中传承发展，形成了创新创造、优雅时尚、乐观包容、友善公益的天府文化，这一文化在 20 世纪初到 21 世纪初的百年间创造性转化和创新性发展，成为成都百年发展的精神力量。正是天府文化所蕴含的崇德向善的精神品格、自强不息的风骨气质、海纳百川的胸襟气度、爱国忧民的家国情怀，支撑了百年成都的革故鼎新、善谋图变，支撑了百年成都人的达观向上、兼容并包，最终成就了成都的百年巨变。

为进一步弘扬中华优秀传统文化，传承和发展天府文化，成都市文化体制改革和文化产业发展领导小组办公室专门编撰了这套"天府文化·百年成都"丛书，目的在于从建设可持续发展的世界城市的高度回望成都从 20 世纪初以来的百年历史，从政治、经济、文化、社会、生态等多个领域，从城市基础设施、规划建设、空间拓展、经济布局、产业演进、教育医疗、科技文化等多个方面，全景式多视角地反映成都的百年变化，揭示成都百年的发展轨迹，并对成都发展的规律作出深入透彻的阐释。首批出版的《成都百年学校》《成都百年医院》《成都百年小镇》《成都百年风俗》《成都百年风物》和《成都百年影像》六本书，从教育、医疗、城镇、民风、民俗等角度，以图文并茂和叙议结合的方式，记录成都既充满温情又饱含认知的百年历史，力图为读者带来新鲜的视觉感受、丰富的文化体验、全面的地域认识和深刻的历史认知。

期待这套丛书能从历史与现实的维度，展示成都这座国家历史文化名城的深度与广度。

作者系成都市文化体制改革和文化产业发展领导小组副组长，"天府文化·百年成都"丛书编委会主任，成都大学成都研究院院长、经济学博士。

Contents

目 录

前言

追溯文献记载，中国的教育在舜的时期，便"设庠为教"。千百年来，教育一直作为启智育德、传承文化和激发人类创造力的活动而存在。文翁建官学始，便在蜀地，遍开知识百花，普结人才硕果。在教育浸润中成长的成都历史文化人物，博古通今，德才兼备；以教育来传播、传承以及创造的天府文化，兼收并蓄，薪火相传；教育激起的创造力浪花，更是在成都别具匠心。

百余年来，中华大地历经磨难而又坚强不息。中华教育在百废待兴之时，承载文化复兴之希望，科技崛起之重担，蜀地的教育展示出顽强而灿烂的生命力，书写了华美壮阔的篇章。特别是成都，不仅人才辈出、成果丰硕，更有有识之士克服诸多困难，办学治校，纳贤授教。学校是知识传播的沃土、人才培育的摇篮，更是文化传承的殿堂。百年间成都的学校，有的在变革的大浪潮中推陈出新，撒播现代文明的种子；有的破土而出，一鸣惊人，探索并引领新的教育道路。不论革新还是新建，不论一如既往的原址重建还是颠沛流离的多地办学，不论教师的艰苦教学还是学生的刻苦学习，都是成都这座城市、这座城市中的人对学校的孕育，为教育事业的发展做出的努力，为天府文化的发展传承贡献的力量。

天府之地富庶文明，素重仪礼文教。《天府文化 百年成都》丛书之《成都百年学校》一书，选择了能反映时代精神气质和地方特色的九所大、中学校，梳理其建校历史、挖掘其风趣掌故，期以书中故事而飨读者。

这九所学校，源远流长，各领风骚，从不同角度展现了成都中、高等教育的发展历程：有"海纳百川，有容乃大"汇集各方英才的四川大学；有与1896年南洋公学（今上海交通大学和西安交通大学前身）同年创办，"交通大学"最早两大源头之一的西南交通大学；有几易校址、内迁成都，财经精神矢志不渝、学科发展从未停断的西南财经大学；有周恩来总理亲自过问，被誉为"中国民族电子工业摇篮"的电子科技大学；有缝合世纪师范、整合百年医院、融合甲子川抗、传承百年文化而创新前行的成都大学；有秉持"手脑并用、学做合一"育人理念的成都工业学院；有成都人颇为自豪的千年私塾"文翁石室"流传下来的石室中学；有口碑卓著启迪有方的成都七中；亦有树德树人卓育英才的树德中学。

这些学校的创办背景有官方操办，有个人兴办，有商人集资，有官员私办，以及传教士创办；有国立、省立，还有县立。阅读本书，人们更能理解，在那些峥嵘岁月，先驱们为国民教育事业所做出的努力；更能理解，在今天提高国民受教育水平的道路上，何去何从方为正道。阅读本书，人们更能看到，并不遥远的过去，知识分子们对知识的追求、对文化的渴求；更能看到，今日科技发展的任重道远。阅读本书，人们更能感受到，学校被赋予的与国家前途、民族命运紧密相连的责任；更能体会，在今天提高学校教学质量、重视建设高水平学校的深层内涵。

本书叙议结合，图文兼顾，掌故不论巨细，人物不分古今，只望能从各个角度对成都的百年学校进行书写与描绘，为读者展示一幅百年来波澜壮阔的教育画卷。希望这本书对您了解成都的百年教育史来说，不是一个完结，而是一个开始。

Chengdu 100 Year School

天府文化　百年成都

Tianfu Culture, A Century-old Chengdu

海纳百川 有容乃大
——四川大学

　　诞生于1896年晚清新政的四川大学是一座有着百年历史的名校，由原四川大学、原成都科技大学和原华西医科大学三所国家重点大学经过1994年、2000年两次强强合并组建而成。原四川大学代表了以现代新式学堂为肇端的国立大学，原成都科技大学代表了高校院系调整组建的新型大学，原华西医科大学则代表了以西方高等教育为样板的西式大学。三所各具风格的学校百年间盘根交错，传承至今，既囊括了中国高等教育的主要办学类型，也是深厚积淀的优秀传统文化与近现代西方优秀文化"西学东渐"的产物。其"百年"不仅仅代表着融入历史的厚重，也体现为百年时间轴上那些丰满、鲜活、深刻的人、事、物，还有那些留存百年镌刻记忆的建筑。百年四川大学的绵延根脉，激励着一代又一代的川大人秉承"海纳百川，有容乃大"的天赐良训，乘风破浪，扬帆远航！

【世纪弦歌】

　　学科齐全的综合性高等学校四川大学，始于1896年四川总督鹿传霖奉光绪特旨创办的四川中西学堂。教育家吴玉章、张澜，历史学家顾颉刚、文学家李劼人、美学家朱光潜、物理学家吴大猷、植物学家方文培、卫生学家陈志潜、数学家柯召、共和国开国元勋朱德、共和国主席杨尚昆、文坛巨匠郭沫若、人民作家巴金、一代英烈江竹筠等，或执掌校务，或传道授业，或潜心求学，百余年来先后与四川大学结下了不解之缘。

今日的四川大学办学之规模与成绩，让人不由慨叹其在一百多年所走过的风雨历程。名校的成就根植于历史的厚重，也承载着百年的脉络，为我们展示了成都近现代化进程中教育领域的发展与缩影。

四川大学今名与今貌的形成经历了纷繁复杂的演变，面对如此繁复的历史、众多的支脉，有太多的内容可供书写，太多的视角可以进入。回顾历史，究其本根，最终将视线聚焦在川大的校训上——"海纳百川，有容乃大"。这深刻地体现了百年川大的发展历程、兴校思想、办学特色、人才培养以及社会交流的历史状貌。"海纳百川"，在传统书院的历史中寻觅其极具地方特色且深入根脉的"蜀学"之源；"有容乃大"，在百年前的时代背景与洪流中发掘因时局而生的"西学"之流。

"源""流"何以汇聚？何以碰撞？何以成今日之川大？

成都皇城牌坊后的国立四川大学老校门（图片来自四川大学档案馆）

● **分科兴学**

鸦片战争以后，晚清统治集团中的洋务派坚持"中学为体、西学为用"，主张"师夷长技以制夷"，在文化教育上大力开办新式学堂，培养经世人才。1874年，四川总督吴棠与四川学政张之洞筹划，在成都南校场石犀寺附近修建尊经书院。清光绪二十二年（1896年），时任四川总督的鹿传霖向光绪帝奏报四川中西学堂筹办情况，并请求立案。在奏报中鹿传霖陈述了其创学缘由，"讲求西学，兴设学堂，实为今日力图富强之基。川省僻在西南，囿于闻见，尤宜创兴学习，以开风气，业经具奏在案"。他的这段话既向我们展露了当时各地设新学、新式学堂的风气，也道出有清以来时人对于川省"僻处西壤""风气渐后"的认识与评价。1896年6月，鹿传霖在成都铁板桥三圣祠街创办了四川中西学堂，倡导学习"西文西艺""分课华文、西文、算学"，成为四川近代最早的新式高等学堂，首任总理委员即校长为四川洋务总局选派的诗人兼书画家何维棣。

这场分科立学、分科治学、施行学年学分的变革，摒弃了传统的书院教学方式和内容，具有近现代教育的办学性质和特点，开启了四川近现代高等学校教育之先河，对四川的近现代化，乃至全国教育的近现代化，意义非凡。1901年，四川总督奎俊从四川中西学堂毕业生中选拔18人，由知府李立元带队到日本和西方"国家公学堂肄业""岁以三年为期，前者毕业，后者继往"，首开四川近代有组织选派学生海外留学之先河。到1906年，四川留学生占全国留学生总数的十分之一，出国人数直逼京津、江浙和两广，掀起了四川近代出国留学第一次高潮。

历史的车轮滚滚向前，四川中西学堂迎来了与尊经、锦江两大书院的合并。1902年4月，四川总督奎俊奏请光绪帝，请求将四川中西学堂与尊经书院合并，组建四川通省大学堂。同年12月由于清廷颁布指令，规定除京师大学堂以外，各省的大学堂均改称高等学堂，因此四川通省大学堂于1903年1月改名为四川省城高等学堂。不久四川总督岑春煊奏报清廷，又将锦江书院并入四川省城高等学堂。至此，原四川中西学堂经过与两大书院组建合并以后，以四川省城高等学堂的名称行之于世，成为四川近代第一所文理科兼备的综合性高等学校，堪称新式学堂的典范。

● **三校并途**

1931年发生了一件大事，一件在四川大学建校史上的大事：在四川高

1912年成都四川高等学堂学生自习留影（图片来自四川大学档案馆）

等教育传承与变革的激烈交锋中，国立成都大学、国立成都师范大学以及公立四川大学合并为"国立四川大学"。

1903 年"癸卯学制"颁布，四川逐步确定高等学堂、专门学堂和实业学堂的体制，"五大专门学堂"即四川通省法政学堂（1905 年）、四川通省农业学堂（1906 年）、四川藏文学堂（1906 年）、四川通省工业学堂（1908 年）、四川存古学堂（1910 年）等应运而生，与四川省城高等学堂、华西协合大学共同构成了清末四川高等教育的主阵容。

为弥补各地方普遍设立新式中小学堂，导致当时一些学科，如数学、物理、化学、外语等师资缺乏，四川总督锡良奏报清廷，于 1905 年成立四川通省师范学堂，以培养中小学堂师资力量。1912 年，著名教育家蔡元培担任中华民国临时政府教育总长，颁发了《大学令》《大学教育规程》等一系列教育法令，史称"癸丑学制"改革，开启了民国时期教育改革的序幕。四川省城高等学堂改名为四川官立高等学校，五大专门学堂也相继改称四川公立国学、外国语、政法、工业、农业专门学校。蔡元培将全国划分为北京、南京、武汉、广东、沈阳、成都六个国立高等师范区，直属教育部管辖，四川省城高等学堂与四川通省师范学堂于 1916 年合并为国立成都高等师范学校，成为当时四川的最高学府，在西南地区首屈一指，甚至在六大高师中也处于上等水平。

这样的成绩除了历史的积累，与历届校长贡献大，关联甚密，吴玉章先

1932年文科学会欢送毕业同学留影（图片来自四川大学档案馆）

生即是其中最著名的一位。应川军总司令部的邀请，吴玉章先生于1922至1924年出任国立成都高等师范学校校长。在任期间，先生明确提出"崇尚学术，启用新派"的办学思想，大量引进新派人物。先生还不断完善学科设置和课程体系，改革学部设置，主持制定《成都高等师范学校学科编制大纲》，改革后的成都高师课程体系与今日高等学校课程体系几乎一致。重视学习国内外先进经验及实践教学，积极改善办学条件，大力传播马克思主义思想。虽然吴玉章先生在任时间不长，但是他提出以及践行的一系列具有创新意义的高等教育理念，使学校面貌大为改观，促成了学风的转变与更新。

1924年春，杨森打败熊克武，占领成都，独揽四川军政大权后，便更换成都各高等专门学校校长，免去了吴玉章国立成都高等师范学校校长一职，委任傅振烈为校长。傅振烈上任后，当时六大高师中的北京、南京、沈阳、武昌及广东都已改为大学，傅振烈第一次提出了援照此例将国立成都高等师范学校改为国立成都大学的设想，并向教育部递呈了改办大学的章程。由于提案得到杨森的认可与支持，傅振烈得以在当年高师本科招生名额以外，另以大学名义招收了第一届大学预科生143人，其中有3名女学生，这是四川地区公立学校第一个实行男女合校的现代意义上的大学。这些学生被编入教育、中文、英文、历史、政治等十个系，成为四川大学历史上"撤科设系"的开端，这便是国立成都大学的肇始。其后傅振烈一直为改制大学的事务奔走，不过由于时局动荡，杨森在军阀混战中被刘湘击败，退出成都，傅振烈亦离任校长一职。

国立成都大学虽在国立成都高等师范学校的基础上得以筹建发展，但当时在校舍和招生问题上依然颇有争执。四川省公署以照会方式，聘请德高望重的张澜出任成都大学校长。张澜此时认为"四川作为一大省，地方偏远，文化常逊于东南，非设大学不足以增高文化。但当前，成都大学只有一块招牌和30余名师生员工，既无经费，又无校地，寄居成都高师篱下，而两校之争仍在继续。若这些问题未得到解决之前就任校长，并不会有多大作为"。为了解决冲突矛盾，教育部下达训令"分途并进，成都高师仍旧办理，成都大学准予成立"。遂于1926年国立成都高等师范学校"一分为二"，原四川官立高等学校部分搬回南较场建设"国立成都大学"，原四川高等师范学校部分改建为"国立成都师范大学"，张澜担任国立成都大学校长；成都高师则改为国立成都师范大学，由龚道耕出任校长。

1926至1931年张澜先生执掌国立成都大学校务，明确提出"打开夔门，广纳英才"的教育理念，开启了学校又一重要的历史发展时期。他广揽中外名师学者，既重视德才兼备的蜀中大儒，亦力邀新派人士；倡导学术自由、兼容并包的教育精神，改革学校管理模式，提倡民主科学，积极发挥教师作用，建立

国立四川大学第十届教育系毕业照（图片来自四川大学档案馆）

1951级四川大学中国语言文学系全体师生合影（图片来自四川大学档案馆）

校务会议、事务会议、教务会议、教授会议等一系列管理体制；在人才培养中，倡导"不愤不启，有教无类"的教育思想，鼓励学生探索科学真理，支持学生开展社团活动，树立优良校风学风。在张澜先生的领导下，国立成都大学发展成为当时在全国颇具影响力、规模较大、富有生气的大学之一。

公立四川大学是 1927 年由之前的五大专门学堂组建而成。五所专门学校虽已合并，实际情况则是仍循旧章，各自为政，只不过将各专门学校挂上了公立四川大学中国文学院、外国文学院、法政学院、工科学院、农科学院的招牌。公立四川大学未设校长，由各学院的学长组成"大学委员会"，联合办公，协调各院工作，处理重大对外事务。因此公立四川大学组成期间存在着一系列问题，如频繁更换领导人、专任教师比例小、系科设置变化慢等。

1931 年三所大学的合并改变了当时的教学状况。虽然经历了较长时间的酝酿以及错综复杂的过程，但在特定的社会环境下，集中有限的人力、财力、物力，组建国立四川大学，客观上促进了川大乃至全省高等教育的发展。新组建的国立四川大学包含了文、理、法、教四大学院，中文、英文、史学、政治、法律、经济、数学、物理、化学、生物、教育 11 个系，体育、艺术两个专修科，本科学生 1337 人、专任教师 178 人，成为当时全国13 所国立大学之一。

新中国成立翻开了历史崭新的一页，1950 年 9 月，按照教育部指示，国立四川大学正式更名为四川大学。更名后的四川大学开始了院系调整，从过去包括文、理、法、工、农、师等多学科的综合大学调整为文理科综合大学。1953年政务院发布决定，四川大学成为四川唯一的一所中央教育部直接管理的综合大学。此间，一大批专家学者在川大涌现，如著名的生物学家、教育家、翻译家、政论家、社会活动家周太玄，数学家、教育家、社会活动家柯召，经济学家彭迪先，历史学家蒙文通，古文字学家徐中舒，植物学家方文培，细胞学家雍克昌，历史学家缪钺等。经过不懈努力，四川大学于1960年被确定为四川地区首批全国重点大学。改革开放后，四川大学努力适应经济、科技与社会发展的需求，坚持党的基本路线，贯彻党的教育方针，逐渐向新的历史发展时期迈进。

● 西学东渐

20世纪初，当今川大的重要支脉华西医科大学，也在华西坝上萌芽、建立、交融、发展。华西协合大学的创办与当时的四川省城高等学堂，正好

Chengdu 100 Year School

1914年华西协合大学医科第一届师生合影。各教会任命教师5位，后排从左至右分别为：谢坚道（加拿大卫理公会）、艾文（美以美会）、甘乃德（美以美会）、莫尔思（美国浸信会）、启尔德（加拿大卫理公会）（图片来自四川大学华西医院官网）

华西协合大学校门，拍摄于1921年11月1日（图片来自四川大学档案馆）

形成了"一西一中"，"一洋办一官办"的迥异对比，共同成为当时四川高等教育的重要力量，共同构成今日之四川大学。华西坝因校而闻名，作为中西融合的经典样本，华西医科大学是西部现代化的缩影，也日益凝结为一个文化符号和一种别样情愫。

清光绪三十一年（1905年），四川的基督教英美会（后改称中华基督教会）、美以美会（后改称卫理公会）、浸礼会和公谊会抱着以办学校推动传教事业的初衷，决定在成都城南联合筹办一所大学，在南郊风景清幽的锦江之滨购地百余亩修建校舍，以今日"华西坝"为基地，于1910年正式成立大学，定名为私立华西协合大学，当年的成都市民称华西协合大学为"五洋学堂"或"五会学堂"。

华西协合大学与上海圣约翰大学、苏州东吴大学、广州岭南大学、北京燕京大学和山东齐鲁大学等，并列为全国十三所教会大学。

大学创办之初，设文、理、教育三科，开校不久，四川保路运动风潮兴起，受形势所迫，大批的外国传教士从成都撤离，直到1913年春学校才慢慢恢复运转。学校停办的日子里，建校者们也对大学建设做了更深入的思考，他们认为教学方向应专注培养医务人才，解决当时各传教站医院、诊所急缺医务人员的状况。因此复校不久，即在文、理两科的原有设置上，于1914年增设医科。一时间，甘乃德、启尔德、莫尔思、谢道坚、艾文、黎

1923年10月，华西协合大学医科成员合影。前排从左至右分别为：肖义森、胡祖遗、莫尔思、毕启、黎伯斐、唐茂森；二排：张先生、启真道、启静卿、德乐尔、启希贤、米玉士；三排：钱家鸿、杨济灵、Humphreys、苏道璞、班勒、谢道坚（图片来自四川大学华西医院官网）

伯斐、启希贤等纷纷在华西协合大学医科教授医学专业课程，甘乃德被任命为第一届医科院长。为了让国人意识到牙科学教育的必要性，在林则的带领下，1917年华西协合大学复增中国最早的牙科专业。学校遂成一所以医、牙为主，文、理并重的综合性大学。华西协合大学从1924年开始招收女学生，成为全国最早开展女子高等教育的学校之一，开启了四川私立学校男女合校的先声。著名的妇产

"五大学"校长，从左至右分别为梅贻宝、吴贻芳、陈裕光、张凌高、汤吉禾（图片来自四川大学华西医院官网）

医学专家乐以成就是华西协合大学培养的第一个医学女博士，该领域流传着"北有林巧稚，南有乐以成"的说法。

从 1925 年发生"五卅惨案"，全国爆发了大规模反帝运动，华大学生第一次组织退学团，到 1933 年四川省教育厅转教育部指令："私立华西大学，应准予立案"。期间发生的停学、退学、罢工罢教、道歉、辞职等种种事件，反映了教会大学中国化、中西融汇的艰难历程。1933 年 9 月获准立案，是学校里程碑式的变化，原来制订的办学宗旨被修改为"本大学以教授高深学术，养成高尚品格、增进人类幸福为目的"，新校训"仁智、忠勇、清慎、勤和"体现了儒家的文化精神。经中国政府批准，中国人主持校政，学校开始了中国化的新篇章。

华西协合大学1930年毕业班合影（图片来自四川大学华西医院官网）

抗日战争爆发后，齐鲁大学、金陵大学、金陵女子文理学院、中央大学、燕京大学等高校和科研机构纷纷迁至华西协合大学，共用校园、校舍、实验室、图书设备等，联合办学。一时间华西坝上大师云集、盛况空前，"五大学"联合办学使四川成都成为抗战大后方的文化教育中心之一。同时，中央大学医学院及齐鲁大学医学院相继来蓉，与华西协合大学医科合办医学教育。仅靠当时仁济、存仁为主的教学医院，很难满足中央、齐鲁、华西三校学生的临床教学、实习需要。为此，三校两院及主办两院的基督教差会，经过多次协商，1938 年 7 月 1 日，"华大、中大、齐大三大

1948年，牙科教职工在启德堂即医牙科大楼前合影，前排从左至右分别为：胡祖遗（E.C.Wilford）、曹钟梁夫人、曹钟梁、李哲士（S.H.Lijestrand）、李哲士夫人、启真道、吉恩.E.米勒、林则（图片来自四川大学华西医院官网）

Chengdu 100 Year School

学联合医院"正式成立并投入使用，把三校两院的人才、设备集中使用，统一管理，公推中央大学医学院院长戚寿南任总院长，华大医学院院长启真道任总指导。这是中国当时最高水平的医院，成为大学合作的典范。

新中国成立后，人民政府于1951年接办私立华西协合大学，将学校命名为华西大学，刘承钊任校长。此时的华西大学仍然是一所设有文、理、医、牙4个学院的综合性大学。大批训练有素的留学生辗转返校，弥补了因抗战胜利后五大学师生回撤造成的人才短缺。乐以成、杨振华、陈钦材、张光儒、张君儒、陈官玺等留学生将自己的一生都倾注在了华西的医学事业上，成为各专业的教授、学术带头人。

1953年中央卫生部决定将华西大学更名为四川医学院，由综合性大学改组为多专业医药院校，设医学、口腔、卫生、药学4系及综合性附属医院1所。

到20世纪80年代中期，为发挥对外交往的传统优势，加强校际、国际合作与交流，经卫生部和国家教委批准，四川医学院在1985年更名为华西医科大学，在原四川医学院的基础上，逐渐恢复和建立八个学院及一个系，分别为：口腔医学院、公共卫生学院、药学院、基础医学院、医学院、继续

1921年华西协合大学正预科毕业照，当年的大学生要读三年预科再读三年
正科，一共读六年才能毕业（图片来自四川大学档案馆）

教育学院、护理学院、法医学院、科技英语系。在2000年与四川大学并校
前，华西医科大学已经是一所在口腔医学、生物医学、基础医学和临床医学
等方面具有强大实力的卫生部直属重点医科大学。

● **院系调整**

　　1949年，全国接受高等教育的在校大学生人数只有11万，其中，工学
院每年的毕业生甚至不到1万，根本无法满足国家工业建设，特别是重工业
发展的需要。1951年11月，教育部召开全国工学院院长会议，会议"以
培养工业建设人才和师资为重点，发展专门学院和专科学校，整顿和加强综
合大学"的精神，拉开了1952年全国院系大调整的序幕。这一轮院系调整
的核心就是将大学从综合性转向专科化，重点加强工科院校和单科性专门学
院的建设。

　　早在院系调整前的1944年，四川大学为适应抗战期间企、事业单位内
迁对人才的需求，提出了"增设实科"的计划和申请，经教育部批准后，在
理学院内增设土木水利工程系和航空工程系。1945年3月，增设机械电机
工程系，并决定设理工学院。1947年夏，理工学院分设为理学院和工学

院，工学院从四川大学校本部迁到锦江另侧的原兵工厂内。1948年，增设化学工程系，机械电机工程系分设为机械工程系和电机工程系。这时，四川大学的工学院已成为具有五个系的工学院。

1953年高等教育部召开全国高等工业学校行政会议，在这次国内高校大范围的拆并重组中，四川大学工学院与四川化学工业学院合并建立"四川工学院"。四川化学工业学院成立于1952年，由原四川大学、重庆大学、西南工专、川南工专、乐山技专、西昌技专、川北大学、西南农学院的化工系科和华西大学的制革系组合构成，是当时我国西南地区发展新建的一所高等工科专门学院。经过一年多的筹备，1954年西南高教局发布通知："今年暑假全国高等学校院系调整方案业经政务院批准，你区四川大学工学院独立建校，并将重庆建筑工程学院汽车公路与城市道路专业并入，成为多科性工学院，定名'成都工学院'，即希布置实施。"成都工学院成为全国各大行政区着力组建的老牌八大工学院之一。1978年，成都工学院更名为成都科技大学，经过多年发展，成为中国西部地区实力最雄厚的全国重点工科大学之一，材料、化工、水电、机械、轻纺、皮革等学科专业可谓实力雄厚。

成都工学院校门（图片来自四川大学档案馆）

1954年四川大学水利系水文专业毕业合影（图片来自四川大学档案馆）

值得一提的是，当年的八大工学院中成都科技大学并入川大成为 985 高校，其他七大工学院也陆续独立发展为 985 高校（东北大学、大连理工大学、西北工业大学、北京理工大学、东南大学、华中科技大学、华南理工大学），侧面反映了当年成都工学院不容小觑的专业实力。

● 二度合并

历史汩汩流淌，随着高等教育体制改革，20 世纪末最后七年间，四川大学继三十年代的三校合并后迎来了二度合并，继而奠定了其在新世纪发展的深厚基础。

1994 年经国家教委、四川省政府正式决定，四川大学、成都科技大学合并组建成四川联合大学，由国家教委、四川省、成都市共建，学校迈出了建设文理渗透、理工结合的新型综合性大学的坚实脚步，开中国高等学校强强联合之先河。

21 世纪迎来这场二度合并的高潮——2000 年 9 月 29 日，四川大学与华西医科大学合并组建了新的四川大学。

说到华西与川大的融合，其实早已有之。在 1952 年下半年全国院系调整中，华西的文、理、工科就已融入川大。历史学家蒙文通、蒙思明、缪钺、赵卫邦，数学家蒲保民，人类学考古学家冯汉骥，化学系制革专家张铨等先后调入川大和成都科大，为这些学科的发展奠定了基础。

随着国家部制改革，20世纪末，部属院校纷纷下放地方，原属卫生部的华西医科大学划入四川，成为省属高校。彼时，四川省政府提出出资3亿元成立四川大学医学院，时任川大校长兼党委书记的卢铁城通过推动两校合并，一改川大与华西医科大学的发展轨迹，奠定了今日川大的办学格局和历史地位。其实，发生在2000年的这场合并并非川大、华西独一份，在堪称教育格局"大地震"的新中国成立后第二次大规模院系调整中，这一年共发生105次合并，由203所高校合并为79所，堪称"并校高峰年"，近80所医科院校并入综合大学，原卫生部直属的11所医科大学中9所都与其他综合性大学合并，例如同济医科大学现为华中科技大学同济医学院，北京医科大学现为北京大学医学部等，目前只有北京协和和中国医科大学仍是独立办学。

● **世纪新篇**

2003年，四川大学江安校区第一期工程正式投入使用。这片占地3000亩的校区从根本上解决了制约学校发展的空间问题。2010年9月30日，四川大学隆重举行华西医学百年暨合校十年庆祝大会。原四川大学与原华西医科大学的合并，拉开了华西医学与四川大学学科交叉互补、深度融合、共同发展的序幕。川大成为实力雄厚的综合性大学，华西医学也依托综合性大学的多学科优势，在医学创新、人才培养、医疗卫生服务等方面取得了显著成就。时任四川大学校长的谢和平院士在庆祝大会上表示，华西医学并入四川大学10年来，科研总经费从1.7亿元增加到12.1亿元，院士从4人增加到13人，学校获准"973"项目首席科学家2项，国防军工重大项目2项，国家社科基金重大招标（委托）项目7项，实现多项零的突破。

2016年9月29日，四川省、成都市和四川大学共建世界一流大学启动暨四川大学建校120周年庆祝大会隆重举行，标志着学校迈入省市校共建世界一流大学的新征程。四川大学扎根西部，为地区和区域发展输送了大量高水平、高质量人才，切实为西部振兴发展做出重要贡献。据2021年年底统计，四川大学在四川省和西部地区的招生比例分别约为36.28%和62.81%，毕业生留在四川和西部就业的比例则达到了50.96%和64.31%。

回望历史，1896年四川中西学堂创立、1910年华西协合大学创办，都是四川教育界在转型期的重大事件。传统的书院开始向新式学堂转变，教会

Chengdu 100 Year School

学校使四川近代教育呈现出"一中一西""中西交融"的时代格局。作为近代教育体系传承之一的四川大学既根植于"中学""蜀学"的厚重,亦沐浴"西风",可以说其"海纳百川,有容乃大"的精神正根源于此。

【学府精英】

● 鹿传霖

1840年鸦片战争以后,中国一步步沦为半殖民地半封建社会,这残酷的现实给了清王朝一记响亮的耳光,也打醒了统治阶层中的有识之士。他们开始认识到自身的落后、对手的强大,也认识到学习西方的重要性。晚清统治集团中以恭亲王奕䜣、文祥为代表的洋务派主张"中学为体,西学为用""师夷长技以制夷",在国内掀起一股现代化的革新浪潮。他们主张西式教育理念,大力开办新式学堂,培养人才以增强国势。一批近代新式学堂应运而生,如天津中西学堂、上海南洋大学堂等,其中也包括四川中西学堂。

1895年,四川总督鹿传霖上疏清廷,向光绪皇帝陈述创办四川中西学堂情况,请求立案。1896年6月18日,中国西部第一所近现代高等学校四川中西学堂在成都诞生。考虑到四川地区在师资、教材、经费等方面的困难,鹿传霖亲自请总理衙门选派熟谙英法语言文字者各一人,派到四川充当教习;另外向南北洋大臣咨取各种学堂所需书籍,派人到上海采买各种洋书以备教学之用;选购好地皮,以修建学堂房舍之用;经费方面则"饬成绵道于土厘项下,先筹拨银五万两,作创办经费";最后,奏请光绪皇帝"仰悬天恩敕下总理衙门立案,议定章程,饬行遵照"。光绪皇帝

鹿传霖(1836—1910年),在四川担任总督时大兴教育,创立四川中西学堂、文学堂以及算学馆

对鹿传霖的奏折予以肯定，通过立案且确定了四川中西学堂开学的日期。

鹿传霖（1836—1910年），字润万，又字滋轩，河北定兴县西江村人，为清同治年间进士，历任广西兴安知县、桂林知府、河南巡抚、陕西巡抚、四川总督、军机大臣、工部尚书、吏部尚书等职。他曾督办集修清光绪版《定兴县志》，著有《砚斋书集》，善书法，留有大量墨迹，在四川担任总督时大兴教育，创立了四川中西学堂、文学堂以及算学馆。

鹿传霖亲自制定了六条《四川中西学堂章程》，就办学宗旨、培养目标、班级划分、课程设置、校务管理、入学条件做了具体规定，倡导"西文西艺""分课华文、西文、算学"，提出"培植人才、讲求实学、博通时务"等教育理念。师资由朝廷的总理衙门选派，大多是留学归来的人员；学生则来自老式书院、私塾等，在全国范围内招生，并不局限于本省，因此囊获了很多优秀生源。四川中西学堂还按照西方"分科立学"的教学制度，对学生按科类、分程度编班定级，同时开设了10类26门自然科学课程，实行学分制。其办学已摒弃了传统的书院教学方式和教学内容，具有现代教育的办学性质和特点，成为四川近代高等教育的发端。

两年后，鹿传霖办学渐有成效，清廷看到办学堂带来的人才优势和良好社会风气，点名表彰了包括四川在内的一些省份，还要求各省总督巡抚要效仿鹿传霖开设学堂。1898年谭嗣同等发起创立的湖南时务学堂，其办学章程《湖南开办时务学堂大概章程》中就明确指出"照四川中西学堂例"。

中西学堂的继任者岑春煊、奎俊和锡良等人将鹿传霖的办学方针发扬并完善，学校得以稳步发展。1902年四川中西学堂与尊经书院合并为四川通省大学堂，后改为四川高等学堂，次年，锦江书院也并入其中，学校规模扩大、师生人数剧增。据统计，四川中西学堂藏书楼当时馆藏中外图书达一万余册，包括大量外文自然科学原版书刊、辞典工具书、教材以及西方资产阶级革命启蒙读物的原版本和中译本，是当时中国西部当之无愧的外国科技文献和图书收藏中心。

● **吴玉章**

1916年，几经易名的四川中西学堂经北洋政府教育部批准，与四川高等师范学校合并，更名为国立成都高等师范学校，成为当时"全国六大高师"之一。据统计，当时国立成都高等师范学校专任教师和在校学生人数仅次于北京高等师范学校，排全国第二，全年经费排名第四。曾就读于国立成

吴玉章（1878—1966年），
1922—1924年担任国立成都高
等师范学校校长

都高等师范学校的原国家主席杨尚昆曾说："当时高师是四川的最高学府，高师的校长有很高的社会地位。"吴玉章先生便是该校著名的校长之一，他于1922年至1924年担任国立成都高等师范学校校长一职。

吴玉章（1878—1966年），原名永珊，字树人，号玉章，四川荣县双石乡蔡家堍人。他出生于一个耕读传家的典型家庭，父母去世较早，靠兄嫂抚养成人，管教则靠很有道德修养的祖母。虽然家境并不富裕，但是从小因家教甚严，他能做到克己为人，从不谋取个人私利，深得同志信任。1892年，吴玉章追随二哥吴永锟进入由四川学政张之洞创办的四川尊经书院求学。这一次结缘，对吴玉章先生产生了重要影响。吴玉章曾说："我在尊经书院的时间虽然很短，但给我留下的印象却极深刻。这对培养我的民族气节和革命气节，都曾起过积极作用。"在校学习半年后，由于母亲病故，吴玉章与二哥吴永锟中断了在尊经书院的学业，一起返回家乡，守母亲庐墓三年，1903年，吴玉章扬帆东渡，留学日本。在日本，他阅读了大量进步书刊，被邹容的《革命军》深深震撼，被《民约论》和欧洲各国革命史新书刊触动，下定决心推翻清王朝腐朽统治，宣传天赋人权的民主革命思想。1906年，他加入同盟会，追随孙中山先生参加革命。1925年，他经赵世炎和成都高师学生童庸生的介绍加入了中国共产党，成为四川早期的马克思主义者，为四川早期党组织的发展作出了重要贡献。

吴玉章作为历经戊戌变法、辛亥革命、讨袁战争、北伐战争、抗日战争、解放战争、新中国建设的跨世纪革命老人，与董必武、徐特立、谢觉哉、林伯渠一起被尊称为"延安五老"。他的一生，如同党中央在他60寿辰时所发祝词中说的那样，"是近几十年里一部活的中国革命史的缩影"。

在高师担任校长不到两年的时间里，吴玉章耗费心力、尽职尽责，他自己评价说："经过一番整顿，学校面貌大大改观，师生员工团结得很紧密，树立了一种崭新的学风。同学们有秩序、有朝气，追求知识，孜孜不倦，议论政治，意气焕发，成都高师成了进步势力的大本营。"他是在中国提出

"素质"和"素质教育"含义、要求、原则、方法的第一人；也是第一个把教育与国家强盛联系起来，提出"教育兴国"思想的人；更是第一个提出管理人才培养问题的人；且开创了中国函授教育的先河。吴玉章校长奠定了川大成为百年名校的坚实基础，他锐意进取，排困纾难，取得了显著成效。蒋南翔指出"可以说吴玉章同志早在二十年代就开始按照无产阶级思想，根据中国革命的需要，探索改造旧教育，创建新教育的道路"。

吴玉章既是教育家，又是革命家，出任校长后，首先强调用马克思主义教育师生。国立成都高等师范学校是当时四川的最高学府，无论在办学规模、师资、图书、校舍及设备方面，都具有巨大优势。虽然高师很早就成为同盟会重要据点，在传播马克思主义、宣扬民主革命思想方面做出了许多贡献，但是它作为旧中国学校，存在着课程设置陈腐、封建陋习频现等问题。他在高师建立了马克思主义四川大本营，发展党团组织。他提出要培养革命人才，"推进新思潮的扩展""走俄国人的路"。他顶住压力，聘请有新思想的人来校任教，坚持聘用马克思主义运动先驱共产党人王右木。不仅如此，他还亲自登台给学生讲"马克思派社会主义"等课程。1922年暑期，川南师范学校恽代英校长去上海购置图书、教学仪器期间，四川军阀赖心辉占领泸州，撤掉了恽代英的校长职务，并以煽动学潮的"罪名"将返校的恽

Chengdu 100 Year School

1944年8月吴玉章（右二）与朱德、陈毅、聂荣臻、杨尚昆等在延安合影（图片来自陕西省图书馆陕甘宁边区红色记忆多媒体资料库——研究文献库）

代英扣押，吴玉章立即去电要求释放。后来吴玉章聘请恽代英到校担任教育学教员，请他在礼堂为全体师生讲"阶级斗争"课，吴玉章评价他是最受学生欢迎的教师，把马克思主义的宣传活动推向了一个更高的阶段。这些做法，不仅开创了高等学校课堂公开宣讲马克思主义理论的先河，更是为马克思主义的光辉思想在川内各个角落传播做出了巨大贡献。

吴玉章在师资建设、学科安排和课程设置上都做了大胆改革，为高师国立综合性大学的建立奠定了基础。他重视自然科学和工程科学，聘请物理学家郭鸿鎏任教务主任，聘用有专长的自然科学教师，同时还让一些年轻、有新思想的新人担任科主任。不到三年时间，高师的教师人数猛增，自然科学教师尤为突出。在学科建设方面，当时教育部颁发有专门的高师规程，成都高师应设置国文、史地、英语、数理、理化、博物六部，但吴玉章来之前只有国文、英语、数理、博物四部。为了培养当时社会所需人才，增加实践性更强的理化部，吴玉章开始了大刀阔斧的改革。经过多方筹措，1923 年暑期，吴玉章将国文部改为文史部，增设理化，突出史学和理化的地位，学科设置更为合理，为1924 年高师分设大学和改系打下了基础。在课程设置上，更能直接体现吴玉章对自然科学的重视，他不仅增加自然学科课时，还大量购买实验器材，对具有封建思想的课程予以削减，取消了宣扬宋明理学、封建道德的伦理课，增加了具有人文思想的文学概论和文学史课程的分量，还要求国文课尽量选讲新的作品。这些办学方针，都写入了他审定的《成都高等师范学校学科编制大纲》中。在教学实践方面，他提倡"自学辅导主义"，要求教师引导学生"感触时代之思潮"，阅读进步书刊，鼓励学生独立思考。

吴玉章留学日本、法国期间，考察过欧洲许多学校，深知国外很多先进文化和办学模式值得借鉴和学习，因此他在这方面也有所布局。1922 年开始，教员邓胥功去美国、德国留学，同时学习考察欧美的教育发展情况和教育制度。这是高师历史上，甚至是四川历史上，第一次派教员出国深造。邓胥功将许多国外先进的教育理念带回国内，先到暨南大学任教，后返川担任四川大学教育学院院长，推动了川内高等教育新的发展。

1923 年，欧美学者眼中的"东方黑格尔"张颐准备回国，但当时的他生活窘迫没有路费，而且还欠了很大一笔留学费用。吴玉章邀请他回国任师大校教务长，并答应代领留学费用给他汇去。但是张颐回国后四川局势有变未能成行，便去了北京大学担任哲学教授。直到 1936 年，时任四川大学校长的任鸿隽再次邀请张颐回四川任教，张颐认为自己生在贫寒的乡下农家，能够赴欧美留学，有所作为，完全得益于四川省公费派遣，回国后他没能回家乡四川，已是心怀歉疚，于是答应了任鸿隽的邀请，出任四川大学教授。张颐的到来使得川大影响力进一步增加，而张颐能回四川大学任教，可以说吴玉章费了不少心力。

吴玉章任职期间，他一面保护四川省学生联合会、"马克思主义研究会"等组织在校内活动，一面倡导学生走出校园，参加社会实践等活动。他鼓励学生走出校门，深入工厂、农村，在实践中经受锻炼，同时注重学生的业务能力培养，在高年级中实行学生轮流示范讲授制，对学生毕业后献身四川教育事业起到了积极作用。吴玉章还支持学生按学科特点组织各类学会，发展业余爱好，扩大知识面，开展学术交流。经过一系列改革，高师的整体风貌有了较大改观，各方面进步较大。虽然 1924 年 3 月以后，吴玉章不再担任高师校长，但他在成都高师的改革却影响深远。

为了纪念吴玉章为川大做出的卓越贡献，2006 年 6 月四川大学成立"吴玉章学院"，又称"吴玉章荣誉学院"。"吴玉章学院"作为四川大学对优秀本科生实施"拔尖创新人才培养"的荣誉学院，是四川大学本科教学的最高平台，旨在培育"具有深厚人文底蕴、扎实专业知识、强烈创新意识、宽广国际视野的国家栋梁和社会精英"。"吴玉章学院"的组建，继承吴玉章老校长勇于创新的办学思想，弘扬四川大学"严谨、勤奋、求是、创新"的校风，让四川大学在培养创新人才上再创辉煌。

● 毕启

毕启（Joseph Beech）作为华西协合大学的初创和主持者，1905 年参与学校筹建，1913 至 1946 年担任大学校长和校务长，40 余年，他在华西度过了漫长的人生岁月，也成就了一生最重要的事业。

1901 年清政府将全国省、府、州、县的书院改为由高等、中等和初等学校构成的现代学校系统，为传教士发展西式学校提供了良好机遇。1905 年前后，毕启和甘来德作为"美以美会"在成都的负责人与加拿大英美会负责人启尔德、杜焕然及英国公谊会负责人陶维新在成都达成建立华西大学的计划草案，提交华西差会顾问部商讨，筹建华西大学。后来，圣公会和浸礼会也参与进来，将大学取名为"华西协合大学（West China Union University）"，表达各教会协同合作之意。

毕启之于华西的第一大贡献是筹集了大量建校经费。毕启于 1913 年成为首任校长后，便表现了极强的外交能力，四处筹集经费。他先是向四川省

毕启（1867—1954年），华西协合大学初创和主持者，1913—1946年担任华西协合大学校长和校务长

当局和民国政府募得大洋万元，都督胡景伊及袁氏心腹陈宧，两人各捐银三千元以示倡导，后又通过美国外交部的关系，争取到袁世凯自掏腰包的四千大洋。他还找到巴蜀土豪士绅进行筹款，包括川江航运大亨、民生公司总经理卢作孚，重庆大银行家杨开甲、杨璨三，重庆商界巨子、胜家公司总经理刘子如等人。每到一处，都主动去拜会当地的资本家、教会人士、官吏争取赞助，年复一年地筹取各种捐赠。30多年间，他曾15次横渡大西洋来往于美国和中国，积极为学校筹款，落实规划了20多栋建筑和各种家具及科研教学设备。

其次，毕启在学校融合中西方面做出了巨大努力。在校园规划上，为得到巴蜀乡绅的支持，毕启召集他们来评选华西的

毕启（二排左一）与华西协合的老师（图片来自四川大学华西口腔医学院官网）

毕启和他为华西医院募集的救护车（图片来自华西坝朋友的天空网站）

建筑风格。其中荣杜易提出的中西混搭建筑风格得到士绅一致认可，成为华西永久性建筑的方案。同时，毕启重视来校任教者的知识储备，广聘富有学识的中国学者，他们中有的为当地的"五老七贤"之一；有的被称为"蜀学宿儒"；有的被誉为"经学大师"；有的被尊为"古音韵学家""古典文学家"。这些身着长袍的旧文人出入华西协合大学，体现着华西融入巴蜀、中西合璧的办学理念。

此外，毕启倡导的男女同校则体现了他的才智与远见。1924年，华西协合大学创设女子学院，迎来了首批八名女生，毕启站在行政楼门口欢迎每一位同学，掀开了大学史上的新篇章。到1934年，华西协合大学招收的女学生已占三分之一。

1940年国民政府授予外籍特殊勋绩人士褒奖——红蓝镶绶四等彩玉勋章的仪式上，毕启凭借为华西及中国教育和文化事业做出巨大贡献得到此荣誉奖。

● **张凌高**

华西协合大学向中国政府立案后，1933年，张凌高成为华西协合大学校长，也是首任华人校长。

张凌高（1890—1955年），
1933至1946年任华西协合大学
校长

张凌高1890年出身于重庆璧山县的一个银匠世家，5岁进入当地私塾读书，14岁到重庆求精学堂半工半读，24岁考入华大文科就读，1919年大学毕业，获文学学士学位。1920年，张凌高赴美国芝加哥西北大学研究院学习，于1922年顺利完成硕士课程，获得神学学士、文学硕士学位，1927年出任华西协合大学副校长，兼社会学、心理学教授，1930年被华西大学理事部推为代理校长，1932年再次赴美，在德鲁大学研究院攻读博士学位，1933年以题为《采纳美国福利方法用于华西》的论文通过德鲁大学哲学博士学位答辩。

张凌高任职校长后，恪守"以博爱牺牲服务之精神，培养高尚品德，教授高深学术，造就专门人才，适应社会需要"的教育理念，提出学校的统一思想是孙中山先生的遗教：忠孝、仁爱、信义、和平。他将学校的校训定为：仁智、忠勇、清慎、勤和，强调精神上的强大，认为"物质落后，尚不足以为害；如果民族自信力完全消失，即等于精神上的亡国，最是可危"。

张凌高在人才培养上继续推行毕启校长的实业教育、实验教育和生活教育，专业设置更注重职业性，课程与教学内容注重实用性，方法上注重联系实际。为推行实用性教育，增设了相应的机构。学校新设了药学系、农业讲习班，创办了农艺系，染色专修班、制革科、家政系。医学院建立结核病疗养院、麻风病医院、精神病医院，改存仁医院为眼耳鼻喉专科医院，又开办了检验技术专修科。为适应职业教育，学校附设有医院、疗养院、制药厂、农场、制革厂、生物材料处等单位供学生实习锻炼，假期组织学生下乡义诊、采集等各类社会活动。在注重实用教育的同时，还重视发展科学研究。增设科研机构，在保护大学学术自由的前提下，以研究提高学校的学术水平。

1937年抗日战争全面爆发后，金陵大学、金陵女大、齐鲁大学、燕京大学等敌占区或接近战区的大学纷纷内迁，与华大联合办学。经过一番紧张的筹划、调整，总算把几百人的吃住安排下来，最大限度地解决教室、实验室的使用，使各校能继续上课。

联合办学之际，因各大学内迁，全国学术界的许多专家汇集于华西，给华大的教师队伍注入了新的力量。张凌高聘请内迁各大学的专家、教授兼任本校课程，甚至聘请他们为专任教授。同时，还从毕业生中选拔优秀学生留校任教，不断扩充师资队伍。出国留学人员李晓舫、何文俊、彭莹华等回国后仍回到母校任教，华大的师资力量前所未有的强大。据记载，1944年华西大学有教授81人、副教授44人、讲师65人，其中有博士学位的53人。张凌高利用各大学聚集一堂的机会，组织大量的学术活动，营造浓厚的学术氛围。文学院的文化讲座，理学院、医学院的专题讲座，知名学者的演讲，在校内十分常见。甚至在华西坝举行的全国性、地区性的学术活动也很多。虽然当时国难深重，物资匮乏，但是华西坝上依然充满着民族复兴的勃勃生机。1943年，被学术界尊为"一代宗师"的钱穆随齐鲁大学南迁，到成都华西坝讲学。华西协合大学邀请钱穆到校任教，钱先生知道华西坝的中西教授的住宅条件明显不同，为了开中西教授待遇平等的先例，钱先生提出接聘的一个条件——要住小洋楼。张凌高校长同意钱先生入住校园内的小洋楼，最终为华大成功引进了这位"宗师"。

1940至1944年间，华大成立了中国文化研究所、农业研究所、华西边疆研究所、经济研究所、历史研究部、教育研究所、国学研究部、中国社会史研究室等研究机构。各机构出版相应刊物，刊载研究成果，收获颇丰。由于华西的地理位置，边疆研究具有独特优势，所发表的文章也是独一无二的，在国内产生了较大影响。

张凌高充分利用华西的特殊条件，积极开展国际交往、学术交流，提高学校的世界知名度。最具代表性的是以他和各大学校长、社会知名人士为顾问的"东西文化学社"的建立，以及和牛津、剑桥大学相应学会的联系、学术活动的广泛组织等，皆影响深远。一时间国内外学者云集，使华西坝成为战乱中一个对外交流的窗口。在张凌高的苦心经营下，抗战胜利时，学校已发展成为一座西南的知名学府，在全国也有相当的影响力。

张凌高一生为学校师生鞠躬尽瘁，还时常接济贫困员工，资助学生，未有积蓄。十几年的辛苦劳累使他患上哮喘等疾病，一度恶化成肺气肿。1946年，病情已经严重到威胁性命，于是他辞去校长职务，离开了华大。由于经济原因，辞职后的张凌高一度陷入困境，生活全靠子女、亲属资助维持。1955年张凌高因心力衰竭病逝于成都，终年65岁。

● **林则**

　　说起四川大学的王牌专业，公众第一个想到的就是口腔医学，其创立和发展的核心人物就是林则。

　　20世纪初，还在加拿大多伦多大学牙医学院求学的林则，受到当时加拿大卫理公会和加拿大联合教会华西教区计划的吸引来到中国。从1907年在先行者加拿大人启尔德医生创办的仁济医院，开设一间小小的牙医诊室，到1911年在四圣祠礼拜堂左侧建立独立的牙症医院，林则逐步开始了在中国的牙医生涯。

　　1917年，在牙症医院的基础上，林则创办华西协合大学牙医学科，扩大了华大医学院的建制，从此中国有了第一个培养现代口腔医学高等人才的教育基地。林则积极推动着当时成都的牙医诊疗和教育事业。他一方面担任口腔生理解剖学、口腔外科学、麻醉学、全口义齿等课程的教学，另一方面努力动员更多志愿者，并先后迎来大学同学唐茂森博士（Dr. John Thompson）、吉士道博士（Dr. Harrison Mullett）、安德生博士（Dr. Rog Anderson）、刘延龄博士（Dr. Gordon R. Agnew）、美国浸礼会的叶慈夫妇（Dr. and Mrs. Morton Yates）、甘如醴博士（Dr. W.G. Campbell）。正是有这些牙医博士们的加盟，使得华西的口腔医学从一开始就建立在国际水准上。

　　林则历任华西协合大学校务长、牙医学院院长、教授，不仅首创了中国第一个口腔专科诊所、医院、学院，还首创了中国第一个口腔医学研究室、中国第一本口腔医学英文杂志，还发明了下齿槽神经阻滞麻醉直接注射法这个至今仍在国际上普遍采用的"林则方法"。

　　林则的最大功绩在于培养了大批口腔专科人才。林则认为牙医学生要学习与医科学生相同的基础生物学和医学课程，充分认识口腔卫生的重要性及与全身的关系，培养出来的学生首先是医学家，然后才是牙科医生。在这样的高起点下，华西口腔人才成为

林则（1884—1968年），加拿大魁北克人，多伦多大学牙科学学士、牙科理学硕士，皇家牙外科学院博士和口腔外科教授，医学教育家，中国口腔医学创始人，历任华西协合大学校务长、牙医学院院长、教授，被誉为"中国现代牙医学之父"

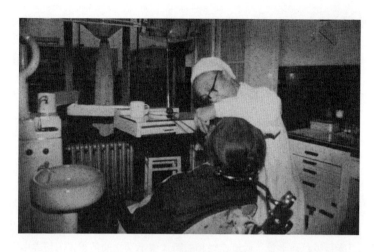

给病人治疗的张琼仙（图片来自四川大学档案馆）

各地牙医学的先驱和骨干，支撑了华西乃至全国牙医诊疗和教学。

林则培养的第一位牙科博士是黄天启。14岁那年，黄天启在谢道坚（Dr. Charles Services）的帮助下进入进德小学，并相继考入成都华西协和中学堂、华西协合大学。1919年，还在医科读三年级的学生黄天启在谢道坚、唐茂盛的共同推荐下，转入林则所在牙医学院改读牙科专业，后成为华西协合大学牙医学院第一班毕业生。此后黄天启用唐茂森募得的经费于1926年、1937年两赴加拿大进修，获多伦多大学牙医学博士学位。黄天启1928年任华西协合大学牙医学院教授，1938年任中央大学医学院牙科主任、教授，1941年任华西、齐鲁联合大学牙症医院院长、教授。

1936年张琼仙、黄端芳成为华西协合大学培养出的第一批牙医女博士。毕业后的张琼仙留校任教，开始了与华西医学长达半个多世纪的缘分。张琼仙一生大部分时间致力于口腔固定修复学的教学、临床医疗和科研工作，她记忆力超群，技术一流。在同行们的眼中，张琼仙代表着她所处那个时代中国最高的口腔医学技术水准；在学生们眼中，她是心灵手巧的张婆婆；同辈们对其评价为："固定修复没有哪个比得上张老师！"张琼仙被誉为"华西的传奇"。

1939年毕业生宋儒耀博士被送到美国宾夕法尼亚大学进修学院学习，师从著名的整形外科泰斗艾伟博士（Robert Henry Ivy）。回国后他开创了中国口腔颌面外科和整形外科，成为中国整形外科的开拓者，国际上称他为"中国整形外科之父"。1930年毕业的毛燮均博士，后来成为北京大学口腔医学院的创始人。1930年毕业的席应忠博士，在两次赴美进修后，回国参与创建了上海第二医科大学口腔医学院。1930年毕业的陈华教授，从美国回国后创建了第四军医大学口腔医学院。1937年毕业的夏良才教授，1944年赴美国进修，后领导创建了武汉大学口腔医学院。林则播下的牙医教育种子，造福了整个中国人的口腔健康。

● 朱德

1907年初，年已20岁的朱德从仪陇县马鞍场，步行来到成都，以"朱建德"的名字投考四川省城高等学堂体育科。四川省城高等学堂为满足"废科举，兴学堂"后迅速兴起的新式中小学堂的需求，为培养中小学教师而设，体育科又称四川省城高等学堂体育学堂。学堂总理胡峻本着"教育以德智为重，健康以体育为先，强身才能强国"的理念兴校办学，朱德正是抱着"强身以强国"的宏愿入校求学。在《伟大的道路》一书中，史沫特莱将朱德在四川大学求学的经历和接受民主思潮的情况概括为"走向革命之路"，在四川大学求学的经历则被朱德本人称为"走向革命之路的起点"。

四川省城高等学堂在课程体系的设置上注重中西并举，课程内容包容有序、全面广泛，既不排斥传统学科，如教师队伍中有不少的巴蜀名家；亦加强西文和西艺的教学，聘请了不少外籍教师，高等学堂是四川地区聘请外籍教师最早的学校之一，且负责主管四川省的留学生事务。所聘外籍教师不仅带来了外国语言、文学、艺术和新的技术，还将西方近代资产阶级革命启蒙思潮的种子带到了高等学堂内。这种办学的氛围使得原本就并非循规蹈矩的少年朱德思想更加开放包容。他关心天下大事，且有自己独立的思考与想法，尤其喜欢听外籍老师讲述平等自由之思想。此外，学校图书馆和教室里悬挂着

朱德（1886—1976年），1906年考入四川省城高等学堂，伟大的马克思主义者，伟大的无产阶级革命家、政治家、军事家，中国人民解放军的主要缔造者之一，中华人民共和国的开国元勋

朱德（右二）和张澜（左二）（图片来自四川大学档案馆）

的大幅彩色世界地图以及摆放着的地球仪等新事物都让年少的朱德发现世界如此之广大，更坚定了他的求学信念与目标。

是时晚清王朝已风雨飘摇，1905 年同盟会成立，以同盟会为代表的革命力量加紧结集，开展活动。当时四川省城高等学堂已有同盟会员的活动轨迹，学堂总理胡峻便是一名老会员，学堂成为同盟会在四川的重要据点。在浓厚革命氛围的熏陶下，朱德越来越关注国事，并且更加深入地探索民主革命思想。他曾秘密阅读同盟机关刊物《民报》，接触并了解了孙中山的"三民主义"学说，一点点地迈向"革命之路"。

其间朱德亲身经历了影响他人生走向的重大事件。1906 年，由于清政府的软弱无能，迫于列强压力，放出风声，意欲再次将川汉铁路改为官办。学校进步师生尤为气愤，常有抨击清政府卖国行径的言论发出。1907 年6 月 23 日，四川总督赵尔巽下令"学生不准干预路政"，更激起师生的极大愤怒，埋下了1911 年四川保路运动、继而引发辛亥革命燎原大火的火种。同年，四川省同盟会召开会议，分析省内革命形势，部署各地起义行动。由于走漏风声，革命党人杨维、黄方、张致祥、黎清瀛、江永成、王树槐六人不幸被捕，被判监禁，即历史上著名的"丁未六人"之狱。正是这两件事，让朱德意识到腐朽的清政府即将灭亡，苟延残喘地对人民施以压迫终将招致更激烈的反抗，进一步坚定了他走上革命之路的决心。

朱德在川大求学的两载短暂光阴，日后却成为他生命中影响至深的一段岁月。在这里，朱德对世界有了新的认识和追求。毕业后返回故里的朱德全然无法忍受当地的封建势力。他于1909年，经过70多天的长途跋涉，步行来到昆明，考入云南陆军讲武堂。很快他便加入同盟会，成了一名真正的革命党人。辛亥革命爆发后，他积极参加了云南起义，率兵奋勇占制台府。其后经过五四运动的思想洗礼，朱德在1922年赴德国留学，继续寻找救国救民的真理。正是在柏林，他结识了周恩来和其他共产党人，经周恩来介绍加入中国共产党，实现了从民主主义者向共产主义者的伟大转变。自此，朱德开始了艰苦卓绝的革命斗争之路。

● 周晓和、周太玄兄弟

周太玄（1895—1968年），著名文化人，少年中国学会发起人之一、生物学家、科普作家、四川大学教授，曾任四川大学校务委员会主任委员，1909年考入四川高等学堂分设中学堂，1930年11月应校长张澜先生之聘回国，在成都大学和成都师范大学任职，1932年被聘为四川大学理学院长兼生物系主任

四川大学的历任教授中，有两颗闪耀中华的双子星——哥哥周晓和和弟弟周太玄。周晓和，少年中国学会会员、地质学家、四川大学教授；周太玄，著名文化人，少年中国学会发起人之一、生物学家、科普作家、四川大学教授，曾任四川大学校务委员会主任委员。

周氏兄弟学贯中西、博古通今，堪为"海纳百川，有容乃大"践行者的楷模。著名的文学家郭沫若先生与周氏兄弟分别同过学，郭沫若曾在《反正前后》里记述："此外如王光祈、魏嗣銮、李劼人、周太玄诸人都是我们当时的同学，前三位是丙班的同班。在当时都要算是同学中的佼佼者。太玄在诸人之中最年轻，他低我们一班，是一位翩翩出世的佳公子，好像是生在我们的邻县峨眉县。他的父亲在峨眉县做过教官，他有一位胞兄也和我在嘉定府中学堂同过学。"在郭沫若眼中，周氏兄弟尤其是周太玄，是位翩翩出世的少年，孤松独立、风姿隽秀、才华横溢，琴棋书画无一不精。他经常为同学们表演七弦琴，高山流水、余音袅袅，简直惊为天人。

在周太玄的人生中，其与李大钊、王光祈等一起创办"少年中国学会"是一段值得书写的重要往事。1916年，周太玄从中国公学政治经济专门部毕业后，在北京担任《京华日报》编辑。该时期他结识了李大钊，一经相识便觉彼此志趣相投，遂为知己。两人有一个共同的理想，就是"把这个古老腐朽、呻吟垂绝的被压迫、被剥削的国家，改变为一个青春年少、独立富强的国家"。于是在两人的共同努力下，1919年少年中国学会在北京正式成立。学会提出"本科学的精神，为社会的活动，以创造少年中国"的宗旨，要求会

周晓和，少年中国学会会员、地质学家、四川大学教授

员具有"奋斗、实践、坚忍、俭朴"的八字精神，明确规定"凡是有宗教信仰的人、纳妾的人、做官的人均不能成为会员"。学会出版了《少年中国》月刊，由李大钊任主编，刊物登载新诗、小说、翻译作品和话剧等，为当时刚诞生不久的新文学起到了很好的孕育作用。当年毛泽东加入"少年中国学会"，就是由周太玄介绍的。

1929年10月周太玄在巴黎大学获得法国国家理学博士学位，夫人王耀群也获得巴黎大学药学博士学位。一年后周太玄携夫人结束了长达十年的旅法留学生涯回国，接受成都大学校长张澜先生的邀请在成都大学任教授，当时国内的报纸还以"博士夫妇"为题加以报道。其后周太玄还担任国立四川大学理学院院长兼生物系主任、教授。周太玄对中国水母的研究贡献巨大，被称为"我国腔肠动物研究的鼻祖"，在生物学方面填补了中国水母研究的空白。1946年嘉定（今乐山）发现了一种粉红水母，周太玄认为这是一全新品种，将其命名为桃花水母。才华横溢的他还留下大量未发表的诗词，直到去世以后，子女在整理他的遗物时才发现。他一生留下的两千多首诗作，后来结集为《周太玄诗词选集》出版。

1950年周太玄担任西南军政委员会委员和文教委员会委员，并作为特邀代表出席了全国政协第一届第二次会议。1951年9月，他出任四川大学校务委员会主任委员，1953年调北京，先后任中国科学院常务委员会委

员、学术委员会委员、中国科学院编译局副局长、局长，科学出版社社长兼总编辑。

哥哥周晓和亦才情出众。1918 年周晓和从成都高等师范学校英语系毕业后不久，便参加少年中国学会，并在成都创立分会，创办《星期日》周刊。后于 1920 年赴法留学，在蒙伯里野大学地质系学习。随后几年又进入巴黎大学、里昂大学地质高等研究科学习，获毕业证书。1926 年回国后，在成都大学、成都师范大学任教务长、图书馆主任、英文教授，同时在华西协合大学、石室中学兼授法文。

1931 年后周晓和在四川大学任教授，教授地质学、古生物学、英文、法文等科目。周晓和在川大任教期间，遭遇了四川省茂县叠溪 7.5 级大地震，地震造成叠溪镇民众巨大的经济损失，伤亡惨重。45 天后，地震形成的堰塞湖决堤，次生灾害更是摧毁了叠溪本已渺茫的生路，下游的茂县、汶川、灌县（今都江堰市）的部分村镇也被冲毁大半。周晓和率领川大地质考察团专门对灌县至叠溪一带之地质及叠溪之震灾进行考查，他们拍摄和收集了许多照片，并主持撰写了《国立大学调查报告——叠溪地质调查特刊》。团队带领者周晓和亦成为四川地质古生物学的开创者。

● **张铨**

张铨先生曾先后任教于华西协合大学、四川大学、四川化工学院和成都工学院，是我国皮革教育事业和现代皮革工业的开拓者和奠基人之一。

1899 年 10 月，张铨出生在浙江仙居县一户普通的农家，半工半读的求学经历练就了他坚韧的品质，也使他更渴望学以致用的知识。五四运动爆发后，燕京大学为"工业兴国"设立制革系，张铨看见招生简章后决定报考。当时我国的生皮资源虽多，但制革技术落后，廉价出口生皮，高价进口皮革原料的困境使张铨认定在中国急需发展制革业。

1921 年，张铨考入燕京大学制革系，成了燕京大学制革系第一届学生，并于 1925 年以优异成绩毕业并留系任教。1937 年，为更系统学习制革科学，张铨前往美国辛辛那提大学制革研究系深造。三年间，他以惊人的毅力通过多门学位课程，经过上千次实验计算，出色地完成学位论文，顺利获得哲学博士学位，成为我国在辛辛那提大学制革学获得博士的第一人。

1940 年 11 月，张铨辗转回到成都，受聘于华西协合大学和乐山国立中央技艺专科学校，以教育部庚子赔款讲座教授的身份主持化学系制革组的教学与科研工作，还兼任四川省立成都高级制革职业学校校长、四川大学理科研究所研究指导教授、燕京大学成都分校化学系主任和教授。

抗日战争时期，国内制革化学品奇缺。张铨结合实际指导学生开发植物鞣料研究，比如研究橡碗、桦树皮和姜头的鞣革性能，研究裸皮的浸灰、浸酸、铬鞣、铁鞣、烟鞣等。除实验室做实验外，他还千方百计给华西协合大学化学系原试验型制革厂增添转鼓、划槽、打光机、大型丹宁液槽等设备，将其扩充为一个小型生产规模的工厂，可同时容纳数十名学生进行制革实践。

张铨提出"术德兼修，手脑并用"。他先后调查北平、蚌埠地区皮革工业状况，提出发展皮革工业的建议；到绥远、宁夏、陕西等省区调查皮革和植物鞣料资源，利用植物鞣料制革，开发各种资源和特产；带领青年教师和学生到成都、重庆、上海、河南各地制革厂参观实习，动手操作。1951年，他在成都开办猪皮制革技术培训班，亲自指导传授新技术、新工艺，为推广现代化猪皮制革，发展我国皮革工业做出重要贡献。1963年，他带领青年教师和成都制革厂同行，进行锆鞣底革的实用性生产试验，获得黄牛面革酶法新工艺的成功。

从1921年进入燕京大学皮革系，张铨在皮革领域耕耘了五十多年，为我国制革业培养了一批高级技术力量，为我国制革业的发展奠定了坚实的基础。为弘扬张铨在教育事业、科学研究以及我国皮革工艺发展的杰出成绩，1999年10月四川大学皮革系发起设立张铨基金，成立我国皮革行业唯一一个以皮革工业先驱者命名的基金奖——张铨基金奖。

如今，带领四川大学皮革系在学术上持续攀登，以实业造福人民的，是1978年考入成都科技大学的石碧院士。

石碧的研究集中在制革清洁技术、制革废弃物资源化利用领域。20世纪90年代，他开发的高吸收染色加脂－复鞣填充一体化技术，使制革过程染料、加脂剂接近零排放，这一技术被中国上千制革企业采用；1996年起，石碧作为课题负责人，连续规划和组织实施了5项制革清洁技术领域的国家"863计划"、国家支撑划研究课题，先后开发了低硫少灰保毛脱毛技术、无铵脱灰技术、无铵软化技术、无盐浸酸技术、制革准备工段清洁生产集成技术、制革固体废弃物资源化利用技术、制革废液循环利用技术等制革清洁生产关键技术，并开发了近20种清洁制革关键助剂。1994年至今，他持续开展无铬鞣制技术的研究。铬鞣法是国内外应用最普遍的皮革鞣制方法，但可能产生的铬污染一直未能解决。石碧先后开发和推广应用了无铬鞣山羊服装革生产技术、具有"国际领先水平"的无盐不浸酸无铬鞣制技术，并建立了系统的无铬鞣制理论，大大降低制革过程对环境的污染。

在一代代四川大学"皮革人"的努力下，如今皮革工学专业已发展为四川大学生物质与皮革工程系，皮革化学与工程学科也成为国家级重点学科，并且建有制革清洁技术国家工程研究中心、皮革工程国家专业实验室、皮革化学与工程教育部重点实验室。

● 西南援朝手术队

1950 年 6 月，朝鲜战争爆发。10 月 19 日，中国政府组建中国人民志愿军，跨过鸭绿江，奔赴朝鲜，揭开了中国人民抗美援朝的序幕。抗美援朝战争中，中国的志愿军英勇作战，一步步扭转朝鲜战场的局势。医学院宋儒耀、杨振华等先后组成两批国际医防队奔赴战场。

1951 年第一批国际医防队出征。当时志愿军中的伤员最多的是创伤，其次是烧伤。因为当时对方有钢盔，中国志愿军则没有，打仗时裸露着头脸部，造成了很多头面部创伤。

自第二次世界大战起，美军在其参与的几乎所有战争中都使用凝固汽油弹。这种汽油弹在燃烧时像沥青一样具有黏性，炸开时分散出很多燃烧

1951 年抗美援朝第一批国际医疗队（图片来自四川大学华西医院官网）

牙科女学生（图片来自四川大学档案馆）

的碎片，碎片也有黏性，黏在身上继续燃烧。在朝鲜战争中，志愿军一开始也对凝固汽油弹毫无办法，只好用手去挡，导致手部烧伤，非常严重的还会变成残疾。头面部受伤病人需要颌面部专业的医生处理，烧伤病人需要烧伤整形专业的医生处理。然而，当时的新中国百废待兴，医务人员极度缺乏，更不要说这方面的专科医生，而且当时医疗器具、医药用品等也相当匮乏。由于没有得到有效且及时的医疗救治，众多本可以生存下来的伤员在痛苦中死亡。

中央军委命令西南军区"组建一支援朝医疗队，由宋儒耀教授担任队长并负责选拔"。宋儒耀教授毕业于华西协合大学牙医学院，后到国际著名的整形外科泰斗艾伟博士（Robert Henry Ivy）任教的美国宾夕法尼亚大学进修学院学习，获得美国医学科学博士学位。从美国回来刚工作几年的宋儒耀，在二战中总结出战争医学的经验，着手进行口腔颌面部受伤治疗。宋教授认为，这个手术队应以口腔专科的青年教师为主，他们毕竟有充分的口腔生理、解剖、病理知识，再者他们年轻健康的身体较能适应战场上特殊的环境。

即便如此还是不够，口腔只是一个比较局限的专科，病人必须得到全身的管理和治疗。最终宋儒耀挑选了三名优秀的口腔医院的青年医生，一位骨科青年医生，以及当时华西附一院的外科住院总医师担任副队长。为了管理

杨振华在前线医院培训志愿军医务人员使用医疗设备（图片来自四川大学华西医院官网）

病人和在前方组织妇女来工作，又选了一位病室护士长和一位手术室护士长。另外，从手术室选了一名经验丰富的技工，负责打石膏等手术室准备工作。最后，从口腔医学院院办选了一位文笔很好的职员担任秘书。这样，由华西大学组建的共十名的专科医疗援朝手术队成立了。

经过半个月左右的学习和整编，由宋儒耀领队，邓显昭、王翰章、吕培锟、侯竞存、曹振家、彭学清、杨泽君、张连俊、吴银铨组成的专科医疗援朝手术队从成都走马街汽车站出发了。当天，走马街汽车站聚集了华西大学的师生、四川省医药卫生工作者和大量的成都市民，来欢送手术队。手术队一行先到达当时西南军区总部所在地——重庆。重庆方面组建了一个由普外和胸腔外科医生、检验科医生和护士长等10余人组成的队伍。两个队伍合并在一起，组成了西南援朝手术队。

随后西南援朝手术队到达抗美援朝前方的后勤地沈阳，在长春野战医院的一座大楼里工作，楼里放置了150张病床。手术队成员每天平均工作12个小时，手术一台接着一台。在这样的强度下，青年医生积累了大量宝贵的经验，逐渐成长为主刀医生。因为环境特殊，队员们不仅需要面对高强度的医疗工作，还必须时刻警惕敌机的轰炸。只要轰炸警报一响，必须马上组织病员转移到掩体，但进行中的手术却是不能停的，手术台上的医生和护士都无法转移。在如此危险的环境中，西南援朝手术队共救治了上千名颌面部创伤及烧伤人员。颌面部创伤还会对病员造成极大的心理负担，有的病员因为在镜子中看到自己被毁的样貌无法接受选择跳楼自杀。因此，除了救治病员，队员们还要经常和病员们聊天谈心，为他们进行心理辅导。

一年后，紧张的战地医疗工作即将结束，手术队培养出一批有能力的当地专科医生，他们的工作将由当地医生来接替。中央决定请宋儒耀教授留在北京，为伤病员继续治疗。留在北京的宋儒耀教授结束最后一批病员的治疗已经是六十年代了，这段时间，他在北京建立了中国科学院整形外科医院，成为中国整形外科的创始人，同时成为医学科学院的特级教授。西南援朝手术队的其他队员们完成了艰巨的任务，光荣回到成都。年轻医生们在这一年练就了颌面手术的娴熟技能，积累了丰富的临床经验，掌握了复杂的头颈部解剖知识，加之战争磨砺了他们的心性，他们在学校大力发展颌面创伤治疗相关学科建设。对于西南援朝手术队的工作，国家给予了充分的肯定，授予集体军功荣誉。

1952 年，我国以华西口腔医学院为中心，确立了一门新兴的学科——口腔颌面外科学，将原来只局限于做拔牙、小肿瘤切除、下颌骨骨折固定等小范围手术的口腔外科扩大为可以做颌面部创伤整形、唇腭裂、头颈部肿瘤、正颌等各种颌面部手术的口腔颌面外科。从此，口腔医学从一个二级学科一跃成为与基础、临床、药学、预防、中医、中西医结合同等的国家七大一级学科之一，并且在世界医学界占据着重要的地位。

可以说，西南援朝手术队在抗美援朝中的奉献与付出，开创了祖国医学的新历史，也是每个队员生命中光辉的一页。川大口腔医学者将承续他们的传统和精神，将口腔医学推向新的辉煌。

在抗美援朝战争进入关键期的 1953 年，华西杨振华和川西医院（今成都市第三人民医院）院长谢锡瑹组成以骨科和胸外科医生为主的抗美援朝外科手术队，第二次出征战场，在中国人民志愿军第十四前沿兵站医院开展工作。杨振华及其团队夜以继日地忙碌奋战，使胸部战伤抢救成功率及伤员康复成功率在整个朝鲜战场上是最高的。他所在的医疗队共收治伤员 1.6 万余人。因在朝期间工作成绩突出，整个团队受到上级的表彰，杨振华也荣立三等功。由朝鲜返回四川医学院后，在院领导的支持下，医院成立了以杨振华为骨干力量的胸外科，开设了病室和门诊，并培养了不少专科医师和护士。

【中西一炉】

● 华西建筑群

　　华西协合大学早期建筑整体布局规划是由英国建筑家弗烈特·荣杜易设计绘制的。荣杜易于 1860 年生于英格兰北部的约克市北郊，是历史上有名的建筑设计家，由于他大量的建筑设计风格都与贵格会建筑有关，被称为"把贵格建筑引入中国的先驱"。"贵格建筑"一词源于 17 世纪兴起于英国的贵格会，即公谊会，该教会在建筑方面的建树尤为突出，"他们尤其擅长中等或大型的社区建筑"，"形成了独树一帜而且闻名天下的贵格会建筑风格"，"突出了简约、对称、平衡"以及"紧跟潮流的'艺术与工艺运动'"装修风格。

　　1912 年荣杜易建筑师事务所在华西协合大学理事部学校建筑设计比赛中脱颖而出，成为华西坝早期建筑的设计者与修建者。英籍加拿大建筑师李克忠、叶镕清以及苏继贤皆参与其中。李克忠虽然担任建筑总工程师的时间不长，但他是荣杜易设计蓝图的早期践行者；叶镕清则是从 1910 年开始，一直负责学校建设长达 18 年；继任者苏继贤，被大家亲切地称为"苏木

亚克门塔楼（图片来自四川大学档案馆）

20世纪30年代的赫斐院，1915年动工，1920年建成，加拿大（英美）美道会为纪念最早到西南传教的赫斐氏所建，并以此命名。英文名The Hart College，又名合德堂。建成时为物理系、数学系、农学院、宗教系教室（图片来自四川大学华西口腔医学院）

匠"，于1925年至1950年主持华西坝建筑的修建和维修事务。中标后，荣杜易带领团队经过一路艰辛的跋涉与考察，发现贵格建筑中讲求的平衡与对称正好与中国传统古建筑的风格一致，他于是将中国北方建筑的壮丽、西南巴蜀建筑的秀美与西方贵格建筑风格融为一体，使华西大学校园内的建筑呈现出中西合璧的独特韵味。

第一个开工建成的是亚克门塔楼。此楼建成于1914年10月3日，是一栋两层楼的男生宿舍楼，供美以美会的学生住宿。宿舍楼不大，但建筑风格独具特色，统一了传统贵格建筑的对称与"艺术与工艺运动"的不对称。

这第一栋大楼本来是美以美会为纪念贾会督神父而捐赠修建的，但当毕启向纽约浸礼会的亚克门·柯里斯医生筹款时，这栋楼的设计却深深打动了亚克门·柯里斯，他提出一定要出资修这栋楼，并以纪念母亲的名义将这栋楼命名为亚克门塔楼。随后柯里斯医生又捐赠了一万美元作为这栋楼永久的维修费。值得一提的是，华西的钟楼及四面壁钟和里面的铜钟机芯也是柯里斯医生捐助的，他最终还捐赠全部家产的三分之一用作华西协合大学所有建筑永久维修和修缮费用。此楼在 1950 年被拆除，如今只能从照片一览它的容貌。

华西协合大学校园建筑群以钟楼为原点，向南北延伸，在东西两方渐次铺开，形成了"品"字形的格局。建筑群在此布局中又与道路、荷花池、操场、门坊等元素有机融合、互为呼应，构成校园整体。

钟楼是成都市的地标之一。现下人们看到的钟楼是 1954 年改建的，改建者为当时四川省建设厅建筑设计院总工程师古平南。此处所说的钟楼是 1925 年由美国纽约亚克门·柯里斯医生捐助修建的，因此当年华西钟楼被称为柯里斯钟楼。

钟楼背倚月牙形的华西荷花池，前面有一条人工凿成的小河，小河两岸灌木林立，与钟楼厚重的红色对比强烈，夺人视线。钟楼塔基厚重、塔身颀长，飞檐纤巧，呈现出中国式建筑的温柔秀丽，让人不禁赞叹。钟楼内美国铸造的大钟又为它抹上了西方色彩。端正雅致、严肃克己，东西元素的巧妙结合在此处体现得淋漓尽致。

怀德堂，1915 年动工，1919 年建成，为原华西协合大学事务所。英文名 The Whiting Memorial Administration Building，由美国纽约罗恩甫为纪念白槐氏所捐。该楼建成后即为校行政事务办公室、礼堂、文科教室和照相部等（图片来自四川大学档案馆）

1920年落成的万德堂，又名万德门和明德学舍，英文名 The Vandeman Memorial，系国浸礼会万德门夫妇捐建，建成后即为教学楼和学生宿舍，早年华西师范学校亦设于此（图片来自四川大学档案馆）

　　钟楼里现存半人高的大钟是美国梅尼利制钟公司于1924年专门为华西坝钟楼铸造的。大钟由两个重要的机械部分组成，一部分是时钟，用钟楼四周的四个钟面来显示时间；另一部分是鸣钟，用大锤敲击楼里的大钟来报时，只闻其声。时钟和打钟在时间上虽然同步，但各自内部的机械发条不同，时钟的发条需要五天上一次，打钟的发条则需要三天上一次。

　　早年间，因钟楼地处城南边，四周除了大学的几栋建筑外就是农田、农舍和坟场，学生琅琅读书声、田野里家禽叫声伴随着钟声，没有车马、没有人语喧嚣，给人一种世外桃源的感觉。钟声浑厚悠远，城里市民称之为"城南钟声"。百年间鸣响着的城南钟声，一直相伴着这所高校，这座城市。

　　在众多的建筑中，怀德堂、懋德堂两两相对，颇显精致、宏伟。怀德堂于1915年动工修建，历时4年完成，是当年华西坝的第一高楼。房屋设计采用H形对称平面，凸出两侧厢房，使屋顶构成一个横向歇山顶与两个纵向歇山顶交会的形体。其外部造型融汇了中国传统古典建筑的造型风格以及贵格建筑的西方式样，整体风格独树一帜，中西方的美学艺术在此集为一体。另一建筑懋德堂的设计构想1912年已初步形成，竣工时间却

20世纪40年代医学院及大学医院全景（图片来自四川大学华西医院官网）

比怀德堂晚了7年左右，是因为它的功能所致。懋德堂是华西协合大学的图书馆和博物馆所在，两馆的特殊性亦对建筑有更细致的要求。因此与怀德堂相比，懋德堂的艺术特色主要体现于其室内空间的结构处理，在采光、供暖等方面都展现了设计者的精心考量。这座"东方最早的公共图书馆"无论是在艺术设计，还是历史文化方面，都具有重要的价值。

华西钟楼的东侧，有一栋灰色建筑，名嘉德堂，又名生物和预防医学楼，由美国夏威夷医生夫妇嘉德尔顿捐建。1924年嘉德堂落成，分拨给大学生物学系做教学大楼。生物学系进驻大楼后即成立了中国西南地区第一家自然历史博物馆，建馆之初，经费紧缺，无法向外购买标本，因此发动了本系的师生亲自动手采集制作，也接收了部分友好人士及相关学术单位捐赠。

万德堂又名明德学舍，由美国印第安纳州浸礼会万德夫妇捐建，现为四川大学华西药学院的教学楼。20世纪50年代初，因城市扩建，万德堂正好位于中轴线上，需拆除修路，为了保住这栋建筑，经多方论证，最后采用了迁建的方式，将其平移到中轴线旁。除了拆除了屋顶上的中式攒尖顶圆亭，万德堂基本保留了原貌。

1928年，多伦多大学英美会捐资8万美元修建的医牙科楼东西两翼建成，东楼属医科，西楼属牙科；1938年，东西两翼连为一体并向北扩展，完成了医牙科楼（今启德堂即第八教学楼）的建设。

由中国基金会、洛克菲勒基金会、英国庚子赔款基金会和华大医科毕业同学共同捐款的大学医院于1936年冬奠基，1942年门诊部开业，1944年全部建成开业时，正值医学院建院三十周年，华西人的"医药城堡"终于竣工。

● 化学馆

四川大学望江校区东区听荷池旁，有一栋中式老建筑——化学馆。这座化学馆是国立四川大学从皇城迁到望江楼旁最早修建的"三馆一舍"之一，为杨廷宝设计修建。1939年，日军轰炸成都，川大出于安全考虑迁到峨眉山办学。1943年，川大从峨眉山搬迁回望江楼旁的新校址，新建的化学馆也正式投入使用。当年报考川大的学生有近8千人，是当时川大建校以来学生最多的一期，在全国院校中也是名列前茅。最终川大录取了1300人，其中女学生有近100人。新建的"三馆一舍"正好满足了莘莘学子的求学理想。化学馆兴建至今，除外墙偶有粉刷翻新外，其结构、名称、用途，都从未变过，依旧是最初的模样。

四川大学化学学院大楼（图片来自甘露，拍摄于2018年11月）

四川大学化学系77级有机化学专业毕业合影（图片来自四川大学档案馆）

　　化学馆大门口有两棵标志性的百年银杏树，深秋时节，金灿灿的银杏树落叶将化学馆门前的小路铺洒得满满当当、厚厚叠叠，踩上去松松软软，很是惬意。这里也因此成为川大望江校区、华西校区众多银杏观赏点中最受青睐的一处，引来校内外游人成群结队地观赏拍照。

　　另外听荷池畔有一条名为绿杨路的小路，道路两旁种满了银杏树，一株株银杏树高大挺拔、枝繁叶茂，与化学馆门前的两棵百年银杏树交相辉映，生趣盎然。久而久之，许多人更是直接把这段路称为川大银杏道了。

● 年年岁岁听荷池

　　在四川大学老校友的心目中，最值得回忆的地方之一就是望江校区的听荷池。新生初入校园时，每天早起到听池荷旁背书，毕业生拍照时，听荷池一定是重要的取景地。听荷池原名中正池，后又名荷花池，因一池睡莲而得名。2014年，学校正式将荷花池命名为听荷池。"听荷"二字，似人在雨夜里闲坐池边听雨打荷叶，宁静安适，又似"闲听荷雨，一洗衣尘"，清新乐雅，闲情逸致。

　　这雅致的风景背后不为人所知的是，这听荷池并非天然形成，而靠的是旧时学校师生辛勤劳动。当年任鸿隽老校长规划的校园格局是：从四川大学望江校区东门进入校园，穿过一条长长的林荫道，围绕荷花池修建各类教学大楼。因此，望江校区的校舍以东门至荷花池及其延伸线为中轴线，以荷花池为校园中心。荷花池作为中心点，原本只是一个小水塘。1944年春，时任国立四川大学校长黄季陆专门致函私立华西协合大学校长张凌高，因"贵校所属荷花池莲种极佳"，希望能赠送莲种，"藉培校景"，荷花池才开始培育荷花，川大内的景色变得更加优美怡人。

1945年前后，经过几年的建设，国立四川大学建成了以"宫殿式"洋楼为教学楼的成熟校园建筑体系，已然成为四川民众心中优美校园的代表。然而，随着学校的发展，各类建筑逐渐增加，荷花池却因疏于管理，导致淤泥堆积十分严重。1946年，川大在寒假期间征调全校劳工服务，规定每取土一立方米，给予百元奖金，荷花池的规划挖掘顺利进行，并在第二年春天完工，荷花池的美貌初现。实际上水池建在校园中间，对排水工作要求颇高。虽然川大经常对水池进行疏浚，但总是治标不治本。1947年夏天，成都连续7天降雨都在366毫米以上，城区多条街道变成了汪洋。川大望江校区亦未能幸免，水灾过后的荷花池更是惨不忍睹。

新中国成立后20世纪50年代，学校组织全校师生在"三八"妇女节开展荷花池的疏浚工作。大家带着对新中国的热情，甩开膀子齐上阵，许多校领导带头参加劳动。终于，荷花池底部沉积多年的淤泥被清理干净，重现碧水青荷、芙蓉争芳的美景。到20世纪60年代，荷花池变得徒有虚名，一度被改成养鱼池，为师生员工改善伙食做出过一定的贡献。那时候荷花池中央还没有水泵房，池面开阔、水波袅袅，微风吹来，又是一片碧波荡漾好春色。20世纪80年代，荷花池一度成为师生最为喜爱的休闲之地。荷花池旁有一幅中国登山队员攀登珠穆朗玛峰的巨幅图画，寓意着改革开放时期大学师生勇登科学高峰的壮志雄心。

天府文化 百年成都

Tianfu Culture, A Century-old Chengdu

Chengdu
100 Year School

成都百年学校

电子科技大学

艰难玉成 电讯翘楚
——电子科技大学

电子科技大学原名成都电讯工程学院，是在周恩来总理的亲自部署下，于1956年由交通大学（现上海交通大学、西安交通大学）的电讯工程系、华南工学院（现华南理工大学）的电讯系和南京工学院（现东南大学）四所百年大学调出的无线电系合并创建而成，是新中国第一所无线电大学。建校以来，学校始终将自身发展与国家战略紧密对接、高度融合，为经济社会发展和国防现代化做出了重要贡献。数载风雨历程、艰苦创业，电子科技大学已经成为创新人才培养的摇篮、高新技术的前沿、成果转化的基地，被誉为"中国民族电子工业摇篮""中国电子类院校排头兵"。

【肇基天府】

● 筹建成电

20世纪50年代中期，我国开始了新中国成立以来规模宏大的国民经济建设，国家急需大量无线电专业人才，一批电子工业工厂相继在北京、南京、成都等地建立，西南地区以成都为中心被确定为无线电工业基地。1956年，新华社报道我国第一座现代化电子管制造厂在京诞生时用了这样一句话："我国虽然还只有这么一个电子管厂，可是他们所需要的技术人员和技术工人仍然很缺乏。"

在这样的背景下，1955年3月，高等教育部党组根据中央的指示精神，在向国务院报告《关于沿海城市高等学校一九五五年基本建设任务处理方案》中提出："将华南工学院、南京工学院、交通大学等校的电讯工程有关专业调出，在成都成立无线电工程学院。"4月2日，主管文教工作的陈毅副总理审阅后作了批示，并送陈云副总理审核。五天后，陈云副总理表示同意高教部党组意见，并请刘少奇、朱德、彭真、邓小平四位书记处书记审阅后送周恩来总理。短短几天内就有多位中央领导审阅了这个报告。

周恩来总理对无线电有着特殊的感情。我党第一部"地下电台"的组建、第一套通信设备的研制、第一批通信骨干的培训、第一套通信密码的编制，无不凝聚着他的心血。可以说，周恩来总理对我党无线电事业的贡献，已经成为他为人民革命和解放事业英勇奋斗生涯的重要组成部分。中华人民共和国成立之初，百废待兴，周恩来总理敏锐地意识到无线电技术和工业的发展对于巩固新生政权的重要作用。在他的亲自关怀下，1955年初，国务院颁布了《发展计算技术、半导体技术、无线电电子学、自动学和远距离操纵技术的紧急措施方案》，无线电科学事业得以迅速起步。周恩来总理在交通大学迁校会议的讲话中说道："无线电调整到成都，因为西南是无线电工业基地，不是调整早了，而是调整晚了，注意晚了。"

Chengdu 100 Year School

1955年9月高教部发文将"成都无线电工程学院"更名为"成都电讯工程学院"（图片来自电子科技大学）

1956年5月，国务院正式决定在成都建立中国第一所无线电大学——成都无线电工程学院，并确定由高等教育部与第二机械工业部负责新院的筹建，由高教部负责配备师资，二机部负责安排行政干部。两部党组经协商，并报请国务院批准，组成了筹备委员会。6月，第二机械工业部成立了成都无线电工程学院筹备委员会，由时任第二机械工业部技术司副司长的徐思铎负责筹建工作，成员包括：华南工学院无线电系主任冯秉铨教授、交通大学有线电系主任周玉坤教授、交通大学副教务长黄席椿教授、南京工学院无线电系主任陈章教授，并抽调南京工学院刘树杞和李嗣范两位讲师、交通大学林劲先讲师等去北京负责具体工作。筹委会下设教学设备小组和图书资料小组，分别负责教学仪器设备、图书资料的调拨与订购等工作。7月21日至28日，筹备委员会在北京二机部会议室召开了第一次会议。会上讨论了这所新大学的筹建方案，校名、建校基础、三校搬迁和学制问题。9月14日，高等教育部和第二机械工业部联合发出《关于筹建成都电讯工程学院方案》的通知，决定以原有南京工学院的无线电系、华南工学院和交通大学的电讯工程系为基础，将三所高校相关专业，以及三校应调专业所属的二、三、四年级学生和全部师资调出内迁成都。校名问题经研究并报请高教部，9月19日，高教部正式发文将"成都无线电工程学院"更名为"成都电讯工程学院"。以下（简称成电）。

● **选址沙河**

　　创建成电，首要的工作是选择校址。

正在修建中的主楼，图片拍摄于1956年（图片来自电子科技大学）

20世纪80年代的沙河校区鸟瞰图（图片来自电子科技大学）

　　早在 1955 年 7 月中，筹委会即派人持二机部党组书记赵尔陆部长的介绍信到成都联系选择校址。经过研究，市建委于 7 月底按照成都市的城市发展规划提出四个校址选择方案：一是北门火车站通城内马路的东边、簸箕街的西边，此处地形狭长、离火车站太近，声音嘈杂，且适用面积只有 60 万平方米，无发展余地，不适宜建设学院。二是簸箕街的东边，府青公路以西、沙河以南、府河以北的区域，有六个村（即胜利村、快活林、团结村、力量村、互助村等），距城墙 500 米，面积约 100 万平方米，要占乡镇大部分土地，交通方便，四周均有公路可通，上水无问题，下水可排入府河内。三是青羊宫以西、成温公路以北、规划公路以南，属光华乡，有三个村：保卫村、工农村、爱国村，距城约两千米，面积 105 万平方米，无嘈杂声干扰，环境幽静，风景较好，附近有草堂寺、百花潭、动物园、青羊宫等名胜古迹，但是交通不方便，上水离自来水较近好解决，但下水不好解决。四是乡农寺街后边，李家碾附近地区，此地属青西乡，距城约两千米，占地面积为 60 万平方米，有可延伸约 49 万平方米，南端有府河支流，交通线有成灌公路。

　　8 月初，成都市委召集市城建委、学院筹委会成都工作组共同研究选择校址方案。市城建委认为方案二较好，理由是离城近，水电容易解决，交通便利，东面和工厂区接近，福利设施可共同利用；东北区为建设重点，只是府青路是城内连通火车站的货运干道，过往车辆较多，1960 年后可向东改

为加快学校建设，同学们积极参加基建劳动（图片来自电子科技大学，拍摄于1956年）

移，交通影响将减少。学院工作组经实地调查后对方案的选择意见基本上同市城建委一致。会上，成都市委口头传达："省委无意见，确定后报省委备案"，并归纳意见如下：方案二改作为第一选定方案，方案三改作为第二选定方案，方案四暂不考虑，随后上报四川省委。

由于时间紧迫，会后第二天学院工作组便派人回京汇报，经高教部、二机部和苏联顾问研究认为，第一选定离城近、交通方便，地势较高，道路、上下水道及电源的解决均很方便，同时靠近二机部十局的719（原69信箱，对外称国营新兴仪器厂）、715（西南无线电器材厂，后改称宏明无线电器材厂）、784（锦江电机厂）、788（后改称国营773厂，对外称国营红光电子管厂）四个新厂，符合工业学校接近工厂的原则。于是委托二机部第三设计院苏联专家波恰可夫为设计总工程师进行学校总体设计。8月25日完成了学院的初步设计及总平面草图约80万平方米，并于8月30日提请成都市委签订协议书。此时，四川省委提出了需要报批，表示可以在该方案内进行准备工作。

二机部十局王士光副局长、筹委会徐思铎副主任和省市委、施工单位负责人等历时2个多月在成都市和郊区实地察看了龙潭寺、回龙寺、红庙子、狮子山（即现四川师范大学本部）、乡农寺、南郊的航空学校、城内的南较场、大坟包（即现成都理工大学校址）等丘陵及山区共16处地点，于

1956年1月2日在成都总府街招待所召开专门会议，并在2月4日最后确定在成都市东城乡和路南乡境内（后划为保和乡），西靠府青路（原第一选定方案中的府青路西改为府青路东），前临东一环路，北为沙河，东靠猛圣路（现为建设路）的地区，修建成都电讯工程学院，即现沙河校区。

● **首届开学**

校址确定后，筹建工作紧张展开。第二机械工业部七局局长吴立人被委任为成都电讯工程学院筹委会主任。中央要求，成电必须在1956年9月开学，也就是说筹建工作必须于1956年9月前完成，中间只有短短7个月的时间。在干部十分缺乏、筹建工作十分分散、交通联系非常困难的条件下，要在短短7个月的时间里，在一片荒地上建起一所崭新的大学，难度可想而知。为此，成电筹委会提出了"一切为了九月开学"的响亮口号。

筹建工作主要有两个难点，一方面，是基建。

筹委会成都基建处依靠四川省和成都市政府，与承建单位建工部西南第一建筑公司第三工程处密切配合，于1956年2月完成了教学主楼的钻测和现场准备，3月11日宿舍区工程全面开工，4月11日教学主楼破土。

Chengdu 100 Year School

20世纪60年代初，电子科技大学欢送苏联专家回归（图片来自电子科技大学）.

在建校之处，不但教学主楼图纸参考苏联莫洛托夫动力学院教学主楼，而且在学校选址和论证确定工作中，也得到了苏联顾问和专家的帮助。建成后的主教学楼，房屋面积约 26500 平方米，教学主楼长 223 米、宽 75 米，建筑面积达 2.65 万平方米，是当时成都市最大的单体建筑，直到现在仍是成都东部城区的地标式建筑。因其造型独特、带有时代印记，也成了成都市有代表性的苏式建筑。主楼本来打算建七层，但因成都地下水位高、地基不牢，最后只建了五层。主楼门廊设计了八个高大拱门，地下室设计了防空洞，楼层内部的所有大教室都要求装置活动黑板，且全部是玻璃材质，所有教室必须做成斜坡，其中，物理及化学实验室附近的两个大教室必须做成阶梯教室，供示范教学使用。这些设计无不体现着以学为本的用心。

根据工程进度，原计划 1956 年 1 月底工程完成地质勘探，3 月 10 日开工，8 月 20 日前，楼体的全部工程都要竣工。但在实际施工中，施工方遇到了种种没有预料到的状况，直到 4 月 11 日主楼才开始破土动工。五六月的成都，适逢雨季，成都市政府下达了"不准停工"、争取开学前全部工程完工的命令。施工单位采取三层以上铺帆布，三层以下搭席棚的措施，保证雨季工程的进度。随着工程的推进，原材料的供应日趋紧张，每天仅红砖就需要 5 万多块，而成都附近不能生产红砖，所用红砖需从内江等地运来，一

欢迎来校的第一批教师（图片来自电子科技大学，拍摄于 1956 年暑假）

同学们去沙河校区主楼上课（图片来自电子科技大学，拍摄于1956年）

Chengdu 100 Year School

时供不应求。为解工程之急，四川省、成都市政府决定拆除成都市和附近县城的城墙取砖，教学主楼的底层就是用成都市和附近县城的城墙砖叠砌起来的。砖外墙原本设计为清水墙，但7月份的一场大雨，使外墙面被水泥砂浆浸入，严重影响了主楼外观，学校向施工方提出，待砌墙工程全部完成后，清洁墙面污泥，并遍刷一层红色，最后再用砂浆勾缝。8月，教学主楼两翼已竣工，中部还在继续施工中。9月开学前，共完工了四栋教职工宿舍、三栋教职工单身宿舍，以及教职工食堂。直到1957年上半年，主楼的全部房屋建筑工程才得以完工。虽然没有按时完工，但就当时的基建水平而言，仅一年多就完成了2.65万平方米的房屋修建，速度之快，难以想象。

2006年10月，电子科技大学清水河校区主楼开工建设。两年后，总建筑面积达8.1万平方米，比老校区主楼大两倍多的清水河校区主楼竣工。新主楼内部的设计和原主楼相比，既有继承，又有创新，它融合了现代特色并进行了创新，但其文化内涵和体貌风格却传承自原主楼。厚重、大气、典雅的新主楼代表的是成电人对原主楼的回忆，以及对老成电精神的发扬光大。新主楼作为后起之秀，2010年11月获得中国建设工程最高奖——"鲁班奖"。

另一方面，是师资和学生。

从1956年暑期开始，三校相关系科的师生陆续内迁成都。到1956年年底，学校有在校生1835人。学校在电讯工程教育方面有教授18位、副教授

1956年9月29日，成都电讯工程学院首届开学典礼（图片来自电子科技大学）

8 位，集中到成电的教授、副教授占了三校总数的 62.9% 和 72.7%，包括交通大学电讯系的张煦、陈茂康、陈湖、吴兴吾、周玉坤、许德纪、黄席椿、刘侃、毛钧业，华南工学院无线电系的林为干、龚绍熊、童凯、吴敬寰、张铣生、童子铿、洪道揆、黄亦衡、唐翰青、顾德仁、张宏基、唐棣、张志浩、徐秉铮，南京工学院无线电系的王端骧、沈庆垓，南京无线电工业学校的蒋葆增。学校当时拥有的教授、副教授、讲师、助教和首批学生中的大多数人后来都成了电子信息领域的知名专家、学者，为我国电子信息产业和电子高等教育的发展做出了突出贡献。成电办学起点高，由此可见一斑。

1956 年 8 月，开学日期临近，全校上下紧张准备中：教学主楼还在紧张施工，内迁师生的接待、教学的安排、教材的配置、体育场的修整、临时道路的铺设、师生的住宿和就餐等工作都亟待完成。学校在召开的院行政扩大会议上强调，"我们是一个新的学院，决不能做到'一切皆备'再开课，要在现实条件下考虑逐步改善"。就这样 1956 年 9 月 17 日，1400 多名新生和 300 多名老生按时开课了。当时主楼轮廓初现，中部正厅等部位还在施工，教室还没有进行内部装修，甚至没有安装桌椅板凳，学生们拿着一块小木板坐在阶梯地板上听课，开始了紧张的学习生活。学校师生还利用课余时间积极参加打磨主楼水磨地板、平整主楼广场等建校劳动。

成都电讯工程学院的开学标志着新中国有了专门的电讯人才培养机构，

是要以隆重庆祝为标识的，因此学校决定"在十月一日前举行纪念性的活动"，并成立开学典礼筹备组。随后吴立人院长主持召开第一次院行政会议，确定于 9 月 29 日下午在主楼东边广场举办开学典礼，晚上举行舞会、放映电影或表演文娱节目。

9 月 29 日当天，主楼四周红旗招展，成电校园一片沸腾。下午 4 点，成电首届开学典礼在主楼东边体育场隆重举行。四川省副省长钟体乾、四川省委宣传部副部长明朗、苏联专家弗·罗金斯基、715 厂厂长夏明文、在蓉的苏联专家以及省委、市委有关部门的代表、各兄弟厂校代表和全校 3000 多名师生，齐聚一堂，共同庆祝新中国第一所无线电大学的诞生。

开学典礼由吴立人主持，他在大会致词中说："我们的学院是第一所新型的无线电工程学院，同时我们又是一所有关国防现代化的电讯工程学院"，学院的任务是"培养电讯制造方面的高级技术干部，以适应国家经济建设与国防发展的需要"，要完成上述任务，"必须大力提高教学质量，要认真贯彻教学改革的精神，我们的学院是经过院系调整组成，要动员各种力量，组织各种有利因素，通过妥善安排教学环节中的各种工作，贯彻'全面发展，因材施教'的教育方针，培养学生的独立思考能力"。

师生文艺生活丰富多彩（图片来自电子科技大学，拍摄于 1957 年春）

首届开学典礼的召开，激发了师生对学校的热爱和对学校发展的信心。有线电设备系吴兴教授在《参加开学典礼后的一些感想和建议》中说，成电"筹备时间不到一年，基本建设的设计和施工总共不过几个月"，这"是一个近乎难以置信的奇迹"，"建院筹备与基建工作的成功，使我们在进行教学和科学研究工作上树立了坚强的信心"。电子材料教研组陈耕云老师深感整个国家和无线电工业急需无线电人才，"为能参加祖国第一所无线电大学的筹建和教学工作而感到骄傲和自豪"。无线电四年级一名同学"怀着兴奋的心情参加了学校的首届开学典礼"，感受到了"党和国家对每个同学寄予的重大希望"，大受鼓舞，决定充分利用课余时间，严格要求自己，坚持不懈地学习钻研。

● 校名逸事

学校发展历程中曾有多个校名，从早前的成电到现在的电子科技大学，数易其名。

筹建初期，在1955年3月高教部党组向国务院总理周恩来呈送的报告中提出"在成都成立无线电工程学院"；5月，国务院将这所新大学命名为"成都无线电技术学院"，并由高教部和二机部成立筹委会。筹委会讨论认为，新校师生是由南京工学院通讯系、交通大学电讯系、华南工学院无线电系合并组成，而校名中的"无线电"不能涵盖有线电，建议更名为"成都电讯工程学院"，与会者一致同意，并上报送审。高教部于次年7月10日给学校颁发了一颗直径4厘米的铜质圆形公章，"成都电讯工程学院"公章正式启用。

当时，筹委会的同志们都希望毛泽东主席题写校名，并就此事请示了中央办公厅，未果。紧接着，又请二机部的领导题写。时任二机部部长的赵尔陆说，"你们去找'翰林院'的人写吧！"于是，筹委会主任吴立人委派郭民邦老师去请时任中国科学院院长郭沫若题写。郭民邦持学校介绍信赴中国科学院院长办公室，一位女秘书接待了他。郭民邦说，为了鼓励全体师生向科学进军，希望郭老在百忙之中为学校题写校名。这位秘书立刻答应，并让他星期五下午去取。

按约定时间，郭民邦来到中国科学院，郭沫若正在里屋埋头办公。不久，秘书从里屋出来，拿了一张印有中国科学院字样的红头信笺，上有毛笔书写的两行"成都电讯工程学院"（横排），其中第二排前面画了一个小圈。秘书告诉他，郭老说用画了圈的（因为未画圈的那行，"成"字略小，而"院"字稍大）。获得了四川老乡郭沫若题写的校名，筹委会的同志赶紧寄往上海，制备教师和学生的校徽。学院院刊刊头也使用了郭沫若的题字。

1988年，国家教委批复成电改名为电子科技大学（图片来自电子科技大学）

三十多年后，成都电讯工程学院于1988年经上级批准更名为电子科技大学，简称电子科大、成电，简称成电体现了学校精神的赓续、文化的传承、历史的尊重，也饱含了一份浓浓的"成电情"。由于之前的校名是郭沫若所题，所以学校师生都希望沿用郭体。但是，郭沫若已于1978年去世，除了原有的"电"和"学"能用，其他几个字就得另想办法了。曾担任电子科大报编辑部主任的梁夏柏回忆，当时他们一本本翻看郭沫若发表的书法作品，特别是1965年人民美术出版社出版的郭沫若手书《毛主席诗词三十七首》，希望从中寻找到能够匹配校名的字。经过仔细查找和选择，梁夏柏等人觉得郭老手书的毛主席词《减字木兰花·广昌路上》中的"字"的下面部"子"，《沁园春·长沙》中"问苍茫大地"的"大"字比较美观，便临摹了下来。就这样，通过不断努力，集齐了"电子科技大学"这六个字的郭体版，用作校名并一直使用到现在。由于"科"字初看像"神"字，所以成电还常常被大家调侃为"电子神技大学"。

● **跨越发展**

得益于三校汇聚的优良师资，学校在创立短短4年后，于1960年跻身全国重点大学之列。1988年更名为电子科技大学，1997年被确定为国家首批"211工程"建设的重点大学。进入21世纪，于2000年由原信息产业部主管划转为教育部主管，2001年进入国家"985工程"重点建设大学行列，也是中国电子信息领域唯一一所985大学，完整覆盖整个电子信息类学科，形成以电子信息科学技术为核心，以工为主，理工渗透，理、工、管、

Chengdu 100 Year School

1997年，国家计划委员会批复电子科技大学"211工程"建设项目可行性研究报告（图片来自电子科技大学）

文、医协调发展的多科性研究型大学。

21世纪初，四川省委、省政府作出重大决策部署，把电子信息产业作为全省加快经济发展的龙头产业和先导产业，作为四川实施西部大开发战略，实现追赶型、跨越式发展的"一号工程"。以"一号工程"为契机，学校选址成都市高新技术开发区西区，规划建设新校区，以此培养更多电子信息人才。

2002年5月，学校成立电子科技大学新校区筹建领导小组。随后，学校向教育部和四川省有关部门提交建设电子科技大学新校区的申请。一个月后，教育部下发文件，同意学校建设新校区。随后学校紧锣密鼓地开展选址、前期策划及申报立项工作。2005年12月27日，四川省发改委立项学校清水河校区建设项目。次年初，清水河校区开工建设。经过一年多的建设，2007年8月25日，清水河校区从规划蓝图变成了耸立在大地上的美丽校园，5300余名电子科技大学新生走进了崭新的清水河校园。

目前，电子科技大学共有清水河、沙河、九里堤三个校区，校舍总建筑面积149万余平方米。特别是占地70万平方米的清水河校区，四季树木葱茏、湖水碧波荡漾、建筑典雅厚重，是陶冶情操、读书治学的佳境，也被当地人称为"清水河人民公园"。

【行业翘楚】

电子科技大学坚持以电子信息为立校之本，理工结合为强校之基。"得天下英才而育之"，学校为国家培养了一大批电子信息专门人才。据不完全统计，国内IT界的公司、企业、研究院所等中层以上技术人员和高层管理人员超过三分之一都毕业于成电。"探天地信息而研之",学校在支持成都、四川、国家电子信息产业发展,特别是军事电子发展起到了不可替代的作用,创造了诸多电子信息领域的第一。建校以来,不断书写着首任院长吴立人先生"把成电办成我国乃至亚洲第一流无线电大学"的时代篇章。

● "国产"电子学博士

建校初期的新中国百业待兴,成电的学科都是围绕无线电技术发展和电子工业亟待解决的问题来设置的,教学和科研直接服务于国防建设和国民经济发展。为培养社会主义建设急需的高层次专门人才,学校紧锣密鼓地开始了高层次人才培养工作。1956 年 7 月 11 日,高教部颁布《1956 年高等学校招收副博士生暂行办法》,并批准包括成都电讯工程学院在内的 23 所工科院校的 146 名导师有权招收四年制副博士研究生。林为干教授作为指导副博士研究生的导师,当年招收 2 名无线电工学副博士研究生。同年 9 月,在超高频电真空器件、无线电测量两个专业招收两年制研究生 15 人。这批研究生的培养目标为高校师资和科研人才,要求毕业后能讲授所学专业的 1-2 门课程,并有一定的科研能力。为满足全国各高校和科研单位对无线电专门人才的需要,学校还招收一至二年制的进修生,他们随研究生学习,一般不作论文答辩。到"文革"

首批博士学位授予大会(图片来自电子科技大学,拍摄于1985年)

前，学校共培养研究生 46 人，进修生 530 人，他们大多数后来成为全国各高校、研究所、工厂电子专业的骨干人才，其中也涌现出一批著名的专家学者，如中科院院士刘盛纲教授、中科院院士周炳琨教授、电子科技大学关本康教授、清华大学张克潜教授，复旦大学袁榘教授等。1970 年，部分高校通过群众推荐、领导批准和学校复审相结合的方式，招收工农兵大学生。成都电讯工程学院响应号召，于 1971 年开始，招收工农兵学员。

1981 年 11 月，学院获准"信号、电路与系统""电磁场与微波技术"和"电子物理与器件" 3 个博士学科点，首批 4 名博士生导师是林为干、顾德仁、谢处方、刘盛纲。1985 年 3 月 21 日，学院隆重举行首批 8 名博士学位授予大会。这是学校第一次依靠自己的力量培养的博士，也是我国电子学领域第一批以自己的师资培养的博士，分别是林为干院士指导的曾令儒、阮成礼、刘跃武、吴正德，刘盛纲院士指导的王俊毅、杨中海、徐孔义，谢处方教授指导的彭仲秋。后来，他们都成了微波技术、电磁场工程、微波电子学领域的知名专家、教授，在高层次人才培养和科学研究中做出了突出贡献。如吴正德教授成功地解决了 3mm 波收发双工和偏压调制等关键技术，研制出第一套国内 3mm 波段的整机系统——3mm 波接力机，标志着我国在世界

成都电讯工程学院第一届研究生毕业合影（图片来自电子科技大学，拍摄于1985年）

成都电讯工程学院第一届学生毕业合影（图片来自电子科技大学，拍摄于1957年）

上已独立自主先期进入 3mm 通信新频段。杨中海教授首次研制出二次谐波（4mm）和基波的准光腔加旋管实验样管，首次用积分变换的方法建立了具有任意纵向场分布的单腔电子加旋脉塞的力学理论。曾令儒博士带头参与从东方红系列卫星到神舟飞船五号至六号的研究，负责卫星和地面的检测数据传输技术、传输方案，被称为"中国航天飞船的掌舵人"。同时，学校也派出人员赴国外学习先进技术和理论。学成归国的这批人员，成了学校师资队伍的重要力量。

● 成电方案

　　进入 21 世纪，新科技革命和新经济越来越强调学科专业的交叉融合，国家和社会对高等工程教育提出了新的要求。为系统推进学科交叉，提升国家竞争力对高水平工程创新人才、交叉复合型人才培养的迫切需要，2016 年 1 月，《电子科技大学本科人才培养方案全面修订指导意见》出台，开启了学校进入 21 世纪以来改革力度最大的一次本科人才培养方案修订。面向"互联网＋"和"智能＋"融合发展的趋势，电子科大在国内率先实施了"互联网＋"复合型双学位培养计划，融合 4 个学科的 6 个专业重构了核心课程体系，打通了专业、学科、学院之间的壁垒。2019 年，电子科大通过了《一流本科教育行动计划》和《新工科建设成电方案》，确立了以

"唤起好奇、激发潜能"为核心的全新理念，面向全体学生构建了"始于新生、贯通四年、逐级挑战"的全新项目式"新工科"课程体系、"研究型的教＋研究性的学＋挑战性的学＋创新性的做"的研究型教学课程体系。基于电子信息学科优势，打造"新工科＋新商科""新工科＋新艺术""互联网＋""电子信息＋"等多样化的跨界交叉复合人才培养平台，形成"工工交叉""理工结合""工管渗透""工艺联合"的人才培养新生态。近年来，学校增设了人工智能、机器人工程、智能电网信息工程等12个战略新兴交叉专业，进一步完善了多学科交叉的专业生态，服务国家战略需求。

早在2008年，电子科大就尝试打破专业壁垒，举办"管理—电子工程复合培养实验班"，取得了良好育人效果。随后，"电子信息＋行业产业"系列复合培养计划在全校渐次实施，有力推动交叉复合型人才培养模式的形成。

学校新兴交叉的培养策略满足了大量产业化转化需求，在成都产业聚集和人才聚集方面发挥着重要作用。在科技成果转化方面，电子科大科技园是科技部、教育部于2001年认定的首批22个国家级大学科技园之一，目前与成都市成华区、高新区、双流区、郫都区、温江区等地方政府合作，建立了以沙河科技园、西区科技园、天府科技园为代表的"三园·六化"，以"电

学成回国的留学人员与校领导合影（图片来自电子科技大学，拍摄于20世纪80年代）

1975年成都电讯工程学院一系测量仪器专业72届工农兵学员毕业合影（图片来自电子科技大学）

子信息＋"为主导产业的完整科技产业生态链。在人才聚集方面，除了培养了大量的技术创业生力军，也为成都各产业发展储备了大量的电子信息人才和创业精英。越来越多的教授、青年教师带领团队创业，将实验室中高精尖的技术进一步转化为生产力。2017年9月29日，成都市人民政府与电子科技大学共同宣布将每年的9月29日校庆日定为成都市"电子科大日"，进一步推动校地深化合作。

学校培养出来的毕业生活跃在学术前沿、科技一线、国防战线、经济主场等各个领域，尤其是在我国 IT 行业表现卓越。成电校友海内外上市公司近100 家，市值超过 2 万亿元。成电人用不懈奋斗不断擦亮学校"中国民族电子工业摇篮""中国电子类高校排头兵"的金字招牌。

● 硬核科技

从 20 世纪 50 年代起，学校就有组织、有计划地开展科学研究工作。无论是建校之初以发展军事电子为主业，以巩固国防事业为己任，承担了一大批国防重点攻关项目，抑或是在改革开放后，大力发展民用电子，承担了一大批对电子工业振兴、国民经济建设有重大影响的国家项目，还是进入 21 世纪，攻克电子信息领域多项技术难关，服务国家创新驱动发展战略。可以说，中国和世界电子信息发展的每一个历史浪潮，成电人都没有缺席过。

20世纪70年代，在我国，黑白电视还属稀奇物件，彩色电视更是遥不可及。1970年，第一次全国电视专业会议在北京召开，确定"要集中主要力量发展彩色电视，并适当发展黑白电视"。会后在北京、天津、上海、成都四地以"大会战"方式在全国范围内开展彩色电视技术集体攻关。成都会战选址定为成电。从1970年5月到1973年10月，历经近三年的时间，成电共完成了彩色电视中心立柜、三十五毫米电视电影设备、导演控制台、音响控制台、彩电接收机等多项设备的设计、研制和调试工作，以这些设备为支撑筹建了成都第一座彩色电视试播台，实现了彩色电视从无到有的转变。

如今，高效便捷的地铁设施成为城市重要的轨道交通工具，在成电保存的一份20世纪70年代初期标有"机密"密级的技术研制协议中，可以看出我国首台地铁无线数传机出自成电人之手。1969年，北京地铁一期工程完成之际，为了兼顾城市交通开始了地铁二期工程建设，为确保行车安全，提高运输效率，1970年3月经中央批准，地铁环城线采用电子计算机自动系统指挥列车运行，由交通部、四机部、中科院等单位承担有关项目的研制和生产任务。成电作为四机部下属业务骨干单位，无线电信息技术的实力早已名声

1960年，成电举行首届科学讨论会（图片来自电子科技大学）

在实验室做实验的学生们（图片来自电子科技大学）

Chengdu 100 Year School

在外，正在开展的"930工程"科研项目中研制的数传机达到9600波特/秒的先进技术指标，给时任四机部部长的王诤留下了深刻印象。当四机部收到交通部的请求帮助函时，王诤部长亲自在装函的信封上批示要求成电负责该项设备的研制。1973年1月，由高家彭、皮德忠、张友端、华达芬、郭成清、赵必明、吴小平、殷世忠、刘荣富、李宝阳等科研人员组成的科研小组迅速投入紧张的研发工作中，于1974年年底成功研制样机。成电研制的我国首台地铁无线数传机能把运行中各列车的各种信息及时可靠地传给中心，实现了中心计算机自动调度和列车无人驾驶，填补了国内空白，于1978年获得全国科学大会奖。

数十年来，学校聚焦国家重大需求和经济社会发展，坚持"深度融入国家创新体系，研究涵盖军事电子所有门类，为我国军事电子发展起到了不可替代的作用，在这一过程中先后涌现了大批取得重大研究成果的团队：

邓龙江教授团队，研发的电磁兼容材料广泛应用于新一代飞机、雷达等重大装备上，打破了国外的技术封锁。

罗勇教授团队，首创的相关技术广泛应用于毫米波远程精密成像雷达、空间信息干扰及对抗等装备。

李斌教授团队，研发了国内第一套具有完全自主知识产权的全三维微波器件综合仿真设计平台，提升了微波功率器件的自主研发能力，实现了对国外商业仿真软件的替代。

张小松教授团队，实现了我国网络安全防御能力从单项技术突破到自动化、体系化的跨越发展。

罗光春教授团队，破解了高速计算模式、资源组织方式等多项核心共性技术，形成了具有自主知识产权的新一代技术体系。

宫玉彬教授团队，研制的新型高频系统真空电子器件，推动了我国高频真空电子器件的发展。

张万里教授团队，研究的敏感薄膜集成技术，解决了装备构件在高温、高速、高过载等极端环境下状态参数的可信测试和极限感知难题。

杨建宇教授团队，研究的 SAR 成像技术，破解了机载雷达高分辨前视成像这一国际难题，推动了我国雷达成像技术的进步。

杨正林教授团队，在生命健康领域，为全球疫情防控工作提供了有效检测工具。

2019 年 11 月，电子科大首次在 Science 正刊发表研究成果；2020 年 6 月，电子科大邓旭教授团队在 Nature 发表封面论文（图片来自电子科技大学）

电子科大张小松教授团队主持完成的项目荣获 2019 年度国家科技进步一等奖
（图片来自电子科技大学）

Chengdu 100 Year School

李恩教授团队，研发的高温／超高温材料复介电常数测试系统；程玉华教授团队，研制的基于电磁辐射场成像的检测方法与装置，为我国重点装备型号的研制及维护保障提供了重要技术支撑。

同时，学校实施基础研究提升计划，大力培植重大科学问题原始发现的能力，不断孕育"根"技术。量子科技、基础材料等领域取得了多项原创性成果。首次在高温超导纳米多孔薄膜中完全证实了量子金属态的存在，为国际上争论了三十多年的量子金属态的存在提供了有力的证据。首次通过去耦合机制将超疏水性和机械稳定性拆分至两种不同的结构尺度，并提出微结构"铠甲"保护超疏水纳米材料免遭摩擦磨损的概念，进一步推动超疏水表面进入广泛的实际应用。通过谐振腔集成单晶石墨烯半导体异质结，实现了光频梳这一航空航天、信号处理、量子计算等领域的核心器件的大范围可调，并展示了丰富的多孤子态输出。

电子科大努力发挥自身的电子信息领域优势和服务国防特色，坚持以服务国家为最高追求，以"独有独创、不可替代"为目标，把着力解决制约国家发展全局和长远利益的重大科技问题，尤其是电子信息领域"卡脖子"关键核心技术难题，作为学校科技工作的重要内容，积极助力国家高水平科技自立自强，努力成为国家战略科技力量的重要组成部分。

【师之大者】

电子科技大学始终坚持办学初心,以电子信息为基石,理工结合为支柱,致力于电子信息领域的研究创新和人才培养,对电子信息产业发展,特别是在军事电子领域,做出了不可磨灭的贡献,创造了众多的第一,培养了众多杰出人才。

● 吴立人

吴立人(1915—1979年),河北省行唐县人。1930年在保定育德中学,年仅15岁的吴立人积极追求进步,参加了革命工作,16岁入团并转为中共党员。他历任保属特委委员,冀南特委宣传部部长,冀中四地委组织部部长、书记兼游击总队政委,九地委书记兼军分区政委,晋察冀分局党校秘书长,冀中区党委秘书长,石家庄市委第一副书记兼市委宣传部部长、团市委书记、《石家庄日报》社社长,归绥市书记兼市长,绥远省委常委,绥远省财经委副主任,内蒙古分局财委副主任,第二机械工业部第七局局长。

吴立人(1915—1979年),电子科技大学首任校长、党委书记

1955年11月吴立人任成都电讯工程学院筹备委员会主任,此后三年任成都电讯工程学院党委书记,之后,在哈尔滨工业大学、河北化工学院等高等院校从事教育领导工作直至1979年9月离世。

吴立人是"一二·九"运动的活跃分子,是冀中平原的一位抗日先驱,领导冀中群众创造了地道战、白洋淀水上游击战。原九分区和白洋淀的一些老人至今还记得他在战争时期的英勇表现。著名作家李英儒的代表作品《野火春风斗古城》以及同名电影中的主角、地下党领导人"杨晓冬"就是以他为原型塑造的。在抗战初期,他还参与创办过河北抗战学院,为抗战输送了一批革命干部。正是这次经历激发了吴立人的办学兴趣,积累了办学经验，从而使他与高校教育结下了不解之缘，也与成电紧密联系在一起。

1955 年 5 月，国家决定在成都组建我国第一所无线电大学——成都电讯工程学院。同年 11 月，时任第二机械工业部第七局局长的吴立人，被任命为新建学院的筹委会主任，主持筹委会工作，并要求必须在 1956 年秋季按时招收新生开学。要在短短不到一年的时间内，将分散在上海、南京、广州三地的三个系的师生、物资、图书、设备迁往几千里之外的成都，在一片荒地上建立一所新的大学，这在全国筹建大学的历史上是空前的。其时间之紧、任务之重、困难之多，令人难以想象。

1956年11月，国务院任命吴立人为成都电讯工程学院院长（图片来自电子科技大学）

吴立人院长在成电首届开学典礼上讲话（图片来自电子科技大学，拍摄与1956年）

吴立人院长（左二）（图片来自电子科技大学）

吴立人毅然接下这一军令状，担起这副千钧重担。他坚毅果敢、精明强干和扎实认真的工作作风，给大家留下了深刻的印象。一到筹备组，他就带队到三所高校，深入基层调研，从各校的设备、图书资料到教师和学生的思想情况，都摸得清清楚楚，并展开大规模的宣传，鼓励师生"为中国第一所无线电工业学校贡献力量"。

但是一所学校的筹建，千头万绪。那时的通信、交通远还很落后，学院筹委会直到1956年6月才从北京搬迁到成都，筹委会委员又多为三校有关领导，各有事务在身，分散三地。在筹委会工作期间，他们不得不经常孤身一人往返奔波于京、宁、沪、穗之间，奔走筹划。他本着尊重知识分子的初心，多用懂教学的人参加建院，充分调动三校教师的力量，用教师搭建筹备组的工作班子，分解任务，分头把关。在大家的通力协作和共同努力下，三校搬迁、主楼建设、校舍配套、仪器设备采购、苏联专家的聘请、教学计划和课程的设置、招生等工作都紧张而有序地向前推进。

1956年8月，一艘3000吨的大轮船载着交通大学和南京工学院的师生、家属、仪器设备、图书，逆流而上，经武汉、宜昌，到达重庆，以船换车，经过半个月的长途跋涉，最终到达成都。1956年9月17日，在还未装上楼梯栏杆和座椅的主楼，成电学子迎来了他们的第一堂课。成电的筹建速度，在当时是一大奇迹。同年11月，周恩来总理签署任命书，任命吴立人为院长。从筹校、建校到开校不到一年，短短的时间里凝聚了吴立人等前辈们的大量心血。正是有了吴立人等一大批老成电人的无私奉献，艰苦卓绝的努力，才有了成电的诞生。

一所学校的发展离不开大批优秀的人才。依靠教师的力量使学院筹建任务得以在短时期内顺利完成，这更加坚定了吴立人依靠知识分子办学的决心。他对人才非常重视，认为人才是办教育的基础。据他的儿子吴淳回忆，在学校创办之初，吴立人找到时任公安部部长的罗瑞卿，希望他能帮忙引荐一批从国外回来的电子方面的专家。在成电的筹建过程中，他发动了大规模的宣传，号召大家到成都大展宏图，并亲自到各知名教授家中做思想工作。据同为筹备组成员的林劲先先生回忆，当时交大有一位叫刘侃的教授，年龄大了，身体也不好，但在吴立人的感染下，执意要来成都参加学校建设，并带动了一大批青年教师来到成都工作。而每当有教师到达成都，他都会亲自去车站、码头迎接。他说："他们都是了不起的，放弃了繁华大都市优越的生活和比成都高的工资待遇，举家搬迁来成电参加建设，奉献学识，要关心、照顾好他们。"

吴立人对人才的重视还体现在他对教师的尊重和信任上。他在学院首届开学典礼上就要求管理干部要"全面细致地贯彻为教学服务的精神"。他曾多次在会议上强调，要为教师做好服务，服务教师就是服务教学。早在成电筹建初期，他在致黄亦衡、周玉坤的信中就提到："新校的情况是任务重、底子弱，将来一定要动员全体教师来办校，使每个人都参加工作，让每个人做其所擅长的工作，以求全面发展提高。"正因为他对人才的重视，建院初期，成电汇聚了一批电讯领域的权威专家学者，包括多位我国电讯技术和教育界的前辈和知名人士，如张煦、陈湖、周玉坤、童凯、陈茂康、许德纪、龚绍熊、吴敬寰、唐翰青、黄亦衡等，正是这样一批专家学者，为学校的发展打下了坚实的基础。

吴立人对师生的关心和爱护也给老一辈成电人留下了深刻的印象。张志浩老师在其回忆文章中称吴立人为"知识分子的真挚朋友"，他说吴立人喜欢与知识分子交朋友，关心他们的生活，帮他们解决生活中的困难。据说有一次童凯老师手指不慎受伤，本打算步行去医院，吴立人知道后，坚持派学校唯一的吉普车送他去，多年以后童老先生仍对此事念念不忘。又一次，成电一位女教师到东北某温泉疗养风湿病，因临时汇款不到，请他接济一下以渡难关，早已调离成电的他面对这位素未谋面的女教师，一出手就拿出180元。要知道，当时一位助教的月工资才53元。他待人如此慷慨，在成电一度传为佳话。成电早期的学生也回忆吴立人常到茅草屋询问大家是否吃得惯红白灶，到寝室与同学谈心，检查被子是否受潮。吴立人对师生的爱护，对真理的坚持，讲真话、办实事的品德，不仅是他的人格魅力，也是他留给成电的宝贵精神财富。

作为成电首任党委书记、院长，吴立人为学校的建设做出了开创性、奠基性的贡献，也留下了坚持真理、尊师重教的宝贵精神财富。2015年，在学校二号基础教学楼网络征名和投票活动中，"立人楼"这一名称高居第一。由此二号基础教学楼正式命名为"立人楼"，以此纪念吴立人先生，也表达学校"立德树人"的决心，把"立德树人"这一教育的根本任务贯穿人才培养的全过程，为国家培育更多的行业精英和领军人才。次年，在甲子校庆之际，又在立人楼旁、东湖畔，树立吴立人先生的雕像，让成电人更好地怀念他、传承他的精神。

● 林为干

林为干（1919—2015年），出生于广东省台山县，20岁本科毕业于清华大学，1945年9月，公费赴美求学，1950年博士毕业于美国加州大学伯克利分校。1951年9月，他冲破重重阻挠回到祖国，先后任教于岭南大学、中山大学、华南工学院，1957年调成都电讯工程学院任教，次年2月任院长助理，1981年起任副院长达三年时间。林为干于1980年当选为中国科学院学部委员（院士），1990年被聘为美国麻省理工学院电磁科学院院士，2003年被美国伊利诺伊理工学院授予名誉博士学位，同时任美国、加拿大、日本等多个国家和中国香港多所著名高校的客座教授。他长期致力于微波理论与技术研究，是我国电磁场与微波技术学科的主要奠基人之一，被国内外同行尊称为"中国微波之父"。

林为干天资聪颖，初二就已经学完了初中全部课程，并考取了当时广东最好的中学——广雅中学。读到高二，又悄悄地去考大学，一举考上清华大学、中山大学和中央大学三所名校。三所名校都向这个天才少年敞开怀抱。经过深思熟虑，15岁的林为干毅然决定去清华大学。

到了清华大学，他更加勤奋刻苦，图书馆常能看到他伏案钻研的身影。他虽然在班里年纪最小，但有一股倔强不服输的劲儿，成绩一直名列前茅。"七七事变"，民族陷入危机。不久，日军占领清华园，清华师生被迫南迁。战争一结束，林为干获得了去美国学习的机会，并顺利入读加州大学伯克利分校。

经过五年潜心学习，林为干从美国加州大学伯克利分校毕业并获得博士学位。一年后，他的博士论文发表于美国《应用物理》杂志 8 月号首页，题为《关于一腔多模的微波滤波器理论》。该论文创新地打破了微波学界长期以来的一个观点，并在 20 世纪 60 年代卫星通信中得到广泛的应用和发展。该理论是林为干曲折而壮丽的科研道路第一个波峰，从那以后，在微波科研的道路上，林为干乘风破浪，不断前行，攀登在电磁理论、微波技术、光纤技术、电磁辐射与散射等领域的世界学科研究前沿。1950 年，钱学森准备回国报效祖国，这让林等留美学生热血沸腾。第二年，林为干和一群留美学生在公海上漂泊数个日夜后，终于回到了祖国，积极投身新中国建设。

林为干（1919—2015 年），广东台山人，微波理论学家，中国科学院院士，美国麻省理工学院电磁科学院院士，电子科技大学教授、博士生导师

Chengdu 100 Year School

20 世纪 90 年代，林为干已经年过七旬。然而，林为干依然践行着他"做一辈子研究生"的誓言。1995 年 12 月，林为干发表在美国《静电学》学报上的论文，宣告一道百年难题的攻克。这个难题就是自 1892 年麦克斯韦的《电磁学》（第三版）出版以来，被称为历代"电磁学学界哥德巴赫猜想"的难题。当时他已 76 岁高龄，患上了帕金森病，但每天仍用略显颤抖的手，拿着放大镜和笔，仔细研读最新的外文文献，并在纸片上推导公式。他晚年常说的一句话是："我希望从现在开始到我 100 岁的这段时间里面，每年都能够发表一两篇论文，在 100 岁那年，还能在核心刊物上发表文章。"

就这样，林为干以书为伴，笔耕不辍，创新不断。1999 年，《科技日报》以大标题"共和国科技丰碑"、中标题"50 年重大贡献科学家"、小标题"电磁理论科学开拓者林为干"刊登新闻稿，肯定了林为干对中国电磁科学发展所作出的杰出贡献。一项项科研成果，见证着林为干的辛勤，凝结着他的点滴心血：他的博士论文推动了卫星通信、移动通信等领域的发展；他和钟祥礼副教授合作研究的"林-钟方法"，能便捷计算传输线特性阻抗，赢得了国际同行赞誉；他在古稀之年仍然主持多项国家自然科学基金项目，为我国微波输电技术做出了重要开拓性成果。

祝宁华院士与学生在林为干院士雕像前合影（图片来自电子科技大学，拍摄于2021年）

林为干从教 60 多年，爱生如子，竭力培养国家栋梁，为我国电子学特别是电磁场与微波技术学科的发展培养了一批杰出人才，共培养 120 多名硕士、 80 多名博士、 10 多名博士后，曾是新中国培养博士生最多的导师之一。 1989 年，林为干的《矢志育人，硕果累累——探索我国培养高技术人才的有效途径》成果获国家教育委员会首届优秀教学成果国家级特等奖。

林为干告诫学子要"做一辈子研究生"，他的学生遍布海内外，在各高校、科研单位和公司企业工作，业绩突出，推动了我国微波科技和微波产业的发展，成为我国微波人才培养和微波事业传承的中坚力量。在学生的心目中，林为干令人敬仰和钦佩的不只是他的学术水平、学术眼光，还有他时时、事事、处处关心青年学子前途的一片胸襟。林为干生活简朴，丝毫没有大学者的架子，在出任成都电讯工程学院副院长期间，去城里开会，他经常骑自行车往返。有次去开会，裤子被自行车挂破了，林为干赶时间没回家换，找学生借了条裤子穿。他"没架子、不讲究"，一根皮带用了 40 多年断成两截还在用，但对学生却毫不吝啬，出国讲学积攒的美元大多给了要出国的学生。为推动电磁场与微波技术学科不断向世界一流迈进，鼓励该领域的广大科技工作者和品学兼优的学生取得杰出成就， 2012 年 10 月 19 日，在他 93 岁生日之际，"林为干教育发展基金"正式启动。

林为干毕生追求真理、严谨治学、诲人不倦、淡泊名利，为"科技强国"梦想奉献了一生，展现了老一辈科学家爱党爱国的高尚情操和美德。他不仅是我国电磁场与微波技术学科的一面旗帜，更是我国教育界教书育人的楷模。

● 陈星弼

陈星弼（1931 — 2019 年），出生于上海，原籍浙江浦江，中国科学院院士。他 19 岁本科毕业于同济大学电机系，后在厦门大学、南京工学院及中国科学院物理研究所工作，1956 年到成都电讯工程学院任教，1983 年任成都电讯工程学院微电子科学与工程系系主任、微电子研究所所长，1998 年被评为全国优秀教师，1999 年当选为中国科学院院士。他是我国第一批学习及从事半导体研究的科技人员之一，电子工业部"半导体器件与微电子学"专业第一个博士生导师，国际著名半导体器件物理学家、微电子学家。国际半导体界著名的超结结构（Super Junction）的发明人，也是国际上功率器件的结终端理论的集大成者，被誉为"中国功率半导体领路人"。

陈星弼出生在战火纷飞的年代，父亲给他起了个小名"难儿"，虽是父亲陈德征脱口而出，却蕴含着为国家、为前程忧虑之心。也许是苦难磨砺，也许是战火侵袭，"难儿"这一生注定不凡。小学毕业后，陈星弼就读于江津县白沙镇的"国立"十七中，后来又转学到江津县德感坝的"国立"九中读书，回到上海以后，就读于著名的敬业中学，近十年颠沛流离的生活和贫困艰苦的环境让陈星弼在学业上和敬业中学的同班同学差了一大截，倔强的陈星弼勤奋努力，终于迎头赶上。

1958 年，在中国科学院进修的陈星弼被漂移晶体管吸引住了。当时他被指派去为计算机做半导体器件的测试。以一个科研工作者的天赋，他敏感地意识到这一领域具有极大的研究价值和发展潜能。不久，他的第一篇论文撰写完成，陈星弼把它投到《物理学

陈星弼（1931—2019 年），出生于上海，原籍浙江浦江，半导体器件物理学家，微电子学家，九三学社社员，中国科学院院士，电子科技大学教授、博士生导师

Chengdu 100 Year School

陈星弼院士荣获IEEE ISPSD "先驱奖" 华人科学家称号（图片来自电子科技大学，拍摄于2015年）

报》，没多久就收到了论文的审稿意见，当时，陈星弼还不知道审稿人正是著名的半导体物理学家王守武先生，中国半导体事业有两位奠基人，一位是黄昆，一位就是王守武。陈星弼收到审稿意见之后认真地进行了修改并就相关问题做出了解释。直到论文发表之后，他才知道王守武先生是审稿人。后来论文被美国斯坦福大学教授毕列卡于1967年在《晶体管的电特性》中引用，日本管野卓雄教授在陈星弼发表论文4年后也发表了相关问题的论文。第一篇论文就如此大获成功是陈星弼没有想到的，这份成功却无形中让陈星弼对未来的科研之路充满了信心和憧憬。

命运总是青睐有准备的人。20世纪60年代末70年代初的彩色电视大会战给陈星弼提供了在科研实践领域崭露头角的机会。1969年陈星弼被派往到773厂支援研制氧化铅摄像管，他一次偶然间通过该厂资料所的人获知，贝尔实验室正在研制硅靶摄像管。陈星弼向当时学校负责彩电攻关的许宗藩提出研制硅靶摄像管的建议，这一科研项目得到了上级的大力支持。成都电讯工程学院被四机部接管后接受的第一个科研任务就是研制硅靶摄像管。在硅靶靶面研制小组成立后，陈星弼作了理论论证，提出工艺和测量方面进行攻关的三大难题。全组人经过四个月的艰苦奋战，在733厂和970厂的配合下，终于研制出我国第一支硅靶摄像管。

第一次电子革命是指由半导体微电子技术引起的变化，信息时代随之而来。绝缘栅双极型晶体管（IGBT）之父、美国国家工程院院士 B·贾扬特·巴利加（B.J.Baliga）教授认为用微电子技术来控制和利用电能的方法，可以称为第二次电子革命。然而，有一个问题成为发展的瓶颈：要想用功率管实现对电能开关的自由控制，就要实现开关的高灵敏、智能化，但是功率管要求耐高电压而集成电路只能耐低电压。当时国际上的处理办法是把功率管和集成电路"隔离"起来，但不仅耗费巨大成本，还"费力不讨好"。陈星弼决心啃下这块硬骨头，要让仪器不仅有一个"聪明的大脑"集成电路，还能做到"四肢发达"，让做开关的功率管能够轻松地直接连到集成电路上。经过多年的试验，陈星弼通过改变功率管的结构，发明了复合缓冲耐压结构，其优点是导通电阻低、易驱动、速度快，并获得美国和中国发明专利。自 1998 年起，国外已有 8 家公司在制造。这个方法的工艺被改进后，成本大大下降，目前已成为一种重要产品，科技成果转化市场规模每年超过 10 亿美元。后来，陈星弼对超结器件仍然不满意，为了弥补它的缺陷，他又成功研制了适用于各种材料的各种功率器件，属于耐压结构上的创新。

正因如此，20 世纪 90 年代初，行业内专家认为，陈星弼的几项发明成为第二次电子革命的突破口，这一创新在十年内将无人能突破。该专利发明标志着半导体功率器件发展进入了一个叫做"超级结"功率器件的新时代。

因对高压功率金属氧化物半导体场效典晶体（MOSFET）理论与设计的卓越贡献，他于 2015 年 5 月获得国际功率半导体器件与集成电路年会（IEEE ISPSD）颁发的最高荣誉"国际功率半导体先驱奖"，成为亚太地区首位获此殊荣的科学家。2018 年 5 月，因发明超结器件成为国内首位入选 IEEE ISPSD 首届全球 32 位名人堂的科学家。

陈星弼这一生有两件事不能割舍，一是科研、一是教学。1959 年，刚回到成电工作的陈星弼负责专业课"半导体物理"。年轻的陈星弼上课从不带讲稿，只是从身上摸出一张香烟盒大小的纸片，便滔滔不绝地讲起来，偶尔看看纸片上的备忘摘录。陈星弼很看重培养学生的底蕴和文化素养。陈星弼的学生朱翔回忆起读研究生的时候，陈老师总是要求大家背诵《岳阳楼记》《出师表》《兰亭集序》等古文，即便是毕业了好多年，还是能张口就来"永和九年，岁在癸丑"，当时不懂这样做的意义，有了更多的生活经验之后，才懂得陈老师的良苦用心。

当他的同龄人都已退休，悠闲生活，含饴弄孙之时，陈星弼依然全身心地扑在工作上。当一项项专利成果问世，陈星弼思考如何能让成果为中国的电子工业服务。陈星弼常常呼吁，大学教育培养的不只是高级技师，而应以输出对科技发展有贡献的科学家为主，他认为，不要怕学生缺少某些知识，不要妄想知识都要从学校得来，要让学生意识到，培养可持续学习能力是珍贵品质。

陈星弼并不在乎生命长短，对耄耋之年仍然紧张工作在科研战线最前沿，他深感幸运。经历过山河破碎，对国弱民贱、生灵涂炭的印象锥心刺骨，陈星弼始终保持这样的"初心"：要把自身的前途命运同国家和民族的前途命运紧紧联系在一起，在祖国需要的科研战线上建功立业。他"心有大我、至诚报国"，也激励着广大科研工作者开拓创新，解决关键技术"卡脖子"问题，将科研人生融入实现中华民族伟大复兴中国梦的历史洪流中。

● **刘盛纲**

刘盛纲（1933 年—），出生于安徽肥东，中国科学院院士。他 22 岁本科毕业于南京工学院无线电系电真空专业，并留校任教，1956 — 1958 年为苏联专家列别捷夫教授的研究生兼专业翻译，1958 年 5 月通过副博士论文答辩，1980 年当选为中国科学院学部委员（院士），1984 年任成都电讯工程学院副院长，1986 年至 2001 年任电子科技大学校长，1999 年获陈嘉庚科学奖，是国际著名的物理电子学家，美国麻省理工学院电磁科学院院士，2003 年被授予国际红外毫米波太赫兹领域最高科学奖 K. J. Button 奖，2016 年获国际红外毫米波太赫兹学会特别贡献奖。2018 年，他领衔的太赫兹科学技术研究中心教师团队，入选首批全国高校黄大年式教师团队。他在微波电子学、相对论电子学、电子回旋脉塞、自由电子激光、微波等离子体、太赫兹科学与技术等领域做了大量的原创性工作，为电子科学技术的发展作出了卓越贡献，被誉为"中国太赫兹之父"。

20 世纪 40 年代，少年刘盛纲跟随父母在战乱中颠沛流离，挣扎求生。有段日子，他们和另外一个逃难家庭住在一起。突然有一天，对方家庭的母亲上吊自杀了。因为她觉得自己死了，可以给两个孩子和丈夫省下吃的。回忆起少年时期的种种经历和磨难，刘盛纲感叹道："没有国哪有家。只有国家富强，才有家庭和个人的幸福。"正是这样的经历，让刘盛纲更加懂得了国家的意义，也让他树立起了科教报国的坚定理想。尽管人生中有许许多多的困难和波折，这样的信念也丝毫不曾动摇。

抗战胜利后，刘盛纲回到家乡，饱尝战争之苦的刘盛纲十分珍惜学习机会，刻苦学习，成绩一直名列前茅。1951 年，他以优异成绩考入浙江大学电机系，开始了自己的求学生涯。

1953 年，浙江大学工学院电机系无线电组师生及设备全部并入南京工学院电信系，从而建成南京工学院无线电系。刘盛纲在大三的时候来到了南京工学院。1955 年，本科毕业的刘盛纲留校担任助教，但他没有想到的是，一段学术际遇正在等待着他。刚留校没多久，刘盛纲被通知去北京接待列别捷夫。列别捷夫是苏联著名物理学家，对于毫无俄语基础的刘盛纲来说，首先要克服的就是语言关。接到任务后，学校安排刘盛纲到俄语教研室脱产学习，但教研室主任每周只能给他答疑一次，其余时间只能靠一本一寸多厚的教材自学。正常情况下，学完教材需要两年时间，但对于他而言，则需要在几个月的时间内掌

刘盛纲（1933年—），安徽肥东人，电子物理学家，中国科学院院士

握俄语。谈到为什么能这么快学好俄语，刘盛纲表示，没什么诀窍，就是天天背。最难的是发音，有一个音老是发不出来，请教别人后，用水含在嘴里天天练，才成功。之后，刘盛纲成了列别捷夫专职翻译和研究生，逐步开始在等离子体物理学这一领域崭露头角，他的研究成果在国防科研事业等领域有了广泛的应用。如果说本科阶段刘盛纲结缘电子学并学习了一些基础知识，那么研究生阶段则把他引入了电子学更专、更深的领域，尤其是苏联专家的治学精神和研究方法给了他极大的影响，为他后来专门从事电子学研究与教学奠定了坚实的基础。

如今，刘盛纲已获得多项物理学大奖，其研究领域成为我国在世界上处于领先水平的少数应用物理学领域之一。但他却说："我 20 多岁就开始获得各种荣誉，其实我只想安安静静做学术，一直做到我不能做了。"回顾近 70 年的科技求索之路，刘盛纲深切地体会到从事自然科学研究需要勤奋、耐心和毅力，"有时候，为了弄清楚某个物理现象的本质，可能需要数日、数月甚至数年的摸索"。只有这样锲而不舍、孜孜以求，或许在某一刻，才能豁然开朗，找到问题的真正答案。他勉励年轻人，要为祖国服务，踏踏实实做好自己的本职工作，同心协力，国家才会强盛；他同

时也激励自己，要尽其所能地为国家培养优秀人才，要尽其所能地为科学事业多做努力，要尽其所能地为学校做出更多的贡献，三个"尽其所能"表达了这位 90 岁科学家老骥伏枥、永葆热情的态度。刘盛纲曾三次向国家提出重大科学技术发展建议：第一次是 1980 年，建议发展自由电子激光研究工作；第二次是 1988 年，建议发展高功率微波研究工作；第三次是年过古稀后，四处奔走，建议大力发展太赫兹领域研究。太赫兹波是一种处于特殊频率范围的波段，可以用在宽带移动通讯、高分辨、反隐身雷达、反恐检测、无损工业检测、食品安全检测、医疗和生物成像等众多领域，甚至有可能借此解开人体内 DNA 转化的生命密码。虽然人类早在百年前的天文学中就发现了这一波段，但由于技术原因，这一领域的研究却长期处于停滞阶段。即便是在 20 世纪末期，太赫兹然依然是物理电子学最后一块未被进军的处女地。

"这一波段有奇特的特性，吸引了我，我很想研究它。"刘盛纲说，1991 年，他去德国参加学术会议，第一次接触这一领域时，就被深深迷住了。"也许有一天，这门技术能应用到老百姓的生活中。比如做食品检测，一个小小的仪器，扫一下，几秒钟时间就能发现食品中是否含有毒害物质。"谈到自己从古稀之年开始为之奔走的这一科学技术，刘盛纲充满憧

刘盛纲院士（右二）与研究人员调试回旋管（图片来自电子科技大学）

憬。也源于此，从 1992 年开始，刘盛纲就多次写信给相关部门，每年都向有关部门提交关于太赫兹研究的报告，希望加大对国内太赫兹研究的支持和投入。坚持终于迎来重大进展，2005 年，由刘盛纲主持召开的第 270 次香山科学会议，迎来了我国太赫兹科学技术发展的新时期。此后，他坚守在一线，完成众多研究成果。2012 年，79 岁的刘盛纲还在世界顶尖物理期刊《物理评论快报》上发表论文，公开新发现，也因为这一发现，刘盛纲被誉为国际太赫兹领域的专家。

跟随导师列别捷夫教授来到四川，参与创办成电，刘盛纲来川已近70 年，他对四川、对成都的感情也融在血液里面。"我是安徽肥东人，但我常给人说成都是我永远的故乡。我大半辈子都生活在这儿，在这里组建了美满的家庭，还始终践行着自己一直以来坚守在基础科学研究一线的理想，所以成都在心里最亲。"

除了拓展四川物理电子学研究发展，他还把一场全球红外毫米波及太赫兹领域最具权威性的顶尖国际性会议"抢"回了成都。2018 年 9 月，第43 届国际红外毫米波－太赫兹会议在日本召开，全球 800 多名学者参会。刘盛纲带队，从现场成功拿回 2021 年会议的主办权。他时常提到，自己是在成都这片沃土上成长起来的，它的发展变化都记在心上，现在还想为其发展再做些事情。

刘盛纲是新中国自己培养出来的第一代杰出的物理电子学家，在中国物理电子学领域竖起了一面旗帜。他数十年如一日，始终坚持在教学科研一线。师生们对他的称呼有很多：比如"刘院士"，1980 年，他当选为中国科学院学部委员（院士），在微波电子学等领域做出了国际上公认的原创性及奠基性工作；比如"刘校长"，他是电子科技大学至今任期最长的一位校长，治校 15 年，使"成电"名扬海内外。然而他自己却特别中意"刘老师"这个称呼，学生们更喜欢亲切地称他"先生"。

面对众多荣誉与赞美，常会有人问刘盛纲对自身价值和人生追求的看法，他的回答是："为科学研究，我愿鞠躬尽瘁，死而后已。"刘盛纲的一个重要心愿就是，努力带出一支优秀的科研队伍，为我国科学事业发展培养大批优秀人才。通过努力，从教 60 余年，他培养出了硕士、博士及博士后等高级科技人才 200 余名，他们正活跃在国内外学术界，为国家的发展和科技的进步贡献着自己的力量。

● 李乐民

李乐民（1932年—），出生于浙江南浔，中国工程院院士，20岁本科毕业于上海交通大学电机系电讯专业并留校任教，跟随苏联专家先后在天津大学、北京邮电大学进修，1956年到成都电讯工程学院任教，1980年至1982年，在美国加州大学圣迭戈分校做访问学者，1980年被授予全国先进工作者称号，1986年，被批准为国家级有突出贡献中青年专家，1989年被授予全国先进工作者称号，1997年当选为中国工程院院士。他从事通信工程科研与教学60余年，历任学校信息系统研究所所长、宽带光纤传输与通信系统技术国家重点实验室主任等，培养硕士和博士研究生200余名，是我国通信领域的著名专家。

李乐民父亲李庆贤是我国知名物理学家、物理教育家，也是当时少有的"海归"博士。受父亲影响，李乐民酷爱数学和物理，甚至连三角函数表都背了下来。1949年，李乐民以第一名的优异成绩从东吴大学附中毕业。他本可以免试就读东吴大学，但他更想去被誉为"东方的MIT"的上海交通大学学习。

李乐民的二舅金忠谋当时是交通大学机械系的教授。他告诉李乐民，纺织专业容易找工作，而当时只有交通大学有纺织专业。于是，李乐民便听从了二舅的建议报考了纺织专业。仅过了一年，李乐民发现纺织专业并不适合自己，于是申请转到电机系。当时电机系分为"电力组"和"电讯组"，李乐民对"电讯组"十分感兴趣，他认为："电讯组研究的都是电话、电报、收音机等人们常用的东西。"

1952年，全国院系调整。为了适应国家建设要求，李乐民和同学提前一年毕业。经过慎重思考，他服从统一分配成了上海交通大学的教师。1956年，李乐民前往成都电讯工程学院任教，从此成都也成了他的第二故乡。来成都时，李乐民只带了两只箱子，他心里已做好了吃苦的准备。多年后，李乐民回忆这段经历："虽然远离父母，但是服从了国家需要，到了中国最新建设的以电子工业为背景的新型大学，我觉

李乐民（1932年—），浙江南浔人，中国工程院院士

得还是很值得的。"

1957 年，李乐民晋升讲师。他根据专长开设了《脉冲多路通信》课程。多路通信是指用一条公共信道建立两条或多条独立传输信道的通信方式，这门课在当时国内高校比较少见的。讲课时，他力图用最通俗的方式，把复杂的理论知识讲给学生听，因此受到了学生们的欢迎。

1970 年，成电接到一项重要研究任务，研制载波话路用 9600bit/s 数传机。以前的电话使用的是模拟通信，在传输距离拓展，信号会发生畸变和衰减，经多次转接，信号失真越来越大。要在属于模拟通信的载波电话话路中传送数字信号，需用数传机（也称调制解调器），这项任务，就是解决载波话路中传输能力。当时中国通信核心技术、设备和基础建设都非常薄弱，只有清华大学曾完成了"载波话路用 4800bit/s 数字传输"。成电组织了近百名科研人员，进行研究试制。在前期方案论证中，李乐民提出的"相关编码"方案得到大家认可，被作为"数传机"的总方案，他在研究中负责总体技术，并具体负责"自适应均衡"研究。这是整个系统的关键核心技术，国内当时还没人做过高精度的自适应均衡器。李乐民千方百计搜集了国外文献资料，经过研究后，他觉得国外的技术方案相对复杂，根据基本原理应该可以设计出更简化的方案。简化后行不行、会不会影响性能呢？李乐民还要用大量的实验进行验证。定下总体设计方案后，他把方案细化成很多部分，分给均衡组的老师。刚开始，实验结果总不理想，研究组仔细检查发现问题并制订解决方案。最终，在攻关工作进行半年之后，自适应均衡器设计成功了。送北京进行检后实验证明，李乐民主持设计完成的数传机能对从北京到成都这样的远距离通信畸变问题进行校正，我国第一台"载波话路用 9600bit/s 高速数传机"诞生。我国著名通信专家张煦院士曾这样评价李乐民：通信信道的核心问题之一就是均衡，李乐民在通信界闯出名气，就是因为他确实把"自适应均衡"钻研透彻了。

1979 年，李乐民评上了副教授，同时也获得了出国再学习的机会。次年，抵达美国，跟随加利福尼亚大学圣迭戈分校的劳伦斯·米尔斯坦（Laurence B. Milstein）教授做研究，成为米尔斯坦教授课题组的第一个来自中国的访问学者。李乐民将米尔斯坦教授的扩频通信中抗窄带干扰研究和自己的自适应均衡信号处理研究结合起来，取得了良好的效果，李乐民在《IEEE 通信学报》发表了抗窄带干扰研究的三篇论文，达到国际先进水平。比李乐民小 10 岁的米尔斯坦教授对他的这三篇论文十分赞赏，他曾对李乐民说："过去我对中国学者

1982年，李乐民（左一）在美国加利福尼亚大学圣迭戈分校做访问学者
（图片来自电子科技大学）

不了解，现在看到了你的工作是出色的，很了不起！"

　　1982年8月，李乐民回国。当时就接到成电的新任务——"建立一个信息系统研究所"，学校任命他担任所长。此后，李乐民带领大家研制"140兆比特／秒数字彩色电视光纤传输系统"。学生曾大章回忆，1983年年底正是项目关键时期，大年三十师生两个人还在实验室里调调机器，一直调到傍晚六七点钟，才各自回家吃年夜饭。项目研制成功后获得电子工业部科技进步一等奖，这个项目在学术上的意义有两方面：第一是首次在国内实现了彩色电视的数字传输；第二个是在国内实现了彩色电视的远距离光纤传输，在那个中国光纤传输全靠从美国进口的时期，具有划时代的意义。项目的成功在通信研究院所和工业界引起了很大关注，为现在普遍应用的宽带数字电视打下了基础。

　　此后，李乐民敏锐地意识到宽带网络将成为日后的热点，便把研究方向定位在数字通信传输和通信网技术和设备。20世纪80年代末到90年代末，团队研制出系列化实用化的光纤网络设备，为中国当时落后的通信网络、局域网的提升做出了突出的贡献，改变了很多行业的数据传输速度和质量。

　　1986年，李乐民成为成电通信与电子系统博士生导师，是成电在该学科的首位博士生导师，迄今，他已培养硕士生毕业120名、博士生毕业

88 名。在众多学生眼里，李乐民讲课很有激情，他尽量用最简单的话，把复杂的原理讲清楚。当时，李乐民的通信课程常被安排在上午。上午学生们容易因贪睡导致迟到，但李乐民的课堂却少有迟到，同学们甚至是争抢着坐在前排听讲。在一次讲座中，李乐民曾对学生们说："我们学电子信息的，一刻都不能懈怠，打一个盹，落后的距离就很难再追上了。"在深厚的学术积淀之上，他更准确、更清晰地为弟子们和学科发展指明方向。现在他的学生很多已成长为通信行业的领军人物：国内移动智能网技术的"拓荒者"、长江学者廖建新，TCL 集团前副总裁、摩托罗拉全球副总裁刘飞……学生的成绩斐然，李乐民谦虚地说，这些同学来读博士之前都有扎实的基础，他们都很勤奋，"我只不过给他们提供了一个学习的地方而已"。

年过九旬的李乐民用毕生的精力为信息社会的到来做着各种努力，如今，信息社会已然来临，但他依然奋斗不息。对他来说，生命已经与通信事业融为一体。如果要用一句话来概括李乐民院士的一生，那么，我们可以说：他一直在用生命拥抱信息时代！

与时代潮流同频共振，与社会发展同向前行。成电，承载发展中国自己无线电事业的历史使命，弘扬"求实求真、大气大为"的校训精神，建校数十载，交出了令人鼓舞的成绩单：从成都东郊的一片农田上，三所源头高校师生们肩挑背扛、手拿脚顶，搭起的教学主楼，到 2017 年进入国家建设"世界一流大学"高校行列，培养出成千上万电子信息专业人才参与到国际舞台的竞争和领跑中，奋力谱写中华民族伟大复兴中国梦的成电新篇章。

天府文化　百年成都

Tianfu Culture, A Century-old Chengdu

Chengdu
100 Year School

成都百年学校

西南交通大学

竢实扬华 自强不息
——西南交通大学

　　西南交通大学肇始于1896年山海关北洋官铁路局工程分局旧址上创办的山海关北洋铁路官学堂，迄今已有120多年的历史，与1895年创办的北洋大学（今天津大学前身）、1896年创办的南洋公学（今上海交通大学和西安交通大学前身），并列为中国创办最早的大学，是"交通大学"最早两大源头之一，也是中国高校中名副其实的"老字号"。它的创办契合了救亡图存的历史诉求和中国铁路发展对铁路建设人才的迫切需要，是西学东渐下中国先进办学模式的探索。学校为铁路而诞生、因铁路而发展，是中国土木工程、交通工程、矿冶工程高等教育的发祥地。

　　作为百年高校，从初创于山海关到辉煌于唐山，从1951年校址扩建到1964年响应"三线建设"号召南迁峨眉、唐山铁道学院更名为西南交通大学，跨越千里，一波数折。学校前后历经近20次更名，近10次搬迁，"竢实扬华，自强不息"的学校精神高度凝练了百年间学校在不同历史阶段精勤治学的成果和辗转多地坎坷办学的不懈奋斗。百年弦歌不辍，现在的西南交通大学已成为轨道交通领域综合实力最优、影响力最强的大学，有力见证了中国轨道交通事业从无到有、从弱到强的历史性跨越。

【百年源流】

　　中国的百年名校并不罕见，但在查阅西南交通大学发展历程的过程中，却深刻感受到，相比其他高校，西南交通大学走过的百年显得格外艰苦卓绝、历程坎坷，单就频繁的校址迁徙变动，在国内高校中可谓罕见。从八国联军侵华、民国军阀混战、抗日战争到新中国成立后高等院校院系调整、因唐山地质条件造成的校址困扰及服务"三线建设"国家大局，时代的变迁无一不给学校带来巨大影响，然而无论时事如何变化，学校至今弦歌不辍，极具史诗般的传奇色彩。

● 榆关肇始

　　鸦片战争以后，随着洋务运动的深入，为了保证北洋水师、天津机器局和轮船招商局的用煤，解决唐山开平煤矿的运输问题，1872 年李鸿章萌生了在中国修建铁路的想法。在主持修建铁路的过程中，李鸿章深刻感受到中国铁路技术和管理人才的缺乏。次年，曾担任开平矿务局、唐胥、唐津、津榆等铁路总工程师，时任北洋官铁路局总工程师的英国人金达（C.W.Kinder），就开办铁路学堂一事，上书李鸿章。1896 年 5 月 4 日，金达从北洋官铁路局调任津卢铁路任总工程师，上书津卢铁路督办胡燏棻，再次陈述创建铁路学堂的建议，拟定《在华学成之铁路工程司章程》十六条附陈，胡旋即将金达的上书及其附件转呈新任直隶总督兼北洋大臣王文韶。经过王、胡多次见面相商，王文韶批准创设铁路学堂，责成胡燏棻会同北洋官铁路局总办吴调卿，着手具体规划筹办事宜。10 月 29 日，王文韶专折《奏为拟设立铁路学堂所需经费在火车脚价等项下酌加应用

吴调卿（1850—1928 年），山海关北洋铁路官学堂首任总办（校长）

Chengdu 100 Year School

1896年山海关北洋铁路官学堂校门（图片来自西南交通大学）

1900年，山海关北洋铁路官学堂第一届毕业生张孝基的毕业证，现保存于西南交通大学档案馆，为大陆高校现存的最早大学毕业证书（图片来自西南交通大学）

事》，奏办山海关北洋铁路官学堂，因学堂拟在山海关北洋官铁路局工程分局旧址开办，故得名。吴调卿于11月初拟订学堂开办的具体计划和经费筹措办法，同时制定《铁路学堂章程》，请求奏明清政府立案，以便正式开办。未几，清政府正式批准开办铁路学堂，并任命吴调卿以北洋官铁路局总办的身份兼任铁路学堂第一任总办（校长）。11月20日，北洋铁路官局在《申报》《新闻报》等报纸上刊登《铁路学堂章程》，至此，铁路官学堂正式向外界宣告建立并开始招生。

1987年春，铁路学堂第一届第一班20名学生开学上课，学习年限两年。1898年初，在上海招考录取新生20名，编为第一届第二班；同年春天招收第三批学生20名，属于第二届第一班，次年 4 月，又从上海、广州招收新生 30 名，为第三届第一班。学校在山海关期间总共招收了这三届四批学生。到 1900 年 3 月第一届第一、二班学生毕业，40 人中仅有 17 人获得毕业证书。择优录取、精勤治学的优良传统自此形成。这 17 人是中国现代教育史上第一批土木工程学科的正规大学毕业生，也是山海关北洋铁路官学堂办学的第一批硕果。

就在第一届学生毕业不久，八国联军侵华战争波及才兴办三年多的山海关北洋铁路官学堂。山海关是直隶和奉天两地的咽喉要道，也是海防重地，清政府在此建有炮台 5 座，势必为外国侵略者所觊觎。1900 年 9 月 30 日，英俄军队侵占山海关，学堂校舍为沙俄军队侵占，铁路学堂在山海关办学的历史就此中断。

● 唐山复校

复校，是所有心系中国第一所铁路学堂命运的人的共同心愿，但要在被外国侵略者占领的山海关复校谈何容易。《辛丑条约》签订后不久，清廷命令接替李鸿章的直隶总督、北洋大臣袁世凯向英、俄交涉收回关内外铁路，但英、俄迟迟不愿将关内外铁路交还中国，俄国更是无限期驻留中国，在山

Chengdu 100 Year School

1911年7月 唐山复校后第一届毕业生（共28人）（图片来自西南交通大学）

1919届毕业生合影（图片来自西南交通大学）

海关复学成了不可能的事。关内外铁路修建和运行的艰难让袁世凯和胡燏棻深感设立铁路学堂、培养人才的重要性，袁世凯以"钦命督办山海关内外铁路事宜大臣"和直隶总督的名义下令设立铁路学堂。有了袁世凯的指令，1905年于6月12日，山海关内外铁路局总办梁如浩呈文说明办学之事，路局拟用山海关内外铁路的部分盈利作为学堂运作经费，在工业重镇唐山新建学堂。呈文中计划购地200亩，建造教学与生活用房110间，连同仪器设备约需经费103000银元。呈文送上仅12天袁世凯就下达了批文："应准照办。仰即妥速兴办，事竣核实造销。"

彼时的唐山拥有占地面积34万平方米的唐山铁路机器厂、火车站、水泥厂、铁路公司，最大程度便利学生实习，于造就人才实有裨益，这在当时的学堂中实属首创。1905年10月15日，路局总办周长龄亲自前往唐山火车站以西、唐山铁路机器厂以北择定校址，购地192.85亩，学校开启唐山篇章。

1906年3月19日，由英国人把持的开平煤矿公司与学校协商，请求在铁路学堂内增设矿科。3月27日，袁世凯、胡燏棻批准开平煤矿公司的请求，最初定名为唐山路矿学堂，后称"唐山铁路学堂"。1907年3月4日师生齐聚唐山，正式开学授课。1912年初，全国所有的铁路专业学堂，统归北洋政府交通部直辖，学校更名为交通部唐山铁路学校。1913年9月，根据教育部"壬子癸丑学制"，交通部将学校改名为唐山工业专门学校。

● 交通大学

20 世纪 20 年代初，因"交通要政，亟需专材"，时任北洋政府交通总长的叶恭绰于 1920 年 12 月 12 日向北洋政府总统徐世昌提交呈文，倡议将唐山工业专门学校、上海工业专门学校、北京铁道管理学校、北京邮电学校合并改组为交通大学。上海工业专门学校改称为交通大学上海学校，北京铁道管理学校、北京邮电学校合并改称交通大学北京学校，唐山工业专门学校改称为交通大学唐山学校。为了更好统筹教学资源和专业设置，叶恭绰还对交通教育进行大刀阔斧的改革：沪校专办理工部之电气科、机械科，唐校专办理工部之土木科，京校专办经济部之管理科。沪校

叶恭绰，1921—1922年任交通大学校长

交通部唐山大学1924届（甲子班）毕业合影（图片来自西南交通大学）

Chengdu 100 Year School

土木科调归唐校，铁路管理科迁至京校，唐校机械科和京校的电气工程班调归沪校。

经过多方筹措，交通大学于1921年7月1日正式成立。至此，交通大学的校名传承不辍，全国至今有西南交通大学、上海交通大学、西安交通大学、北京交通大学和台湾新竹交通大学5所高校，因历史渊源沿用交通大学这一校名。交通大学的建立，使唐山学校建立起现代大学的制度，学校建设进入新阶段。

次年4月，在第一次直奉军阀混战中，奉系失败，促成此次交通大学改革的交通系骨干叶恭绰被通缉，避难日本。交通部和交通大学师生在肃清交通系势力影响和维护学校利益之间展开了持续一年的博弈，最终交通大学一分为三，上海一校名曰交通部南洋大学，唐山一校名曰交通部唐山大学，北京一校名曰北京交通大学，三校鼎足而立。1928年2月28日，北洋政府交通部指令学校改名唐山交通大学，这个校名使用的时间虽不长，但却长久留在校友的记忆中。此后至1941年，学校还经历了第二交通大学、交通大学唐山土木工程学院、交通大学唐山工程学院三次易名。主要源于国民政府"以专责成而明系统"为由将交通大学由交通部移交铁道部，引发北京、上海、唐山三地分分合合。值得一提的是，因日本关东军制造"柳条湖事件"

20世纪30年代交大唐山学院校园内的东讲堂（图片来自西南交通大学）

杨家滩时期的国立交通大学唐山工学院（图片来自西南交通大学）

造成唐山无法展开教学，学生被迫南迁上海，使得当局认为唐山地处偏僻，没有成立学院的必要，拟把学校并入上海。这一决定引发 1933 年师生轰轰烈烈的护院运动。几经交涉，唐山最终保住了学校独立建制。

● 颠沛流离

全面抗战爆发后，中国高校开始了声势浩大的内迁之路，彼时学校名为国立交通大学唐山工学院（以下简称唐院）也从 1937 至 1946 年开始了迁回曲折、千辛万苦的南渡而又北归之路。

卢沟桥事变时，正值暑假，留校师生很少，学校几十年艰苦创业积累起来的仪器、设备、文书、档案等都落入敌手。教职工的财物和学生的学习、生活用品都被掠夺一空，仅有 7000 多册图书，由坚持留在唐山的图书馆主任江秀炳先生等人冒着生命危险，设法运到河北保定莲池图书馆才得以保存，其中包括珍本《禹贡锥指》和《钦定古今图书集成》。学校被日寇所占，师生无校可归，形同解散，曾三任唐院校长的孙鸿哲积劳成疾，10 月于北平去世。在学校发展的关键时刻，大家一致推选茅以升为院长，这种民选的形式推选院长，不仅在唐院历史上，而且在近代中国高等教育史上也是没有先例的。为了使 1937 年度招生工作不中断，在复校工作尚未得到教育部承认的情况下，学校在

国立交通大学唐山工学院1947届土木系毕业合影（图片来自西南交通大学）

天津、上海等地报纸上刊登"茅以升招生启事"的广告，这种招生方式在国内外的教育史上也属罕见。虽然时处战乱时期，但当年仍然招了 77 名新生。1937 年 12 月 15 日，经过了五个多月的流浪奔波，度过了艰难险阻，学校在湖南湘潭租用钱家巷福音堂和完工尚未投入使用的火车站票房作为临时教室，并举办了开学典礼，"唐院精神万岁"的口号传遍了湘潭校舍。

1938 年 2 月 11 日茅以升到湘潭就职，师生信心倍增，贴出了"欢迎茅博士来复兴交大"的大幅标语。同年，交通大学北平铁道管理学院（以下简称平院）暂改为铁道管理系，并入唐院，到湘潭报到复课。5 月，因师生人数激增，学校又前往距湘潭数十米的湘乡杨家滩，在湘军名将的四幢大院继续办学。但不到半年，日军实行的所谓"焦土政策"引发长沙大火，大火波及杨家滩，学校只得撤离杨家滩，经桂林到达柳州。茅以升在赴贵阳、重庆等地反复调查比较后，应贵州省政府的极力建议，确定新校址定在贵州省平越县。平越县群山环抱，一水绕城，是战火纷飞年代难得的安静办学点，1939 年 2 月，学校正式复课。

在平越，学校拥有了难得的安静与安宁。然而 1944 年豫湘桂战役的溃败，使平静近 6 年的平越校园再起波澜。经茅以升多方奔走和"交大唐、平两院重庆校友会"的全力协助，学校于 1945 年 2 月 15 日在重庆璧山丁家坳复课。

毛泽东主席接见茅以升校长（图片来自西南交通大学，拍摄于1950年）

抗战胜利后，教务主任伍镜湖回唐山管理校园。唐、平两院恢复战前旧称，分别更名为国立唐山工学院和国立北平铁道管理学院，经过 65 天的艰难北归，1946 年 11 月 1 日，学生报到注册，开始上课。师生重回阔别 9 年、魂牵梦萦的唐山校园。

● **再续弦歌**

新中国成立前夕的唐山解放区，军委铁道部宣布国立唐山工学院、北平铁道管理学院和解放区的华北交通学院合并组成中国交通大学（1950 年更名为北方交通大学）。华北交通学院很多干部与学员都是经历过抗日战争和解放战争考验的共产党员和革命知识分子，他们的到来壮大了学校干部队伍。

学校更名为北方交通大学后，广大师生出于对毛主席的热爱，希望毛主席能为学校题写校名。1951 年元旦，北方交通大学校长茅以升应邀出席了中央人民政府办公厅在中南海勤政殿举行的新年团拜和宴会，借此机会向毛主席提出了题写校名的请求。毛主席笑着点了点头，表示许可。4 月，铁道部部长滕代远同志借与毛主席汇报工作的机会，再次转达了全校师生员工的热切期望。只两三天后，毛主席在百忙中抽空于一张"中国人民革命军事委员会"信笺上，挥笔写下了"北方交通大学"校名。茅以升校长因在国外出席世界科协大会，由副校长金士宣到新华门内的中央人民政府办公厅取回了题字。题字一到学校，京、唐两地师生员工群情振奋，一片欢腾。在京的师生员工纷纷奔赴校部茅以升校长办公室，争先恐后要一睹毛主席的亲笔题字。6月19日，按毛主席题字原件制成的北方交通大学新校徽、新证章发给了京、唐两院各1500枚，并同日在《人民日报》上刊登了《北方交通大学换发新证章启事》。今天，西南交通大学的校名题字中，"交通大学"四字仍沿用了毛主席当年的字迹。

新中国成立之初，百废待兴，百业待举，为了培养新中国急需的铁路建设专业技术人才，学校从解放前的土木、建筑、采矿、冶金4个系和1个矿冶专修科，在校生400余人快速发展到7个系，新增机械、电机、化工3系，并增加了5个专修科（铁道、信号、电讯、机车检修运用、车辆检修运用）和1个预科班，另外还设有铁路技术研究所，学生人数增至723人。为保证师资，提出"只要有真才实学的教师，不受定员的限制，可以广泛吸收聘请"。时任院长的唐振绪发表《求贤榜——"新唐院"近景》，登载在《建设事业励进社》第100期上，这是一个发行国内外的杂志，国内学者和海外留学生都可以看到。文章介绍了"新唐院"的现状，远景规划，铁道部对唐院扩大发展的政策，以及急需添聘教授和研究人才、工作待遇从优，等等，"新唐院"激励和动员国内外有较高水平的专家学者回国服务，美国费

1954年8月 唐山铁道学院1954年铁专二丙毕业合影（图片来自西南交通大学）

唐山铁道学院1958年桥隧系隧道及地下铁道研究生毕业合影（图片来自西南交通大学）

城出版的《留美科协通讯》在 1950 年 2 月全文转载。在不到两年的时间里，从英、美等国，全国各地及港澳地区，引进了如曹建猷、黄万里、孙竹生等知名教授、副教授、讲师共 80 余名，他们中的许多人都是对祖国、对母校怀有深厚感情的校友，提出"非唐院不去"。学校一时间群贤毕至，名师荟萃。

　　第一次全国教育工作会议后，1952 年教育部发布关于全国高等学校调整的决定，要求整顿和加强综合大学，发展专门学院，首先是工业学院。5 月铁道部决定：北方交通大学校部自 5 月 15 日起撤销；唐山工学院改名唐山铁道学院，直属铁道部领导。师资、图书、仪器设备按需调整到不同学校：冶金系调至北京钢铁学院（今北京科技大学）；采矿系调至中国矿业学院（今中国矿业大学）；采矿系地质组的师生调至北京地质学院（今中国地质大学）；电机系电讯组调至哈尔滨铁道学院；土木系水利组教授黄万里及其 9 名学生被调至清华大学；化学工程系调至天津大学，仅保留应用化学组；停办材料系。调整后，学校由 8 个系减至 4 个系，专修科由 5 个增至 7 个。学校由多学科、综合性工程大学的发展路径，调整成为"专事培养铁道工务、机务及电务、电机人才"的单科性铁道学院。

● 入川办学

之前因战争原因，学校频繁搬迁和易名。1952年学校报《唐山铁道学院迁移北京意见书》，此次起因则是唐山丰富的煤炭和石油资源与学校规模扩充之间的矛盾。

学校于1905年选址唐山时，是为了便利学生实习，把学校建在了唐山机车车辆厂的对面，紧邻唐山火车站和车站的调车场。不承想到的是，随着开滦煤矿采区的不断扩大和发展，校址和附近的京山线（北京至山海关）下面储有大量优质煤炭。为了学校和铁路线的安全，开滦煤矿只好暂时将开采区绕过学校。彼时，新中国 "群英集唐山"的快速发展使学校在短短一年时间里师生员工数较1949年增加一倍，这给校舍供应带来极大压力。学校规模的迅速扩大和国家建设对煤炭需求的大幅增加，使两个原本不同的领域在特定时空条件下奇特地成了一对矛盾体。之后的五年里，迁校计划历尽艰辛，新校址在北京、天津、唐山乃至大西北兰州间反复横跳，最终又回到原点唐山。迁校问题悬而未决，成为学校发展的严重阻碍。经唐山市委同意，学校在唐山市内分散布局，分成了四个校区，为解决新校区至校本部之间的交通问题，学校还专门修建了长达5.7千米的铁路线，由铁道部调拨了一辆轻油车，接送教职工上下班。这

1957年6月 唐山铁道学院电机系铁道电气化专业毕业班全体同学合影（图片来自西南交通大学）

20世纪70年代西南交通大学峨眉校区风貌

Chengdu 100 Year School

充分利用了铁道部的优势，也展现出学校的"铁道"特色，即便是在数年后的今天，校区间由铁路连接起来，也是比较罕见的。

就在全校师生对迁校建校问题一筹莫展之时，紧张的国际地缘政治却果断决定了学校的去向。1964年5月，中共中央对国民经济做了重大的区域性布局调整，对东部和中部经济建设项目实行"停""压""搬""帮"，重点开发和建设西部，这就是对共和国历史产生重大影响的"三线建设"。教育系统提出"在一线的全国重点高等学校和科研机构、设计机构，凡能迁移的，应有计划地迁移到三线、二线去，不能迁移的，应一分为二"。在《关于调整第一线和集中力量建设第三线的报告》中，唐山铁道学院迁校办学赫然在列。对内迁决定，学校提出了一些具体要求：建校地址在成都铁路沿线；国务院批准的唐山扩建工程仍有效，设计图纸在新校址重新开工；迁建工程列为国家重点项目，由西南指挥部统一安排。10月，教育部、铁道部联合致函四川省人民委员会，请求协助迁建和选址问题，经多种方案比选，铁道部部长吕正操将校址定在峨眉县马路桥镇与黄湾村之间，招生规模为本科生3600人、研究生400人，建筑面积12万平方米，投资2400万元。次年，峨眉建校的首期工程迎来了轮流从唐山千里迢迢来峨眉参加建校劳动的师生，"自己动手、迁校建校"成为当时搬迁建设的基本准则。首期部分师生和1965届毕业生50人成立设计室，承担了峨眉建校工程的全部设计工作。

1972 年交通部下发通知："唐山铁道学院现已迁往峨眉，校名自 1972 年 3 月 1 日起改为西南交通大学"。这标志着以唐山铁道学院为校名的办学历史结束，"铁道"变"交通"，学院变大学，学校迎来新的发展机遇。当年学校就恢复招生，招收了第一批工农兵学员。

● 扩建蓉城

学校从唐山到峨眉，从城市到乡村，要在信息闭塞、交通不便的峨眉把西南交大办成全国一流的以培养铁路高级建设人才为主的工科大学，办成名副其实的全国重点大学，存在着许多难以解决的困难和矛盾。

从学校去一趟成都，公共交通拥挤不堪，并且往返至少需要 3 天，去北京、天津、上海就更困难了，大家对"蜀道难"有了深刻的体会。除了交通闭塞、信息不通，要在当初校舍因陋就简，建筑标准较低，且地处丘陵地带、四邻不靠，协作困难的峨眉搞科研和教学，发挥学校的轨道交通特色在当时看来更是不切实际。当时办成一流大学的最大的困难，是留不住人。迁址峨眉后，由于上述种种困难，学校人才流失严重。有的老教师因年老体衰，来不了峨眉；有的来了，不能适应峨眉的生活环境而又被迫离开。更多

1989 年 6 月 西南交大运输工程系 89 届毕业生（图片来自西南交通大学）

的教师、教学骨干、学科带头人，认为在峨眉难以施展才华，英雄无用武之地，申请调离学校。迁峨眉前夕，学校共有教职工 1571 人，搬迁峨眉后就调离 318 人，仅 1972 至 1979 年间就调出 106 人。这就使学校的师资队伍元气大伤，教学质量下降，科研力量减弱。同时，招生质量也显著下降，考生只知唐山铁道学院，不知西南交通大学为何校，学校新生录取平均分直降至全国中下水平。消息传到海外，许多老校友瞠目结舌，感慨一所在历史上曾经扬名中外的唐山交大，怎么会丧失了在全国高校中领先的位置。

寻求校址问题再次成为全校关注的热点。党的十二大把教育作为实现社会主义现代化建设的战略重点之一正式写入大会决议，彰显了教育事业的重要地位和作用。借着这个东风，校址问题峰回路转，柳暗花明。面临峨眉校区办学的艰难处境，严重影响学校发展的现状，加之海内外包括茅以升在内的数位校友的多方努力，1983 年下半年，四川省委认真研究了西南交大在成都扩建的问题。时任省委书记的杨汝岱说：“西南交大的问题省委开会进行过研究，同意在成都近郊购地 700 亩建立总校，并要求把西南交大建成一所高标准，现代化大学，在四川省起示范作用。”1984 年 4 月 3 日，四川省人民政府以川府发（1984）85 号函复铁道部、国家计委，“同意西南交通大学在成都建总校”。5 月 9 日，国家计委以（1984）847 号函复铁道部并抄送四川省人民政

1980年2月 西南交大电机系供电专业76级毕业留念（图片来自西南交通大学）

府："同意西南交通大学进行扩建，在成都建总校。"与此同时，教育部已确定分配世界银行贷款便于学校引进先进设备。得知消息的全校师生员工欢呼雀跃，国内外校友也为母校额手称庆，称之为"出之幽谷而迁乔木"。

后来的几个月里，在成都市政府大力支持下，成都市规划局协同学校筹备组先后考察了牧马山、双楠、百花、光华村、赖家坡、万福、磨盘山等多处，并进行了认真的勘察了解，查资料，走访专家学者，从办学条件、建设条件、市政设施条件、自然环境条件、工程地质和水文地质等方面，在技术上、经济上做了比较，经过初步讨论选了双楠、赖家坡方案。但双楠规定不能建高层建筑，赖家坡地区属于膨胀土地带，大型建筑耗资巨大，后续维修费用高。成都市规划部门又为学校提出了金牛坝、北莲池、九里堤和陆军总医院附近共 4 个可供选择的方案。经认真考察比较，最后选定了九里堤，因为这里离火车站近，便于出行，靠近市区进城方便，二环路还经过校前，又在成都"铁半城"（铁道部属在成都的铁路局、铁二局、铁二院等均在市区的西北角，占地面积较大，群众俗称"铁半城"）范围内，和铁路单位联系方便。据此，选定了九里堤方案。

1986 年 8 月 2 日，成都总校建设工程于上午 9 时破土兴建。这是建校90 年来学校首次进入省会城市。此后，学校每年以一个年级的学生及研究生的规模和速度进入成都校区。1988 年 3 月 30 日是西南交大欢庆的节日，沈大元校长指出："今天，交大主体部分进入成都，峨眉校区已正式上报铁道部，改为西南交大峨眉分校。同志们，回忆这一段历史，深深感到我们学校的历史是和国家的命运和发展紧密联系在一起的。没有十一届三中全会就不会有今天的成都新址。我们相信，我们学校将随着祖国的发展富强而发展壮大。"到 1990 年，西南交大共建成各类房屋 21 万多平方米，学生全部转移完毕。西南交大总校的建设被誉为"一座飞来的大学城"。

【承扬传统】

学校的优良传统是学校历史的凝练与聚焦。百年来，西南交通大学经历充满艰辛与坎坷的办学历程，造就了以"严谨治学，严格要求"的"双严"传统并将其作为学校安身立命之本。同时，学校在各个不同时期与环境下历尽磨难形成的不屈不挠的精神，将学校命运与国家民族历史紧密相连，逐步凝聚为精诚团结的校友情深和不忘初心的实业报国热情。

● "双严"传统

从山海关铁路官学堂开始，学校不仅重视招生质量，择优录取，还严格教学管理，注重学以致用。

"双严"传统体现在对办学制度权威性的不容挑战。1909 年，因很多学生成绩未达到学校规定，校方一度准备降低标准，但遭到教师们的一致反对，顶着罢课风潮的压力，学校革退了全部成绩不合格的学生，达 105 人。这次事件的处理，给学校的"双严"传统注入了坚实的基因，留下深远的影响。1920 至 1937 年间，毕业生共计 577 人，全校毕业率仅为 30%。

被称为学校"五老"的罗忠忱、顾宜孙、伍镜湖、黄寿恒、李斐英在 1912 年及以后陆续到校，他们构成了学校中国教师队伍的核心，进一步夯实了"严谨治学、严格要求"的"双严"传统和特色。教学之规范、要求之严格，在学校中流传下种种故事轶闻。罗忠忱每周用 1 节课进行测试，不仅要求解题思路方法正确，而且要求数值计算准确，结果要准确到小数点后三位，否则判给零分。有同学觉得冤枉，罗教授称，将来你们工作后设计的一座桥梁塌了，多少人的生命受损失，你能说不小心小数点点错了位吗？大家无言，心悦诚服。他还严格执行"double fail"制度，他教授的应用力学和材料学如出现不及格补考—重读—补考仍不及格就视为"double fail"，学生将被退学。伍镜湖注重实际，对因病未能参加水文测量实验的同学要求其随班上同学于暑假去塘沽补做实验，待他亲自检查给予通过后才补给成绩。李斐英试题分量相当重，并要求学生结合自己课程摘要时的收获和体会来答卷，学生要付出很多时间和精力才能勉强拿到

罗忠忱（1880 年 11 月—1972 年），1912 年成为西南交通大学唐山交大时期的第一位中国教授，曾任教务长、土木系主任，西南交通大学"五老"之一

伍镜湖（1884—1974年），1915年进入唐山工业专门学校，是讲授铁路工程专业课的第一任中国教授，曾担任土木系主任、总务主任、教务主任等职，西南交通大学"五老"之一

60或70分。顾宜孙每年随着世界科学技术的进步和我国工程实际，更新教学内容，开阔学生眼界。黄寿恒1916年同茅以升一起考取清华庚款公费留美，1918年6月获得麻省理工学院航空工程硕士学位，1923年8月回到交通部唐山大学任教，直至退休。他主要讲授数学微积分、常微分方程、最小二乘法等课程。他来自名副其实的"交大世家"，他的兄弟黄寿颐、黄寿益，儿子黄棠、黄棣，孙子黄永正都毕业于该学校。

1916年是学校历史上大放光彩的一年，有力证明了"双严"传统的价值。3月，教育部在北京举办全国专门以上学校成绩展览会，通知各地高校选送展品参加展览。学校将1915届毕业生王节尧、1916届毕业生茅以升的作业报教育部参加展览。全国报送选品参加展览的高等学校共71所，唐山工业专门学校名列榜首。在这场自中国建有现代高等学府以来的第一次校际评比中，学校一举名扬海外。除颁发奖状外，教育总长范源濂亲题"诚实扬华"颁奖匾额一方，表达了对学校育人成绩的肯定和认同，更是对学校育人兴国的深切期盼。

也是在这一年，清华学堂招考留美研究生，学校推送了1914级黄寿恒和1916级茅以升，两人以高分分别进入麻省理工学院和康奈尔大学。入校之初，康奈尔大学注册处主任从没听说过唐山工业专门学校，对学校的教学质量存在疑问，提出需考试合格方能注册。茅以升以无可置疑的优异成绩征服了康奈尔校方，成为全校最年轻的研究生。1917年茅以升研究生毕业，康奈尔大学校长在典礼上当场宣布：以后凡是唐山工业专门学校的毕业生，一律免试注册。可以说，学校"双严"的教学传统改变了世界对中国教育的歧视和偏见。由于茅以升在康奈尔取得的荣誉，加之在之后的办学中，众多学子入读康奈尔大学，亦有大量毕业于康奈尔大学的归国人员到校任教，学校便有了"东方康奈尔"的美称。留学国外的涂允政在所写的《留学状况》

1916年，茅以升获得交通部唐山工业专门学校毕业证书
（图片来自西南交通大学）

中，也反映了唐校学子过硬的基本功和学习能力。

"构造方面，伊利诺研究院功课较多。母校同学到彼，可不必补读学分；国内大学之能有此资格者，尚不多见。"

"前数年有一人发表亚洲大学调查，母校列入甲等；现时美国各大学收中国学生，多以此为根据。母校之光荣均为老辈校友努力之结果，而此继成声誉之保持，均将有赖于校内外师长学生同学之继续努力也。"

"双严"传统也使得学校在20世纪50年代的局势中因势利导，转化为唐山铁道学院时期新的活力。1952至1956的四年间，广大师生员工满怀献身新中国铁路教育的志向，虽然有新教学体制、俄语教科书翻译、论文答辩、考试方法改革等一系列全新任务，但严格要求和强调教学严肃性上与"双严"传统有相似相通之处，学校在出色完成教育教学改革重任的同时，摸索和创新出一条以苏联经验和模式为基础的中国铁路教育教学途径，促成了学校发展历史上又一个辉煌时期。

20世纪80年代，学校决定在机械工程系机械工程专业1984级进行以专业教学体系改革为主要内容的全面教改试点工作。总结1984级试点和其他单项教改实践经验后，时任副校长的李植松在继承严谨治学的优良传统基础上，宣布了学校十五条教学改革设想，也称"教改十五条"，一时间在校内外引起热烈反响。纵观十五条设想，主要包括加强学生能力的培养和贯彻因材施教两大方面，符合中央领导关于当时教育体制改革讲话的精神和教学方法。

"双严"传统贯穿学校发展始终，进入21世纪，在2000年11月，教育部专家组考察学校本科教学工作，评估结论为优秀，学校成为全国16所之一、西南地区唯一的本科教学工作优秀学校。随后，2007年11月、2017年12月，学校又分别两次顺利通过了教育部本科教学工作水平评估。21世纪以来的三次评估充分肯定了学校人才培养工作取得的成绩，"竢实扬华"在学校发展征途上熠熠生辉。

● **校友情深**

得益于育人有方，学校声誉日隆，教师群体学问深湛、爱校如家，在交通人才紧缺的大形势下，毕业生就业机会多、就业前景好，学生普遍对学校充满自豪，深怀回报母校、反哺母校之情，爱校之心蔚然成风。随着毕业生的增加，在校友们的倡议下，1919年1月19日正式成立了唐山校友会，之后各地陆续成立校友会。校友会在支持学校建设，解决迁校困难等方面起了重要作用。校友们爱校如家，有强大的凝聚力，为学校的发展作出了重要贡献。

交通大学唐山学校（图片来自西南交通大学，拍摄于20世纪20年代）

校友厅，此建筑由当时交通大学唐山工程学院院长孙鸿哲和教授们建议，由校友捐资，时任助教李汶设计，房屋修建和室内装修由校友创办的荣华工程公司和上海清华工程公司承建，该厅于1935年5月15日校庆日奠基（图片来自西南交通大学）

　　学校1920年5月10日举行的唐山建校15周年（学校成立24周年）纪念大会。此次校庆，筹委会原拟以1905年决定在唐山恢复建校的5月7日为校庆日，但因这一天是国耻日，遂改以5月10日作为第一次校庆纪念日。从1930年以后，习惯上以5月15日为校庆日。

　　抗战时期，学校走上了南渡内迁之路，一路上得到校友鼎力相助。浙赣铁路局局长杜镇远校友和湘黔铁路局局长侯家源校友致函黄寿恒教授，建议在湘黔铁路局驻地湘潭复校。得到消息的校友们纷纷到达湘潭，帮助学校在战火纷飞中建起暂时的"家"。为筹集办学经费，原定集资5000元，因众多校友踊跃认捐，仅半个多月就募集了12000余元，使办学得以继续。面对教师缺乏的困境，湘黔铁路和湘江大桥修建所聚集的热心人士和校友们挺身而出，先后有10余人自愿前来义务代课。

　　1944年，平越校园难保，学校再举内迁，唐院、平院分别公推顾宜孙、王钧豪联络重庆校友，寻找新校址。王钧豪教授慷慨陈词："我真佩服你们交大，羡慕你们有这样好的校友，能在危难的时候协助你们迁校到四川，到安全的后方去继续求学。"杨家滩迁往平越一路征途，再从平越到重庆的一路，也是得到校友的全力支持，所到之处都设有校友接待站。

    1946年，学校筹划返唐。在宝鸡，申新纱厂总经理李国伟校友盛情接待；在西安，校友们为返唐师生购买了打折火车票；在陕州，校友们临时搭建木桥，帮助师生运送行李物品；在郑州，校友们提供一辆运料车，将行李物品运到贾鲁河岸，又找工人将东西搬过河；在开封，校友们免费为大家提供吃住，还派车接送师生们游览了开封的名胜古迹；在南京，校友们除了提供食宿，还为师生提供了去上海的免费车票；在上海，校友们帮助师生登上开滦运煤船到秦皇岛……

    解放战争时期，特别是1948年9月和11月先后发动的辽沈战役和平津战役，使唐山解放在即，国民党的反扑引发学校第二次南迁危机。1949年2月15日，茅以升主持召开全国性的校友年会，讨论协助母校复课。唐院长汇报了母校近况，决定将募捐储粮的数字由210担扩充至600担，并摊派落实到每个人。校友们的爱校热情增强了师生们复课的信心，也为全校师生生存下去提供了重要保障。1949年3月，唐振绪被任命为院长，达成了全院上下暂留上海、拒绝继续南迁的统一意见，校友们再一次支持了风雨飘摇的唐院。在茅以升、侯家源等为唐振绪准备的欢迎宴会上，发动校友捐米，一时竟踊跃认捐大米210担。

1983年7月 西南交大桥梁专业79级毕业师生合影留念（图片来自西南交通大学）

西南交通大学土木工程系87届毕业生留念（图片来自西南交通大学）

20世纪80年代，受制于峨眉的地理交通，学校发展停滞不前，海内外广大校友非常关心母校的校址问题。为了帮助母校尽快摆脱在峨眉办学的困境，他们采用多种形式、多个渠道向各级领导部门反映意见。首先是全国人大常委、时已85岁高龄的茅以升老校长，在五届全国人大四次会议上以提案提出"请政府考虑施行恢复有八十五年历史的唐山交通大学"。全国政协委员严铁生、简根贤校友等23人，全国人大代表潘承孝等5位校友和王良、冯河两位校友等也分别在五届全国政协四次会议，五届全国政协五次会议和第五届全国人民代表大会五次会议中提出了有关解决西南交通大学校址问题的提案。全国人大代表和政协委员的提案，引起了党中央、国务院及各级政府的重视。

在海外，以林同炎校友为代表的41位美籍华裔校友于1981年11月，向国务院提出《联名申请书》，希望"以利培育工程界科技人才，以促进四个现代化的实现，并恢复唐山交通大学的盛名于海内外，以正视听，以符威望"。后来林同炎校友又多次回国访问，在与中央领导的会见中，也多次向中央领导提到迁校一事，希望考虑解决学校校址问题。海外校友的种种努力，对解决学校校址问题起到了积极的推动作用。

时任铁道部教育局工作的张毅校友积极向铁道部陈璞如部长汇报西南交大校址问题，1983年冬，部党组决定由李克非副部长代表铁道部与四川省协商。四川省委第一书记杨汝岱同志会见了李克非副部长一行，并提出了两个可供选择地点的建议。次年 4 月，四川省人民政府复函铁道部并国家计委："同意西南交通大学在成都建总校，请列入国家计划，尽快安排建设项目。"历经各方努力，最终促成西南交大主体迁到成都市。

● **经世通途**

作为一所以工见长，交通特色鲜明的高校，从建设新中国第一条铁路——成渝铁路，到服务国民经济发展的重载运输，再到刷新高速铁路的"中国速度"，西南交通大学始终心系专门培养铁路人才的建校初衷，成为中国交通发展奇迹的中坚力量，将自己的名字印在了中国铁路事业发展历史中。

◎ **天堑变通途**

1950 年，新中国百废待兴之际，时任中共中央西南局书记、西南军政委员会副主席、西南军区政治委员的邓小平为谋划西南振兴大业，在向中共中央报告重庆解放一个月后西南地区的情况和建设新西南的工作计划时，特别指出修建成渝铁路，即"以修建成渝铁路为先行，带动百业发展，帮助四川恢复经济"。邓小平进京向毛泽东请示时讲了三点理由：第一，四川交通

1952年7月1日成渝铁路正式通车，图为成渝铁路渝内段通车典礼（图片来自央广网）

闭塞，政令不畅，古人云"天下未乱蜀先乱，天下已治蜀未治"。不修铁路，不利于四川的政令畅通。第二，重庆、成都是西南中心城市，修铁路可以带动四川乃至西南百业兴旺，并向全国提供优质大米、猪肉、禽蛋和副食品，互通有无。第三，中国人还从未自行设计、自行施工修建铁路，如果成渝铁路率先修成，既可使大大小小的工厂订货充足，加快工业发展，也可提高中国的国际声望。这三条理由让毛泽东下定决心将成渝铁路定为新中国的第一条铁路，在国家财政相当困难的情况下，仍拨付 2000 万公斤小米工价作为启动资金。

为了解决成渝铁路修建的技术问题，西南军政委员会留用 1936 年国民政府时期成立的成渝铁路工程局的全部技术人员，其中包括蓝田、郭彝、谭其芳、陈祖堂等一批优秀的工程师。著名铁道选线专家蓝田从 1917 年就开始从事铁路工作，为了精测线路，他从重庆沿长江步行到朱杨溪，又从内江沿沱江走到金堂，对成都到乱石滩一段提出改线方案。这段路原定路线是出成都后往东北方向沿沱江经姚家渡、赵家渡到乱石滩，全长 72 千米。必须经过的淮州凉水井一带，因地质不良，有一个大塌方地段，对以后安全行车有很大影响。蓝田苦思能否既裁弯取直，又避开地质不良地段。有一次，他去石板滩看线路，遇到一个樵夫从山上下来，蓝田问他："山路好走吗？"樵夫说："平坦坦的。"蓝田随即上山踏勘。待回成都后，他向当时中国人民解放军成渝铁路工程局军代表陈志坚作了汇报。他说："走石板滩线，只需打通一条 600 多米的隧道，线路从成都经洪安乡越柏树坳，沿石板河下至沱江边接乱石滩。"这样一改线，不仅使铁路避开了原路线的不良地质地段，保证了行车安全，还缩短线路 23.8 千米，从长远看，每年还可节省大量运营费。1951 年 1 月，铁道部副部长吕正操偕苏联专家、铁道部工程师到成都，在成都工程处的办公大楼决定成渝铁路最终的选线方案。争论的焦点就是柏树坳隧道长 600 多米，有的怕影响工期，有的怕施工技术难度大⋯⋯最后，由吕正操副部长宣布：采用蓝田工程师提出的改线方案，并立即成立定线组，组建成都测量队，由蓝田任选线指导，这条经蓝田改道的线路当时被称为"蓝田线"。

著名铁道选线专家郭彝勘测成渝西段简阳至资阳间线路，原施工设计线路紧靠江岸，有些地方距沱江只有 2 米，不但容易造成塌方，而且汛期水位上涨引发水害，势必影响行车安全。郭彝在现场勘测后，提出改线建议，与原施工方案相比较，线路长度缩短了 2 千米、挡土墙减少了 74 座、少修隧道1 座，较原来土石方量减少一半以上。成渝铁路 1950 年 6 月 15 日正式启动，至 1952 年 7 月 1 日全线正式通车，两年建成，全长 505 千米，每千米成本为

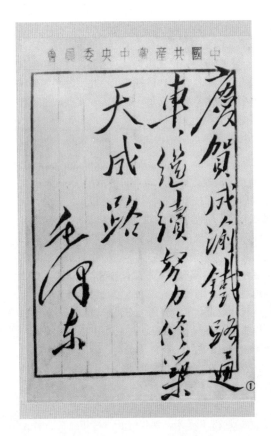

1952年毛泽东主席题词庆祝成渝铁路通车（图片来自中国共产党新闻网）

31万元，是建国初在丘陵地区建设时间最快、建设经费最省的铁路。

参与成渝铁路修建的两位选线专家均出自西南交通大学。蓝田，1888年生，成都郫县人，22岁考入唐山工业专门学校，四年后学成毕业，与著名桥梁专家茅以升是同班同学。他先后在四洮、沈海、成渝、浙赣、粤赣、湘桂、叙昆等铁路线担任测量与组织工作。郭彝，1893年出生于四川省隆昌县，16岁考入四川省铁道学堂，1912年从铁道学堂毕业，考入唐山路矿学堂，1917年毕业后任京汉铁路绘图员，先后在陇西、浙赣、湘黔铁路段工作，中华人民共和国成立后历任西南铁路局高级工程师、西南铁路局设计分局成昆铁路勘测队高级工程师兼勘测队队长。他们都是我国老一代著名的铁道工程专家，在铁路选线方面具有独到之处。

为庆祝成渝铁路通车，毛泽东主席亲笔写下了"庆贺成渝铁路通车，继续努力修筑天成路"的题词。为响应毛主席号召，做好天成铁路（1953年12月改为宝成铁路）的前期工作，郭彝、蓝田被任命为"天成铁路南段选线委员会"委员。此前该线已经过五次测量，并于1950年进行过定测，在原有成果的基础上，郭彝、蓝田两委员到现场进行踏勘，经过多次反复研讨认真比选，推荐了现在宝成铁路南段线路新方案，报请铁道部批准后施工。新方案与1950年的线路方案相比较，减少了桥梁7座，共长1471米；减少了山谷高架桥 3600 米；降低了离开地面高达 90 米的悬崖路线 90 余千米；减少土石方 580 万立方米；避开了 1 千米以上的长隧道 2 座；减少挡土墙 925 立方米；缩短了线路 31 千米……从而达到安全可靠、节约资金的目的。

作为新中国第一条电气化铁路，宝成铁路的通车运行还离不开另一位西南交大人，那就是曹建猷。曹建猷 1917 年出生于湖南长沙，1936 年至 1940 年在上海交通大学电机工程系学习，1945 年考取公费留学，在美国波士顿麻省理工学院学习。1951 年他受唐振绪校长邀请，回国到唐山工学院任教授直至去世，1978 年至 1983 年曾任西南交通大学副校长，1980 年当选中国科学院院士。

曹建猷（1917—1997 年），1951 年起在唐山工学院任教，创办了我国铁路电气化专业，参加了中国第一条电气化铁路——宝鸡至凤州区段的通电试车工作，1978 年至 1983 年曾任西南交通大学副校长

Chengdu 100 Year School

1953 年 11 月，铁道部决定在宝鸡—凤州段采用电力牵引，抽调部分技术人员在苏联专家的指导下，开始宝凤段的电气化设计。电气化铁路的首要技术问题是采用何种电流制式，当时苏联专家的建议使用直流电。曹建猷经过研究比较后认为单相交流制比较经济，其他方面的优点也较多。他的观点发表在 1956 年 11 月 25 日的《人民日报》上，以《我国铁路电气化的途径》为题，曹建猷用大量篇幅论证电气机车跟蒸汽机车、内燃机车相比的优势，并坚定地预言电气机车的前途更为广阔。针对当时有人主张某些区段暂时先采用直流电压制的做法，他在文中针锋相对地指出：“直流电压制和交流电压制并用，在技术上是非常复杂的，为了铁路运输的长远利益，我们应避免走这条弯路，防止造成以后更大的困难。”他有理有据的建议得到了铁道部的支持和采纳，决定将 25 千伏工频单相交流制列为国家标准，宝凤段也改用交流制重新设计。

之所以选择宝凤段为我国第一条电气化铁路改造线路，原因在于此段地势险要、隧道多，90 多千米就有 48 个隧洞，由于烧煤产生大量烟雾，司机的工作环境极为恶劣，乘客也非常难受。尤其在上秦岭的转弯加 3% 坡度的

中国第一条电气化铁路宝成线顺利通车（图片来自中国铁道博物馆官网）

地方，需要 3 台蒸汽机车牵引，浓烟使人睁不开眼，过隧道时甚至有窒息的感觉，速度最慢时每小时仅 5 千米。1958 年 6 月 15 日，宝鸡至凤州段电气化铁路正式开工，拉开了中国铁路电气化建设的序幕。1960 年 5 月，宝凤段电气化铁路建成进行通电试验，曹建猷前往协助担任指挥的电气化工程局局长贾耀祥，同时任领导小组副组长兼技术组组长。1960 年，宝凤段电气化铁路建成通电试车，通过电力机车牵引，时速可达每小时 25 千米，提高了 4 倍。次年 8 月 15 日，全长 93 千米的宝凤段正式交付运营，实现了我国电气化铁路"零"的突破。从宝凤段起步，今天遍布祖国大江南北的高速铁路网，在曹建猷建议下采用正确的制式，使我国电气化铁路从一开始就站在了世界的技术前列，他的许多观点至今仍被采用。这篇杰作标志着中国"铁道牵引电气化与自动化"学科的确立，曹老是当之无愧的中国铁道电气化事业的奠基人、创始人。

随着成渝铁路建成通车、宝成铁路开工建设，成昆铁路的勘探被提上议事日程，蓝田、郭彝又投入成昆铁路的选线工作。他们冒着生命危险，进入了当时还被称为蛮荒之地的八百里凉山，最后在成都至昆明长 1000 多千米、宽 200 多千米的范围内，提出了成昆线三条线路方案：东线从成渝线内江站起，经自贡、宜宾、盐津、彝良、威宁、宣威、曲靖到昆明，全长 889 千米；中线从内江起，经宜宾、屏山、绥江、巧家、东川、嵩明到昆明，全长 780 千米；西线从成都起，经眉山、乐山、峨边、甘洛、喜德、西昌、德昌、会理、广通到昆明，全长 1167 千米。郭彝等中国专家根据亲身实际勘测资料，结合多年的选线经验，认为中线方案的金沙江、小江、象鼻子一带地质恶劣、地形复杂，且沿线矿产、物产、经济等情况远不如西线，西线通过少数民族地区，政治、经济意义大，在屡次成昆方案研讨会及各种场合中，两位专家一再推荐和坚持西线方案。但西线方案被认为沿途地质结构极其复杂，是修建铁路的禁区，不考虑。于是，1954 年 9 月，铁道部第二设计院按照苏联铁路技术标准初步设计出了成昆铁路中线方案，送北京鉴定。同年，中线方案南北两端同时开工，但在施工过程中及局部通车地段，多次发生塌方、滑坡、洪水和泥石流，不得不再次鉴定成昆铁路方案。周恩来总理召集各部门反复研究，针对中线方案施工中出现的问题，远远不能适应煤、铁资源开发和工业布局的需要，在重新勘测西线地区后，决定放弃中线方案，采用西线方案。1958 年 7 月成昆铁路正式开工，1970 年 7 月 1 日成昆铁路全线开通运营，建设历时 12 年，铁路运营里程全长近 1100 千米，30 万筑路军民用血汗打通的这条堪称奇迹的道路给大小凉山和滇西北人民带来了奇迹。目前成昆铁路扩能改造正在火热进行中，它将成为未来四川乃至中国西部、西北部通往东南亚这片未来新兴的经济热土的主要通道。

◎ **重载运输**

据国家铁路局统计，截至 2023 年 2 月 17 日，大秦铁路累计运量突破 80 亿吨。大秦铁路，这条煤运量占全国铁路煤运总量 1/5 的"中国重载第一路"创造了目前世界上单条铁路货运量的最高纪录。重载铁路，是与高铁媲美的中国铁路另一张名片，是国际公认的铁路运输尖端技术，在这一领域，西南交大人前赴后继进行技术攻关，取得了丰硕成果。

改革开放启幕后，中国经济全方位提速，能源短缺成了掣肘之痛。1983 年，起草中的国家"七五"计划明确提出"加强能源建设，完善运输网络，逐步缓和能源、交通紧张状况"，并要求"加强由西向东的运输通道建设"。建设一条运距最短、运力最大的铁路，把山西、内蒙古的煤炭快速运到出海口的计划呼之欲出。

重载运输要解决的核心问题就是"多拉快跑"，即在既有线路的运输密度基础上，大幅度提高货物列车重量，解决铁路运力和需求矛盾的瓶颈。20 世纪 80 年代初期，著名机车车辆专家、西南交大教授孙竹生及其学生孙翔等人就力主开展列车动力学研究。在多年的努力下，"重载列车成套技术"相继列入"六五"及"七五"国家重大攻关及国家重大装备项目，西南交大研究团队主持了"大秦铁路万吨单元重载列车的纵向动力学试验"，对重载列车开行中必须解决的一些关键问题，如改造现有车辆并发展新型的车钩、缓冲器、制动装置，研究列车纵向冲动的成因及各种解决方式，取得圆满成功。孙竹生还指导研制了司机操纵模拟装置，为培训重载列车司机及提高操纵技术提供了新的手段，并被批准为国家级新产品。

1988年12月28日，大秦铁路首期工程开通运营。大秦铁路西起山西大同、东至河北秦皇岛，全长653千米，煤炭运量占全国铁路煤运总量的1/5，是一条伴随我国改革开放而生的"西煤东运"重要能源通道。开通后的第一年，这条重载铁路就爆发出惊人的运能，完成了2000万吨的运输量。很快，大秦二期工程列入国家"八五"计划，四年后二期工程竣工，大秦铁路实现全线运营，为中国经济源源不断提供动力。大秦铁路的研究成果还在京沪、京广等国家铁路交通大动脉上得到应用，一批重载列车陆续开行，中国铁路货运能力得到大幅提高。

1970年7月1日成昆铁路全线最长的沙木拉打隧道通车。隧道全长6383米，线路为人字坡形，变坡点海拔2244米，是成昆铁路全线最高点（图片来自四川省情网）

1990年5月23日，机车操作按我校方案实施的我国第一列单元万吨列车运行试验——大秦线万吨重载列车综合试验成功（图片来自西南交通大学）

孙竹生（1914—2000年），接受当时唐山工学院院长唐振绪的聘任，于1950年初来到唐山交通大学（原唐山工学院）担任教授，直至退休。孙竹生教授一生贡献很多，其一是内燃机车开拓者，其二是发展重载运输。20世纪80年代以来，孙竹生教授一方面在西南交大积极组建科研队伍，建立了专职从事科研攻关的机车车辆研究所，一方面大力倡导发展铁路重载运输及双层客车。他发表大量文章，并四处奔走呼吁，深入现场调查研究，主持"重载列车动力学"研究，与学生孙翔一道，为我国重载列车的开行奠定了理论基础。1990年5月，在铁道部组织的大秦铁路第一次万吨单元重载列车试验中，年逾古

孙翔（1941—1995年），机车车辆动力学专家，1993—1995年担任西南交通大学校长

稀的孙竹生不顾年事已高，风尘仆仆来到大同，登上了中国的第一列重载列车，亲身感受列车运行状态，采集改进的第一手信息。同年，他主持的"重载列车动力学"研究获当年铁道部科技进步二等奖。

孙翔，1964年毕业于唐山铁道学院机械系内燃机车专业，1984年经孙竹生推荐调入西南交大，历任机车车辆研究所副所长、副校长、校长，长期从事机车车辆研究工作，是我国机车车辆和牵引动力学科主要带头人之一。基于扎实的专业知识，孙翔显示出在重载运输领域的远见卓识，他说："重载运输是今后我国铁路发展的主要方向之一，而确保重载列车安全运行的核心技术就是列车动力学研究。传统的以强化装备为主的技术，只能就事论事地解决一些问题，只有通过列车主动力学研究，对重载列车运行中的动力学问题进行全面的分析；建立重载技术的理论体系，才能真正地将各个单项研究形成系统，彻底地驯服重载列车这条长龙，从根本上解决运输中的问题。"作为铁路运输方面的专家，孙翔和老师孙竹生主持了高速铁路和重载运输领域的两项国家科技攻关项目，并担任高速机车车体及转向架研制的总设计师，孙翔和学生翟婉明创立的"翟—孙模型"在国际上被公认是铁路车辆—轨道耦合动力学的经典模型。作为校长，他力图让全校都搭上"重载列车"的机遇，组织几乎全部由年轻人组成的科研队伍参与重载技术攻关，他任职期间，西南交通大学的机车车辆学科获得明显的进展，获批博士点和国家重点学科。

◎ 高铁飞驰

高速铁路无疑是一个国家综合国力、经济社会发展水平和自主创新能力的综合展示，其本身是庞大复杂的系统工程，集成了多学科、多领域的高新技术，是当之无愧的"大国技术"。2008年时速350千米的京津城际铁路开通，2018年"八纵八横"高铁网初具规模，日臻成熟的中国高铁正以前所未有的速度和广度走向世界。伴随着中国高铁跨入世界先进行列，西南交通大学的名字再一次被写入中国铁路发展的历史。

2004年初，国务院常务会议通过《中长期铁路网规划》，京津城际铁路被列入其中，同年12月，京津城际铁路正式立项。根据铁道部的要求，西南交大成立了以校长陈春阳为组长、两院院士沈志云和中国工程院院士钱清泉任技术顾问的京津城际铁路科学研究试验领导小组。学校组织了桥梁、隧道、铁道工程、机车车辆、铁道电气化、交通运输等几乎全校优势学科力量，开展了以高速列车耦合大系统为对象的一系列科学研究试验。在西南交大牵引动力国家重点实验室，最高试验时速超过 400 千米，达到 410 千米。上线后，西南交大又主持测试了 CRH2 － 300 动车组时速 394.3 千米高速运行条件下，整个列车系统（包括列车、线路、接触网等）的响应，确保列车的安全性和系统匹配，确保代表国家形象的京津城际铁路在 2008 北京奥运会开幕前顺利通车。

对另一条高铁线路——京沪高铁，西南交大人早在 20 世纪末发生的轮轨与磁悬浮之争中就为中国高铁的发展定下了基调。那是在 1998 年中国科学院和中国工程院两院院士大会上，时任国务院总理的朱镕基向在座的一千多位院士提出"京沪高速铁路是否可以

沈志云（1929 年—），湖南长沙人，机车车辆专家，中国科学院院士，中国工程院院士，西南交通大学教授、博士生导师

采用磁悬浮技术"的问题。轮轨还是磁悬浮？西南交通大学两院院士沈志云明确提出："'轮轨天下，超导未来'，200~600 千米这个范围，任何磁浮都比不过轮轨。"车轮和钢轨间犹如艺术品般精妙的滚动接触经过沈志云核心算法的计算，保证了高铁贴地飞行的稳定。从提出"沈－赫－叶氏模型"理论，到创建牵引动力国家重点实验室，沈志云参与、推动和见证了中国高铁技术从无到有、从追赶到领跑的发展历程，被誉为"高速轮轨之父"。

在沈志云创办的牵引动力国家重点实验室，研究方向涉及线路桥梁动力学、弓网关系、轮轨关系、强度疲劳、降噪控制等多方面。现在实验台的运行模拟速度超过了每小时 600 千米，可谓世界最快速度，每一种奔驰在中国高铁上的车型从理论分析、试验验证到跟踪试验，都要在这里测试、定型，这里也成为中国高铁技术研发及人才培养基地。1999 年，沈志云院士主持的"机车车辆整车滚动振动试验台"获国家科技进步一等奖。

从这个实验室走出的翟婉明院士，首创"车辆—轨道耦合动力学"理论体系，其核心模型"车—轨耦合"，已成为国内外轨道交通动力学研究的基

1995年11月，西南交通大学首个国家级实验平台——牵引动力国家重点实验室通过国家验收（图片来自西南交通大学）

本方法，也是中国高铁速度不断提升的重要理论支撑。2006年1月9日，在全国科学技术大会上，学校5项成果获科技进步奖，其中翟婉明教授主持的"铁道机车车辆—轨道耦合动力学理论体系、关键技术及工程应用"获国家科技进步一等奖。2005年，在广深港高铁线路设计中，跨越珠江水域（狮子洋）路段，设计单位选择了两个长隧道方案、两个桥隧结合方案。桥隧结合方案因地形原因设计的坡度将超过千分之三十甚至达到千分之四十。这样的大坡度时速300~350千米跑车行不行？翟婉明与他的学生们运用他所建立的"车辆—轨道耦合动力学"理论，推荐了最优的沙仔岛方案并被采纳。在福厦高铁的修建中，根据运输需要，这条铁路要建成客货混运的高铁。铁道上怎么能跑货车呢？客货混运的高铁曲线应该遵守什么样的设计参数？翟婉明研究组仿真分析了普通货车与高速客车以不同速度在各种不同半径曲线轨道上运行时的动态行为，最终找到了同时能够满足两者安全平稳性的曲线设计参数，国际上罕见的高铁客货混运规范由此得以诞生并开始了研究。中国高铁中，桥梁的比例很高，高铁桥梁动力性能设计是不可回避的重大课题。在研究350千米时速的高铁桥梁设计中，翟婉明领衔的联合课题组从2001年到2011年，历时十年，最终成功建立了一套高速列车过桥动力学理论及模型。不管什么类型的桥梁，只要将参数输入模型，经计算机科学运算即可知道安不安全。该课题组先后完成的100多种桥梁车线桥动力性能仿真评估，为高铁及提速铁路桥梁建设工程提供了重要的理论支撑。

京津、京沪线开通后，为获得中国高铁运营中的噪声、磨损等数据和规律。实验室师生几乎全部出动，20多个不同课题组的足迹布满千里高铁线。西南交大金学松教授与学生们租住在廊坊的一个老乡家里，从风沙飞舞的3月一直忙到酷热难耐的7月，利用深夜高铁停运中间的两三个小时查线路、上车测试，白天又坐汽车赶往下一站。副研究员肖新标为测噪声，和团队搭建的测试架足足有4层楼高，从梯子上下来，无论谁都双脚发颤。就这样日复一日，他们第一次获取了我国高铁车外噪声频谱云图，在武广线上第一次完成了我国高铁的车内噪声云图。这些跟踪数据如

翟婉明（1963年—），江苏靖江人，铁路工程动力学专家，中国科学院院士，美国工程院院士，西南交通大学首席教授、博士生导师

今已经运用在新车的研发降噪和运营中。在中国标准动车组"复兴号"的研发中，西南交大张卫华教授担任总体组专家，并任转向架组副组长，参与了转向架的研发，以及转向架设计、技术等评审工作。他还致力于高速受电弓的国产化工作，负责高速受电弓的动力学参数分析设计，自行研制的高速受电弓也即将开展线路试验，从而结束我国高铁"无弓"的尴尬局面。

这样的例子还有很多。如西南交大自主研发、拥有独立技术标准和技术体系的"客运专线综合SCADA系统"，为国家铁路建设节约了巨额投资；"铁路精密工程测量控制网技术体系及标准"，为我国高速铁路建立了拥有自主知识产权的工程测量体系；西南交大集中上百人团队关于"高速铁路道岔设计关键技术理论研究及工程应用"的项目，解决了长期困扰客运专线建设中的重大基础设备技术问题，打破了德、法两国对高速道岔市场的垄断。正如西南交大校长徐飞曾说，"从某种意义上说，中国的高铁等于西南交通大学！"

【杰出校友】

在学校 120 多年的办学历程中，培养和造就了以茅以升、竺可桢、林同炎、黄万里、武胡景等为代表的 30 余万栋梁之材，师生中产生了 3 位"两弹一星"元勋（陈能宽、姚桐斌、吴自良）、64 位海内外院士和 38 位国家工程勘察设计大师，改革开放以来轨道交通领域产生的院士几乎全部出自该校。100 余年历程伴随中国铁路从无到有、从弱到强，学校培养的人才宛如闪亮明星在铁路交通发展长河中熠熠生辉，我们选取了三位杰出校友代表，一睹他们的风采。

● 茅以升

茅以升（1896—1989 年），字唐臣，江苏镇江人，中国土木工程学家、桥梁专家、工程教育家，中国科学院院士，美国工程院院士。他自小好学上进，善于独立思考。1911 年，茅以升考入唐山路矿学堂预科，不久辛亥革命爆发，他有意弃学从政，但遭到母亲反对。1912 年当选中国铁道学会会长的孙中山到校视察学校铁路技术人才培养情况。孙中山的到来极大地鼓舞和影响了茅以升，让他立志攻读桥梁专业，坚定了"科学救国""工业救国"的决心。

茅以升（1896—1989 年），桥梁工程专家，钱塘江大桥总工程师，先后四次担任西南交通大学校长

当时，上课不发教科书，教师用英语讲课，课后要看许多指定的外文参考书，再整理一遍课堂笔记，补充课堂学习内容。在唐山 5 年，茅以升记有 200 多本笔记，学业成绩总平均为 92 分，考试成绩总是全班第一名。1916 年他赴美国康奈尔大学学习，以优异成绩取得硕士、博士学位，为学校争得荣誉。1920 年 12 月，他怀着"我的事业在中国"的赤子之情，学成回国，同年 8 月，时年 24 岁的他回到母校任教，是国内最年轻的工科教授。

钱塘江大桥开工之初大桥工程处全体职员合影（图片来自浙江新闻网）

茅以升先后四次从事领导工作。1921 年，学校改名为交通大学唐山学校，茅以升被聘为唐山学校副主任，他的老师罗忠忱为主任。1926 年，茅以升第二次被委派为校长，但任职仅三个月，因不满北洋政府人事干扰，愤然辞职。1937 年抗日战争全面爆发，孙宏哲院长北平病故后，在学校组织瘫痪的情况下，茅以升被大家一致推选为院长。他没有推辞，临危受命，慷慨赴任，带领全校师生内迁复课，度过了学校南渡北迁的辗转岁月。他鼓励大家："我们学校历史悠久，有艰苦奋斗的光荣传统，有强大的凝聚力，有百折不挠的生命力，只要大家坚定信心，团结一致，奋勇向前，唐院一定会振兴。"在他的带领和个人声望感召下，凭着校友和师生心中永存"唐山交大"的巨大凝聚力和向心力，学校 1939 年在贵州平越复校，并多方寻求支援，解决学生实验问题，使学校在抗战时期获得了近 6 年相对平稳安静的发展。新中国成立后，铁道部将交大京、唐两院合并组建为中国交通大学（后更名北方交通大学），茅以升任校长，第四次领导交通大学工作。

茅以升一生最辉煌的成就是在他的领导下建成了我国自行设计、建造的第一座现代桥梁——钱塘江大桥，这座桥也是茅以升传奇故事的一部分，为了民族大义，亲手炸毁了大桥。从 1933 年 8 月到 1949 年 9 月，除因抗日战争撤离杭州的八年，茅以升任钱塘江桥工委员会主任委员和钱塘江桥工程处处长，主持修建钱塘江大桥，前后达八年之久。

　　钱塘江是浙江省最大的一条河流，钱塘江江面辽阔，水势不仅受上游山洪暴发的影响，还受下游海潮涨高的制约，一直以凶险出名，加之江底还覆盖着深达 41 米的流沙，要在钱塘江上架桥异常困难。多年来，杭州民间有"钱塘江无底"的传说，在民间流行的谚语中，曾用"钱塘江造桥"来形容一件不可能成功的事。1933 年 3 月，在天津北洋大学教书的茅以升接到唐校同学、时任浙赣铁路局局长杜镇远和浙江公路局局长陈体诚的电报和长函，要其赶往杭州，商谈筹建钱塘江大桥事宜。彼时，"九一八"事变日本发动侵华战争，在救亡图存的危难时刻，浙江省无论是经济发展还是国防需要，都急需建造一座跨越钱塘江的大桥，把浙东、浙西联成一体，更重要的是把沪杭、浙赣、萧蒲的铁路、公路联络贯通。外国专家听说中国要修钱塘江大桥，狂妄地说："在钱塘江上架桥的中国工程师还没出生。"

　　在杭州，浙江建设厅厅长曾养甫向茅以升表达了促成钱塘江大桥修建的诚意："将来经费我负责，工程你负责，一定要把桥造好，作为我们对国家的贡献，你看如何？"茅以升被他的坦率感动，当场表示接受他的建议，并着手征集造桥所需的工程资料，钱塘江桥工委员会和钱塘江桥工程处随之成立。

　　桥工处成立的第一件事是组成建桥的"班底"。茅以升邀请康奈尔大学的同窗好友罗英担任总工程师，一起研究设计建桥方案。与此同时，曾养甫为了得到银行财团的支持，表面称已请铁道部顾问、美籍工程师华德尔博士设计，暗中督促茅以升、罗英尽快拿出自己的方案。方案一提出经多方论证，华德尔的计划需投资 758 万元，而茅以升、罗英的只需投资 510 万元，且牢固、经济、实用、美观，毫无疑问后者得到一致认同。这时，曾养甫才敢理直气壮地对外宣告：钱塘江大桥"完全是我们国人自行设计的"。

　　钱塘江大桥全长 1453 米，分引桥和正桥两个部分。北岸引桥三孔，南岸引桥一孔，都是用 50 米的钢拱梁和钢筋混凝土的框架及平台组成。正桥16 孔，桥墩 15 座，每孔跨度为 67 米，钢梁用合金钢制成，强度高而重量轻。大桥采用双层联合桥型式，下层铁路桥长 1322.1 米，单线行车；上层公路桥长 1453 米、宽 6.1 米，两侧人行道各 1.5 米。大桥基础工程最大的问题是流沙。流沙是颗粒极细的沙子，遇水冲刷，就会飘流移动，如有建筑物阻遏水流，就会加剧水流对江底的冲刷，以致越刷越深，最后导致建筑物倾塌。再一个问题是，钱塘江底流沙下面是软石层，承载力不大。如何把桥梁的重量减至最低，使软石层能够承受呢？茅以升、罗英的设计是这样的：十五个桥墩全是空心的，包含下面的木桩，木桩上的沉箱和沉箱上面的

1937年9月26日钱塘江大桥建成通车（图片来自浙江在线）

墩身三部分。施工时，先打水下木桩，然后装上沉箱，沉箱上再建筑墩身。但是沉箱和墩身都是钢筋混凝土做的，不能在水中工作，为了防水，用到了气压沉箱的特殊方法。

气压沉箱是个长方形的箱子，木桩打完后，立即拖下水，浮运到木桩上面，沉箱下落后，盖住木桩，就形成一个房间。把高压空气打进这个房间，将水排出，工人就可以进去，挖去下面的流沙，越挖越深，沉箱就降落到木桩上头，再在沉箱顶上做墩身。沉箱下落，墩身越筑越高，墩身完毕后架钢梁，一气呵成。建桥过程中，他们克服了80多个重大难题。从1934年11月11日开始动工，到1937年9月26日，钱塘江大桥建成，900多个日夜，茅以升和职工没有节假日，无论寒冬酷暑，都夜以继日地奋战在工地上，终于在激流汹涌的钱塘江上建起了这座长1453米、高71米的铁路、公路两用双层大桥。这是中国人自己设计和建造的第一座现代化大桥，是中国桥梁建筑史上划时代的大事。茅以升的母亲那时在杭州，曾对他说："唐僧取经，八十一难，唐臣（茅以升字唐臣）造桥，也要八十一难，只要有孙悟空，有他那如意金箍棒，你还不是一样能渡过难关吗，何必着急！"正如日后茅以升自己总结的，孙悟空就是工程团队，如意金箍棒就是科学里的一条法则：利用自然力来克服自然界的障碍，如利用钱塘江的水来克服钱塘江的流沙。

1937年12月23日炸桥后，当时国民政府将这张照片制作成明信片，向世界证明中国人抗战的决心（图片来自浙江新闻网）

　　钱学森曾这样谈钱塘江大桥建成对他的影响："钱塘江大桥建成的好消息，我是在国外听到的，听说桥梁的总设计师、总负责人就是我早已闻名的茅以升工程师，心里真是高兴极了。大桥建成通车证明，在工程技术领域，外国人也不能独霸天下，他们能干的，中国人也能干！茅以升先生是我的好老师，他为中国人民争了气。"

　　钱塘江大桥建成之日，全面抗战已经开始，大桥处于关系国家安危的战略地位。1937年11月11日，上海沦陷，杭州危急。16日，忽然有客人拜访茅以升，说是南京来的，有机密要面谈。原来此人是南京工兵学校的丁教官，因敌军逼近杭州，奉命要在17日炸毁钱塘江桥，以防敌人过江。在和丁教官商议炸桥办法时，茅以升告诉丁教官，当初做大桥设计时，已经考虑到炸桥问题，故在靠南岸的第二个桥墩里，特别准备了一个放炸药的长方形空洞，这样可彻底炸毁大桥。为了保证接到命令后，大桥五孔一墩同时爆炸，一百多根引线从每个放炸药的地方，被统一接线到南岸的一所房子内，到17日凌晨，炸药埋放工作全部完毕。但就在这天早上，茅以升接到浙江省政府命令，为了缓解渡江人流，要求开放大桥公路。在进行接线工作时，火车照常放行，但预先通知，从今以后，不许在过桥时加煤添火，更严禁落下火块，并说明这是军事秘密，不得泄露，因为恐怕有人知道桥上有了炸药，引起惊慌。那天，从早到晚，桥上拥挤得水泄不通，可算钱塘江上最大规模的一次南渡。此后每天过桥的人，都要在炸药上面走过，火车也同样在炸药上飞驰而过。

在造桥时就预备了放炸药的地方、在开桥第一天就放好炸桥的炸药、人车还在炸药上安然走过，这些在古今中外的桥梁史上，都可算空前绝后。

就这样，一直坚持了37天直到12月22日，炸桥前一天，通过大桥撤退的机车有300多台、客货车2000多辆，加之物资撤退和疏散难民，此刻，茅以升面对着历经925天夜以继日的紧张施工、耗资531.6万元、长达1453米、仅存在89天的钱塘江大桥，犹如怀抱着自己才刚出生的孩子，但为了阻止日军南渡，茅以升忍痛下达炸桥命令，这也成功避免了杭州的大屠杀。

炸毁大桥的当天晚上，他彻夜未眠，悲愤交加。他伏案写了8个大字以明志："抗战必胜，此桥必复！"抗战胜利后，1946年春，茅以升又再任钱塘江大桥桥工处处长，9月对大桥进行修复，第二年通车，实现了自己的诺言。

新中国成立后，在武汉长江大桥的建设过程中，茅以升担任中外专家技术顾问委员会的主任委员，为这座新中国建设的第一座现代化大桥贡献了自己的经验和智慧。1959年，他担任人民大会堂结构审查组组长，周恩来总理指定由他审定设计方案并签字，承担保证人民大会堂安全的责任。他主持铁道研究所和铁道科学研究院工作达30年之久，为新中国铁路运输生产建设提供了大量科研成果，培养了大批科技人才。

茅以升一生与桥结缘。他晚年说："人生乃一征途耳。其长百年，我已走过十之八九。回首前尘历历在目——崎岖多于平坦，忽深谷，忽洪涛，幸赖桥梁以渡。桥何名软？曰，奋斗。"

● **黄万里**

在今天西南交通大学犀浦校区南大门内，有一处杰出校友、著名水利工程专家黄万里先生的纪念雕像，向众人展示着这位爱国爱校，终身坚持工程报国，忠于科学精神，不屈不挠的知识分子风采。

黄万里出生于1911年8月20日，同年10月10日辛亥革命爆发，其父黄炎培时任同盟会上海地区负责人，是近代著名的革命家和教育家。黄炎培专注救国利民，教导黄万里实业救国。1927年，在父亲的建议下，黄万里考入唐山交通大学主修桥梁专业，五年后，以优异的成绩从唐山交通大学毕业，三篇毕业论文《钢筋混凝土拱桥二次应力设计法》《铆钉接头中各铆钉

黄万里（1911—2001年），江苏川沙人，著名水利工程学专家，曾任清华大学水利系教授，唐山交通大学教授

应力推算法》和《混凝土沙石配合最大容量决定强度论》均以英文写成，由著名桥梁学家茅以升审定作序出版。

毕业后，他任杭江铁路见习工程师。1931年长江决堤，湖北省云梦县一夜之间淹死7万人。黄炎培是河海工程专门学校的创建人，黄万里受父亲影响十分关注事关国计民生，目睹此次事件，他内心深受震撼，再也不能袖手旁观，毅然改学水利工程，"改学水利，以拯农为己志"，报名参加庚款赴美留学考试并被录取。1935年，他获美国康奈尔大学硕士学位，1937年获伊利诺伊大学博士学位，是获得该校工程博士学位的第一个中国人，他的博士论文《瞬时流率时程线学说》，当时在世界上处于学科领先地位。留美期间，黄万里曾在假期驱车4.5万英里遍访美国的大型水利工程，曾在诺利斯大坝上以工务员身份实习了4个月，1936年还专程去考察了洪水泛滥的密西西比河。正是坚实的综合学科背景和知识结构，加上经年累月的亲身考察和比较视野让黄万里的水利思想十分开阔：水利工程的建造会改变水沙流动态，影响河床的变化，治理江河不能以沙论沙、以水论水、以工程论工程，而要尊重自然规律，在了解河流特性和流域地质地理状况的基础上，因势利导地开发水利。这一觉悟，影响了他一生的治河理论。

1937年黄万里回国后，一月内有浙江大学、北洋大学、东北大学三所高校争相聘请他，浙江大学竺可桢校长还亲自登门邀请他任浙江大学水利系主任，他以年轻为由婉辞。他迫切的愿望是考察中国的河川做一些实际工作，积累第一手资料，为此，他出任全国经济委员会水利处技正，后远赴四川省水利局任工程师、测量队长、涪江航道工程处处长等职，长期在中国治理江河的第一线从事技术工作。他曾对金沙江开展历时三个月的考察，之后又沿着岷江从河口一直到源头，包括大渡河、青衣江这些支流都进行了实地勘测，他亲自考察了长江上游和四川境内所有主要支流。早年的这些实地勘察为黄万里的水文地貌学奠定了基础，深刻影响了他晚年对于长江干流是否可以筑高坝的学术观点。1940年夏天，黄万里在三台柳林滩完成了对涪江的截弯取直，修建了船闸、灌渠、行人桥，被当时全国各大媒体誉为大后方十大工程之一。

1947 年，水利部派他出任甘肃水利局局长兼总工程师，兼水利部河西勘测设计总队队长。当时黄万里不到 36 岁，抱负不凡，召集从抗日战争时期就在一起工作的好几个工程师，还有四川水利局办的水利训练班的毕业生，迅速组织起了一批有经验的水利工程人员到甘肃开展工作。为缓解甘肃农业灌溉难题，他整修旧的水利设施，建造新的水库水渠，同时勘探河西的地下水情况。他在全省范围内建立水文站，制定了水利和水文工作章程，对黄河上游规划做了大量勘测工作。为勘察地质水文，他曾四下河西走廊向西到达玉门、安西、敦煌，甚至沙漠边缘的不毛之地民勤、红柳园等地。这期间，在四川结识的施工队伍帮助他快速在甘肃大面积铺开工作。他在日记中写道："平生服膺一'义'字，故有大批人相从工作。"到 1949 年 5 月，黄万里任甘肃水利局局长已有两年两个月，从掌管行政大局到具体施工操作，从点将用兵到培训员工，从工程规划到资金运作，除显示他的水利天赋外，还展示了他在经营、管理、行政上的高超才华。

1950 年 5 月，唐山交大顾宜荪来信嘱他回母校任教。回到母校，以罗忠忱为首的学校元老及恩师们都还在，怀着对母校的深情，他开始了后半生的教书生涯。 1952 年全国院系调整中，唐山交大改名唐山铁道学院，黄万里随后调入清华大学水利系任教。他的课既有理论又有实践经验，加上丰厚的人文底蕴，深受学生喜欢。若干年后，学生之一的水工结构设计专家、中国工程院院士王三一在黄万里去世后《怀念黄万里先生》一文中，这样回忆黄万里授课给他留下的深刻印象：

"他的讲课，非常有魅力，态度从容、谈吐幽默、思路开阔、立论新颖，而又能深入浅出，谆谆善导，不仅能让听课者概念清晰，而且能引起学生浓厚的学习兴趣。……（他）强调要培养一名优秀的工程师，不仅知识要渊博、基础要深厚、思路要开阔，而且要能想人之所未想。后来，才渐渐知道，这也正是他自己深受其益所走过的学习道路，所以他坚持学生不要人云亦云，赶一时潮流，而应有独立思考的精神和能力。"

在王三一的回忆中，1951 年暑假的一次淮河见习，黄万里以寓教于乐的方式表达了自己对治水的看法：

"至今我还记得他那肥胖的身躯，沿着曲折小路，一步一步缓慢不停地往上攀登的样子。他一边走一边还和我们谈笑风生，说：'你们知道吗，我登山不累的诀窍，就是慢慢走。这样与快步走到山顶做的功是一样的，但功率小多了，就省劲多了，率的概念是很重要的，现在很多人不注意，比如流量的叫法，是错误的，不是来多少水量的概念，而是指单位时间的来水量，所以应叫流率。一场洪水总量是多少，当然重要，但流率多大更要紧，洪峰来得猛，流率大、水位高，堤防挡不住就成大灾了。'"

新中国成立后，为根治黄河水患，1955 年全国人大一届二次会议讨论并通过了《关于根治黄河水害和开发黄河水利的综合规划的决议》。这个规划分远景规划和《黄河干流的阶梯开发计划》，打算在黄河干流上从上而下呈阶梯状建造 46 座拦河坝，利用黄河水的落差发电、灌溉、防洪，其中最大和最重要的综合工程选在陕西、山西、河南三省交界处的三门峡。"规划"预计，三门峡水库可以把黄河最大洪水流量由 37000㎥/s 减至 8000㎥/s，经三门峡和三门峡以上一系列干流和支流水库的拦截，下游河水将变成清水，河身将不断刷深，河滩将更加稳固，实现"圣人出，黄河清"。

在 1955 年周恩来总理在北京主持黄河规划的第一次讨论会上，黄万里力排众议，当面对周恩来总理说："你们说'圣人出，黄河清'，我说黄河不能清。黄河清，不是功，而是罪。" 1956 年他向黄河流域规划委员会提出《对于黄河三门峡水库现行规划方法的意见》，指出，黄河本是含沙量极大的河流，加之人类的活动、植被的破坏、气候的变迁，黄河水的含沙量会越来越大，下游河道的淤积改道是必然会发生的。黄万里认为水土保持后黄河水会变清是歪曲客观规律的，相反，出库的清水将产生急速冲刷，6000㎥/s 的清水可能比短期 10000㎥/s 的浑水更难防治。坝的功用只不过是调节流率，替治河创造优良的条件，绝不是有坝就能治好河。他反复强调，三门峡筑坝后，水流在库区放缓，肯定会增大淤积，渭河入黄河的堑口也会抬高，这样一来对关中平原势必形成威胁，下游洪水的危害将移到上游。另外，出库清水还将危害下游堤防。三门峡大坝一定要能刷沙出库，为日后清淤泥沙做准备。

1957 年 6 月 10 日至 24 日水利部在北京召开三门峡水利枢纽讨论会。会上拦洪蓄沙的高坝派、拦洪排沙的低坝派和独自一人的黄万里就三门峡工程展开激烈讨论。高坝派主张建 369 米高坝，低坝派希望减少库容，降低蓄水线至 335~320 米。黄万里以一抵众，见争辩无效后，选择折中：若一定要修此坝，建议勿堵塞六个排水洞，以便将来可以设闸排沙。但在施工时，六个底孔要全部堵死。

时间验证了黄万里的观点。为了配合三门峡大坝的兴建，陕西开始启动移民工程。30 万人从千里沃土的关中平原迁至宁夏、渭北等偏远地区，饱受迁徙之苦。三年之后，三门峡大坝建成，开始蓄水发电。为上保西安，按360 米设计、350 米施工的大坝，汛前最高拦洪水位实际不超过 333 米。蓄水水位虽离设计水位尚远，水库却已发生严重淤积，1961 年 10 月下旬，渭河下游两岸及黄河朝邑滩区 5000 人受洪水包围，淹毁良田 25 万亩。到了1962 年，上游渭河潼关河床就抬高了 4.5 米，已经没有人再高喊黄河清的口号，三门峡水库也由原定的"拦蓄上游全部来沙"改成了"滞洪排沙"。三门峡水利枢纽的改造迫在眉睫。1964 年，三门峡改建工程动工，俗称"两洞四管"方案，黄河两岸凿挖两条隧道，铺设 4 条管道泄水排沙。黄万里再次上书，用 60 天的时间完成《改修黄河三门峡坝的原理与方法》，建议开洞排沙，以灯泡式水轮机加速底流，但建议未被采纳。5 年后的1969 年，三门峡进行了第二次改造，花费 6000 万元，将原坝底的 6 个排水孔全部炸开。

阔别多年之后，黄万里在 1981 年精神抖擞地重登讲台，为研究生和青年教师授课，并继续研究连续介体动力学最大能量消散率定律、分流淤灌治理黄河策略、华北水资源利用、长江三峡工程以及明渠不恒定流力学等问题。1998 年，在经历多次大手术，身体稍有恢复后，黄万里给水利系领导写信，主动要求上课以弥补过去教学的不足，向研究生和部分教师讲授自己在治理江河上的想法，1998 年长江特大洪水后，他在授课讲义中表达的观点，如今看来，极具超前性：

"长江只用堤防一法是不够的，对于人力财力是极浪费的。这洪峰范围大，历时又久，峰后退水期间防守更艰苦。……我们必须考虑另用浚河、疏水等方法。

如今大水遍及南北，连渭河、黄河、松花江也同时发洪。今后所谓厄尔尼诺现象还将引起气候剧变。它的定量计算除了数学力学方法外，还需用到概率统计法。除了设计运行外，必须有实地经验。"

对于黄万里超前的治河理念，与其一起共事的清华同事杨铁笙和任裕民都认为，黄万里的江河治理思路从来不是就事论事，而是从一条河流的整体思考问题。黄河治理问题他从一开始就对环境问题进行考虑，不仅要顾及下游防洪、顾及发电，还要顾及上游淤积、移民、人民生活等诸多问题。这些超前的认识和主张至今仍合乎时宜且具有重大启示意义。回想起来，黄万里确实是一个值得让人琢磨、让人回味的人。

2001 年 8 月 20 日是黄万里 90 寿辰，清华大学水利系为他举行了祝寿会。党委书记陈希在祝词中肯定了黄万里一生的学术追求，赞扬他在三门峡水库论证上坚持真知灼见，在三峡大坝等问题上所体现的崇高敬业精神。7天后，黄万里与世长辞，遗嘱仍心系江河："治江原是国家大事，'蓄''拦''疏'及'挖'四策中，各段仍应以堤防'拦'为主，汉口段力求堤固。堤临水面宜打钢板桩，背水面宜以石砌，以策万全。盼注意，注意。"

中国工程院院士王三一在《怀念黄万里先生》中写道："黄先生的一生，是从一个侧面反映了20世纪一代知识分子伴随着国运经历的坎坷。实际上在他的一生中，所体现的中西文化的融合，是极为深刻的。他学贯中西，重视科学民主，特别是深受中国传统美德的熏陶，不仅为人处世堂堂正正、刚正不阿，而且对祖国的贫弱和人民的苦难也有深厚的忧虑之情。"

黄万里在《治水吟草》自序中写道的"临危献璞平生志"，是对其家国情怀和人格风范的最好诠释。诚如黄万里长女黄且圆对父亲一生的评价：临危献璞是他的宿命，他活的太艰难了，可是也活得堂堂正正，活得有声有色[1]。

● 武胡景

2006年3月，《人民日报》、中央电视台、中央人民广播电台等媒体在"永远的丰碑"专栏中，以《天地能知忠烈心——武胡景》为题，隆重介绍了我党早期革命家、共产党员武胡景的事迹。2008年，中国革命军事博物馆在"土地革命战争馆"的"中央军事领导机构沿革表"中，增加了武胡景任临时中央军事部长的内容，其词为：我党土地革命战争时期的中央军委领导人，由6人增为7人，依次是：周恩来、杨殷、关向应、项英、朱德、武胡景、毛泽东。这位沉寂于历史烟云中的我党早期革命家、西南交通大学杰出校友，终于走进了人们的视野。

武胡景1921年夏考入交通大学唐山学校预科，1923年加入中国共产党，1924年，任唐山社会主义青年团地委书记，同年夏，受中共中央选派赴莫斯科东方劳动大学学习，先后任中国社会主义青年团旅莫支部书记和中共旅莫支部书记。1925年，朱德从德国回国途中路过莫斯科，武胡景安排好朱德的住宿后，陪同朱德参观了劳动大学，瞻仰了列宁墓。因中央让朱德暂时留在苏联待命，朱德便向武胡景提出"希望借此机会进修一些军事课程"，武胡景欣然将朱德安排在劳动大学军训班学习。

武胡景1928年秋回国后到山东工作。当时，国民党反动势力侵入淄川矿区镇压大罢工，工人运动趋于低潮。担任特别支部书记的武胡景，到矿区

[1]赵诚. 长河孤旅：黄万里九十年人生沧桑[M]. 西安：陕西人民出版社，2012:241.

居住在工人集中的南工厂，秘密联系党员和工运先进分子，在极端困难的条件下坚持斗争，工会队伍开始发展壮大，小规模罢工迭起，《淄川工人》创刊，"党在淄川的影响很大，工人都知道了共产党……" 10 月，山东省委派武胡景到青岛传达中共六大决议，整顿党组织，贯彻省委开展反日斗争的指示。他化名罗玉堂深入纱厂，成立了赤色工会，组织起了青岛特别支部。据时任青岛市委委员的王景瑞回忆：罗玉堂来到青岛领导工作后，贯彻执行中央指示，大胆提拔当地工人干部，市委阵容焕然一新，出现了前所未有的活跃局面。次年，由于叛徒出卖，山东党组织遭到严重破坏，他不幸被捕。武胡景与先期被捕的同志关在一起，与邓恩铭、杨一辰等建立了狱中党组织，把监狱变成对敌斗争的特殊战场，组织绝食斗争，开展统战宣传，策划越狱行动，几个月后武胡景等 6 名同志越狱脱险。脱险后，武胡景赴上海，向党中央汇报狱中斗争情况和越狱经过，党中央对他们的行动给予了高度评价。

Chengdu 100 Year School

第一次国共合作破裂后，国民党反动当局残酷镇压共产党人，上海党中央遭受严重破坏，周恩来等一批中共中央领导同志先后被迫撤离上海，革命形势险象环生。1932 年 1 月，武胡景受临时中央政治局之命，从东北到上海任临时中央军事部部长。当时形势异常严峻，保护党组织，保卫革命力量迫在眉睫。武胡景改任上海中央局保卫部部长，主持原中央特科兼保卫工作，组成中共上海"临时中央"执行局，在极端困难的条件下，领导恢复党的地下组织，开启了他的"特工"生涯。在生命时刻都有危险的情况下，武胡景夫妇含泪将两岁的女儿交给大哥抚养，从此，父女一别成永诀。

敌特在上海疯狂捕杀共产党人。为了适应白区工作需要，武胡景经常使用化名，如武和景、武湖景、武和劲、罗玉堂、吴克敬、吴化之、吴福敬、吴福晋、林大生等十多个。为了躲避敌人，他经常更换住所，曾经一日三迁住处。他领导下的军事部，纪律严明、保密严格，同志之间采取单线联系，即使是一墙之隔的近邻，谁也不知道谁是党员，干部队伍保存

武胡景（1899 年—1936 年），1924 年毕业于交通大学唐山学校，中国共产党早期领导人，1957 年被中共中央追认为革命烈士

比较完整。1933 年 5 月，武胡景接替潘汉年主持特科工作，在上海的原军委情报系统正式并入特科，特科情报工作的重心全面转向军事情报，当时正值第四次、第五次反"围剿"期间，对敌军事斗争异常激烈，党中央对军事情报的需求与日俱增。特科整合情报力量，先后在南京、武汉、福建、江西、湖南、四川等地，布建了覆盖面广泛的情报网。

武胡景主持工作期间，特科情报工作取得几次重要收获，包括：国民党军队"围剿"红军的具体部署、部队番号、武器配备等重要军事情报以及国民党"围剿"红二十五军的作战计划，对党中央部署红二十五军及时突围长征起了重要参考作用。1933 年 12 月，武胡景获知敌特要破坏中共在上海紫霞路一处机关，目的是要搜捕瞿秋白夫妇，武胡景立即送信，让瞿秋白夫妇马上转移，并护送他们离开上海赴中央苏区。1934 年初，武胡景派特科骨干项与年等及时获取了蒋介石在庐山部署第五次"围剿"的重要情报，以最快速度报送瑞金党中央。

武胡景精通外语，与史沫特莱、路易·艾黎、环音考托、马海德等外国朋友交往甚密。他与史沫特莱以姐弟相称，在路易·艾黎家中安装秘密电台，帮助中共传递信息。在武胡景影响下，德国人汉斯·希伯召集上海外国朋友发起成立国际马克思主义研究小组，积极掩护在上海活动的党员。武胡景善于交际，经常接触各界爱国民主人士。宋庆龄在苏联时就对武胡景印象深刻，他多次到宋庆龄家里做客。武胡景向宋庆龄提出保障政治犯民生权的建议，宋庆龄深为赞同。

1935 年，武胡景奉党中央之命再次赴苏联工作，并出席共产国际第七次代表大会，当选为共产国际监察委员。当时，中共常驻共产国际代表团团长王明、副团长康生，不支持以毛泽东为领导的党中央，想法阻止共产国际对遵义会议的肯定。康生私下找武胡景，要他在共产国际大会上为王明说好话，一向光明磊落的武胡景直言对康生说："王明同志自以为是，独断专行，他的教条主义不符合中国实际。"遵义会议确认了毛泽东进入领导集体，确立了中国共产党的发展道路。真正爱党爱国的人，都不忍革命再受损失，武胡景由此得罪了王明、康生，为自己埋下了祸患。1934 年 12 月 1 日，联共（布）中央政治局委员、中央书记、列宁格勒州委书记基洛夫被暗杀，触发了苏联全国性的大规模的肃反运动，正好给了王明、康生借人之手排除异己的机会，不少在苏的中共党员失踪、流放、劳改或被捕处死。面对恶劣环境，妻子劝武胡景早日回国，武胡景却认为监察员的任务，就是监察他们背离中央，另搞一套。为了革命胜利，殉难他乡又何妨！1936 年秋冬，武胡景被苏联内务部逮捕。武胡景被捕后，他的妻子侯志、胞兄武怀谦、胞弟武怀谔从苏联到国内多年找寻他未果，党组织也一直不知道他的下落。 1954 年，刘少奇、周恩来先后指示有关部门全力寻找武胡景下落。 1956 年，在中共八大会议上，经证实，确认武胡景在苏联被错杀。 1957 年 6 月 15 日，经中共中央批准，武胡景被追认为革命烈士，并向武胡景的家属颁发了由毛泽东主席签发的革命烈士证书。

天府文化　百年成都

Tianfu Culture, A Century-old Chengdu

Chengdu
100 Year School

成都百年学校

西南财经大学

经世济民 孜孜以求
——西南财经大学

　　西南财经大学源于1925年在上海创办的光华大学，办校百年，几易校址，分合变迁，财经精神矢志不渝、学科发展从未停断，西南财经大学始终是财经学科、领域的一面旗帜。在20世纪"五卅运动"的怒潮中，爱国师生宣誓脱离圣约翰大学，创办了光华大学。抗战全面爆发，光华大学内迁办学，创立光华大学成都分部。抗战结束后，光华大学在上海复校，光华大学成都分部交由川人接办，依照"成都光华"之意更名为成华大学。新中国成立后，学校由私立转为公办，先后汇聚西南地区十七所院校的财经系科，组建成四川财经学院。几经分设、合并、更名，学校于1985年定名为西南财经大学，逐渐成长为国家"211工程"重点建设高校和"985"工程优势学科创新平台建设高校。回望百年，从黄浦江到浣花溪，从草堂到柳林，西南财经大学以"经世济民，孜孜以求"的精神，秉持教育报国的信念，培养了一代代治国兴邦、奉献社会的栋梁之材。

【兴学源流】

　　世纪回望，西南财经大学在上海初建、在成都腾飞，近百年的筚路蓝缕，始终未变的是关注经济、关切民生，学校一步步建立起特色鲜明、优势突出、结构合理、充满活力的学科生态体系，也折射了百年来中国社会、经济发展的壮阔征程。

● 光华初立

通常，人们将西南财经大学的历史追溯到光华大学的创办，如果再向前探寻，圣约翰大学就进入了大家的视野。1879年，美国圣公会将其原辖的培雅书院和度恩书院合并，建立了圣约翰书院，后改建为圣约翰大学，国内同时期的教会大学还有燕京大学、华西协合大学、齐鲁大学、金陵大学、东吴大学、震旦大学、之江大学、岭南大学等。圣约翰大学是较早将西方大学制度和办学理念引入中国的学校，实行学分制和学衔制，所授学位被美国各大学认可。

20世纪20年代，随着民族意识的增强，教育由本国人自办的呼声日益高涨，光华大学便是在追求教育自主、秉持教育报国的背景下创建的。1925年，"五卅惨案"发生后，全国多地学生罢课游行，掀起了全国规模的反帝爱国运动。当时就读于圣约翰大学的学生迅速组织起来，准备参加罢课，并以学生会名义上书圣约翰大学教授会。6月1日经教授会表决，通过了允许学生罢课、照常住校的议案，但时任校长的卜舫济却宣称：此事校长有擅自决定的权力，不受教授会束缚，如罢课，必须立刻离校。次日，学生再次集会，决定以中华民国国旗取代已悬挂三十多年的美国国旗。6日3日，学生们刚刚悬挂好的旗帜就被卜舫济夺走，学生只得升起原童子军团的旗帜，并悬挂半旗为"五卅惨案"烈士致哀。卜舫济再次阻挠，并当场宣布：学校从当天起放暑假，全体学生必须立即离校！圣约翰大学及附属中学的500余名学生和全体华人教师当即宣誓脱离圣约翰大学，是谓"六三离校事件"。

随后，离校师生成立离校善后委员会，商议自建学校。6月12日召开新校筹备委员会第一次大会，选举时任沪海道尹的张寿镛为筹备会会长，6月22日确

张寿镛（1875—1945年），光华大学创办人、首任校长（图片来自西南财经大学官网）

圣约翰大学离校善后委员会（图片来自西南财经大学档案馆）

定校名为光华大学，"光华"二字取自《卿云歌》"日月光华，旦复旦兮"，寓"光我中华"之意，学校以"知行合一"为校训、"培养高尚人格，激发国家观念"为宗旨、"光华之成败，实关中国之荣誉"为己任，众志成城，齐心创校。

创校之初，面对办学经费短缺、教学空间逼仄的问题，各方爱国人士鼎力相助，通过筹资、捐地等方式，共同推进光华大学的建设。其中王丰镐捐赠大西路数十亩地产，许沅捐资5000元，张寿镛捐资3000元，用以建设学校。为解决资金困难，学校不仅向社会发行"建筑公债"，还赴南洋募捐，先后筹资几十万元，作为创校经费。

新校舍建成之前，学校暂时租用霞飞路（今淮海中路）、新西区丰林路房屋分别用作大学、中学校舍，1925年9月7日，光华大学正式开学，开学典礼在霞飞路临时校舍举行，首批招生970余人。10月，学校校董会成立，由王丰镐、朱吟江、朱经农、余日章、赵晋卿、钱新之、虞洽卿、黄炎培、张寿镛等担任校董，推选王丰镐为董事长，张寿镛担任光华大学的首任校长。1926年1月，新校舍在大西路开工，是年9月，新校落成，大中学部先后迁入新校区。

● **转入蓉城**

1932 年，"一·二八"事变爆发，为躲避战火，学校暂时租赁愚园路花园坊用作临时校舍，7 月迁回大西路校区。1937 年淞沪会战后，光华大学再次迁入愚园路临时校舍，与附中合并上课，此后不久光华大学大西路校区被日军焚毁，而愚园路历史校舍因在越界筑路区域需要再次搬迁，大学部借址爱文义路（今北京西路）卡德路（今石门二路）国光中学，随后迁至白克路（今凤阳路）660 号，中学部迁至成都路 274 弄 7 号。虽几经迁转，在校学生人数仍为上海各校之冠，教师为维系教学，自愿降低薪酬坚持授课。

全面抗战爆发后，为保存办学力量，保证我国高等教育的发展和延续，众多大学相继内迁。1937 年 11 月，考量到抗日战争不会短期结束，张寿镛与校董会商议，光华大学入川设立分校，收容避难学生，延续光华精神。校董会决议，将正在四川执行会计师职务的光华大学商学院院长谢霖聘为分校副校长，全权负责成都分部的筹备工作。

筹建之初，谢霖四处游说募集建校资金，广邀名师到校任职授课，成立移川复兴建设委员会，迅速开展建校工作。1937 年 12 月，成都分部租用新

光华大学成都分部破土典礼（图片来自西南财经大学档案馆）

建设中的大西路校舍（图片来自西南财经大学官网）

南门内王家坝房屋作为初期校舍，于次年3月1日开学，仍分为大学部和中学部，首期注册学生达300余人。为适应四川和当时非常时期的需要，大学开设文理学院，内分政治经济学、土木工程、化学三个系；开设商学院，设置工商管理、银行、会计三个系；高中学分为普通科和商科，同时开办初级中学。

● 东西辉映

为筹谋学校发展蓝图，1938年5月，张寿镛从上海出发，辗转到香港，再经重庆，几经周折抵达成都，一方面参加移川复兴建设委员会，另一方面视察成都分部筹建情况。考虑到教育为百年树人大计，学校设立不应停顿，且光华大学在川建设得到了川内各界人士资助，决定成都分部永久留川。张寿镛返回上海后致函谢霖，再次表示："光华大学虽为避难分设入川，然亦正可藉此在川留一永久纪念，以谢川人，嗣后既有上海光华大学造就东南学子，又有成都分校造就西南学子，将来扬子江上下游两校毕业同学，合力报效国家社会，东西辉映，岂不懿欤！"1938年8月，成都分校被正式命名为"私立光华大学成都分部"。1941年太平洋战争爆发后，上海本部为避免被日伪当局接管，拒绝登记，光华大学和附中解散，化整为零，以诚正学社、格致学社和壬午补习班形式进行隐藏办学。

● 扎根西南

同光华大学大西路校区的初建一样，成都分部的建设也得到了各方助力。川绅张仲铭等捐赠成都草堂寺以西田地50亩，后扩充为150亩，康心如等捐建图书馆……新校区1938年8月在草堂以西黎家碾破土，不到半年时间就全部完工，次年1月，学生迁入新校舍，所在区域也因光华大学的建立得名"光华村"。为酬谢社会人士的赞助，校区内许多的建筑，如甫澄堂、富铭堂、季琴图书馆、金融路、蜀华路等，都以捐助方的名号题名，用作纪念。

张寿镛致谢霖函（图片来自西南财经大学校史馆）

抗战胜利后，各内迁高校陆续回迁，光华大学上海本部恢复原有名称并刊登复校启事。1945年9月，校董会在重庆召开会议，商议上海本部复

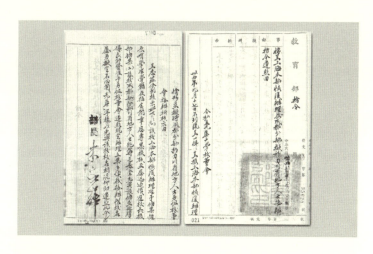

国民政府教育部关于光华大学上海本部复校及成都分部交由四川地方人士接办的批文（图片来自西南财经大学档案馆）

成华大学示意图（图片来自西南财经大学档案馆）

校、成都分部留川事宜。按照当时的大学规程，大学不得设立分校，上海本校恢复光华大学名称后，成都分部以何种形式留川有两种方案：一是将分部财产赠给当地人士，另组校董会，另立学校，作为兄弟院校留蓉；二是并入四川大学，全部财产亦悉赠送。随后，川省人士决定承办成都分部，改校名为成华大学，有纪念"成都光华"之意，校长王兆荣代表学校接受光华大学成都分部所有校产，学校从此扎根西南。

光华大学虽在上海恢复办学，但复校之初经费拮据，更有大量学生因无力承担学费未到校注册。1947年，成华大学借同学会举行校庆之际，募捐上海本校复兴基金，委托成都分部毕业校友王世经等送至上海。

新中国成立后，成华大学顺应新的政治、经济形势，响应人民政府要求和社会发展需要，积极推行教学革新。通过系科设置调整，学校设立文学院、商学院两院，共八系、二科。其中，文学院下设哲学历史系、中国语文学系、外国语文学系、政治学系、经济学系；商学院下设企业管理系、统计会计系、金融贸易系和俄文专修科、会计专修科。将本科学制定为4年，专修科学制定为2年。此外，学校还进行了课程调整，将一批不合时宜的课程删除，增开新民主主义、中国通史、辩证唯物主义与历史唯物主义、政治经济学等课程。

为了培养国家急需的财经人才，学校根据西南军政委员会文教部指示，在校内举办银行、保险、供销合作等专业的财经干部培训班和非学校正规编制短训班，面向四川、云南、贵州、西康等地招收学员，为当地经济发展输送了特需专业人才。

● 名定财经

新中国成立初期，国内高等院校公私并立，为促进高等教育发展，需要对有限的人力、财力和教学设施进行统筹。1952年，中央人民政府高教部对全国高等学校院校进行调整，按照"对财经政法各院系采取适当集中，大力整顿"的方针和"每大区在条件具备时，得单独设立一所财经院校"的原则，各地区财经类院校也经历了调整、整合。

1952 年 10 月，西南军政委员会文教部决定，将私立成华大学改为公立，将成都会计专科学校整体、其他有关学校部分系科并入，共同组成四川财经学院，校址设在私立成华大学及成都会计专科学校原址。1952 年年底，私立成华大学与成都会计专科学校、华西大学经济系、川北大学企业管理系、重庆大学银行保险系完成合并。在次年全国高等学校第二次院系调整中，中央人民政府决定将西南人民革命大学三处的财经系科、贵州大学企业管理系并入四川财经学院。师生员工在秋季开学之前，相继到四川财经学院报到。经过两次院系调整，四川财经学院先后汇聚了西南地区 17 所院校及财经系科，成为建国初期国家按大区布局的四所本科财经院校之一，也是西南地区唯一的综合性高等财经学校。

四川财经学院的组建，开启了师生凝心聚力、艰苦创业，服务社会主义新中国建设的崭新征程。作为战略性布局的全国高层次经济人才培养基地，四川财经学院从一开始就成了学术高地，教授、副教授占比约为 40%，一大批学术泰斗，如陈豹隐、彭迪先、刘心铨、许廷星、汤象龙、梅远谋等等，

四川财经学院校门（图片来自西南财经大学档案馆）

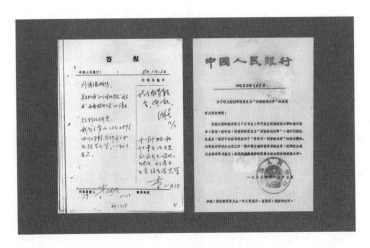

西南财经大学更名文件（图片来自西南财经大学官网）

在经济学、统计学、财政学、审计学、会计学等学科领域熠熠生辉，为学校的发展建立了坚实的基础。

"一五"规划时期，经济建设全面铺开，工业建设的人才缺口增大，为满足西南地区理工科人才需求，四川财经学院于1956年新增机械系、化工系和土木系，增设机械制造工艺、糖品物工学、工业与民用建筑3个工科专业。1957年下半年工科停办，师生调入重庆大学、成都工学院、华南工学院。1959年，经四川省委决定，四川财经学院改造为培养尖端科技人才的大学，由四川财经学院开办四川科学技术学院，有条件后再分开办学，四川科学技术学院设有机械化学、土木等5个系，共8个理工科专业。1961年，四川省委决定合并四川财经学院和四川科学技术学院，成立成都大学，设立计划经济系、物理系、化学系、数学系和政治经济学系，1964年，理科专业划归四川师范学院（今四川师范大学），保留财经专业。

学校随着国情社情的变化，不断调整学科和专业发展设置，但始终坚守"财经"之路，不断壮大"财经"能量。1957年，学校创办《财经科学》杂志，随后又成立经济研究所，组织力量集中编写"中国社会主义经济学丛书"，较为系统、全面地对中国社会主义建设实际、成就和经验进行研究。20世纪60年代初，教师编写了近30种教材，在没有全国统编教材的情况下，基本满足了教学需求。

● **再续荣光**

1978 年 4 月，财经政法类院校逐步恢复办学，国务院决定"在原成都大学保留的职工和部分校舍的基础上"恢复"四川财经学院"，开设财政金融、工业经济、政治经济、会计、统计 5 系 6 专业，复校当年招生 356 人。

同年，中国人民银行与四川省就接办四川财经学院事宜进行商议。1979 年，经教育部批准，四川财经学院以中国人民银行领导为主，并受四川省双重领导。次年 1 月，四川财经学院成为中国人民银行直属院校，由中国人民银行负责学院规划、专业设置、基础建设等，至此，学校确立了以金融学科为重点，为国家金融事业发展做贡献的理念，金融学、经济学、工商管理学的学科实力不断提升。

随着教学条件的改善和师资力量的提升，学校再次基于社会现实需要，担起了培养行业专业人才、研究社会现实问题的责任。1982 年起，学校积极发展成人教育，承担金融、保险等脱产干部专修科、自学考试经济类专业等教学培训工作，为金融、财政、商贸等行业培养各层次人才 2 万余人。面对改革开放的新形势、新要求，学校明确指出科研必须面向改革开放前沿、研究解决实践

1978 级师生合影（图片来自西南财经大学官网）

中提出的系列重要问题。短短几年内，学校先后成立全国首家人口理论研究室、创刊《财经译丛》、复刊《四川财经学院学报》、重建经济研究所、成立人口研究所。在实践探索中，刘诗白、袁文平等率先提出了"社会主义市场经济"的概念，王叔云、郑景骥、张思文等密切关注农村联产承包责任制进展并建立系统理论，刘洪康、吴忠观等提出了用以指导中国人口问题研究的马克思"两种再生产"理论。学校教师在经济改革和发展中不断取得成果，还得到了四川省委领导的高度肯定，明确提出"繁荣财经科学，振兴四川经济"。

为更好地服务国家金融和经济社会发展，适应高等教育体制改革，1985 年 11 月，经中国人民银行同意，国家教委批准，四川财经学院更名为西南财经大学，明确列为中国人民银行重点发展院校，着力向培养金融和各类经济管理人才为主的全国重点大学迈进。

"211 工程"的启动，令中国高等教育进入快速发展阶段。西南财经大学以跻身"211 工程"为契机，凝练学科方向，建设重点学科，扩展办学空间，提升育人质量。在中国人民银行全力支持下，1993 年，学校作为文科类院校，率先通过国家"211 工程"预审。1997 年，中国人民银行和国家教委批准学校"211 工程"立项，并联合向国家发展计划委员会发函。1998 年，国家发展计划委员会正式批复同意将西南财经大学列入"211 工程"重点建设大学之一。经过"211 工程"第一阶段的建设，学校形成了金融学科为重点、理论经济学为基础、管理学科为支撑的多学科协调发展办学格局，成为培养金融及各类经济管理人才的重点财经大学，总体水平位居全国同类院校前列。

进入 21 世纪，在国家高等教育体制改革中，2000 年 2 月，学校以独立建制划转教育部管理。在"211 工程"建设的坚实基础上，学校提出质量提升、内涵式发展的思路，学科实力和特色进一步增强。经过十年的磨炼，2010 年成为国家教育体制改革试点高校，并于次年成为国家"985 工程"优势学科创新平台建设高校。在重点建设金融学、政治经济学、会计学、统计学等学科的同时，学校深入开展与金融部门的合作，牵头组建"中国金融发展与金融安全协同中心"，组建"金融研究院""经济与管理研究院"等研究平台，将学科发展与服务金融事业、服务地方经济有机融合，为金融系统输送大量高质量人才，被媒体誉为"中国金融人才库"。

【彬彬济济】

"经世济民，共担当，孜孜以求，兴国邦"是西南财经大学校歌里的一句歌词，更是西南财经大学历届师生的追求和做法，为了繁荣财经、振兴经济，一代代财经人不懈努力着。

● 谢霖

谢霖二十岁时东渡日本留学，是明治大学的第一位中国留学生。留学期间，他撰写了《银行会计学》，对西方会计科学进行了系统介绍，成为国内会计界探求新知的重要读本。回国后，因才华过人，深受当局重视，先后派任大清户部银行（即中国银行前身）总司账、交通银行总会计、四川总督署文案委员、四川劝业道商务科长等职，其间，他举办商务传习所，讲授复式会计，为我国培养了第一批新式会计人才。

第一次世界大战时期，战时各方需求激增，为中国的企业提供了难得的发展机会。商行的组建、资本的筹集、经济纠纷的解决迫切需要专业、独立、公正的公共会计师参与，但因为中国缺少专业人才，案件往往由在中国开业的外国公共会计师承担，尤其在涉外案件中，中方利益屡屡受损。为维护中国主权和民族权益，谢霖 1918 年上书农商、财政两部，建议设立"中国会计师制度"，得到认可后起草了《会计师暂行章程》，并获得了第一号会计师证书。为了推行会计师制度，谢霖分别在北京、天津成立"正则会计师事务所"，面向社会公众，执行公共会计师业务，这也是中国人办理公共会计师业务的第一个会计师事务所。随着业务的开展，正则会计师事务所的分支机构遍及北京、天津、上海、南京、重庆、成都等二十多个大中城市，成为当时中国四大会计师事务所之一。在大力发展中国注册会计师事业的同时，谢霖热心教育，先后在北京大学、上海商学院、复旦大学等讲授新会计。

谢霖（1885—1969年），光华大学成都分部筹办人、中国会计师制度创立者

1938年成都正则会计补习学校会计早班毕业师生合影（图片来自西南财经大学官网）

1937年11月，为保存学校办学力量，上海光华大学拟设立成都分部，时任光华大学商学院院长的谢霖因在成都，被聘为副校长，承担光华大学成都分部的筹备工作。谢霖尽职尽责，八方奔走，四处争取办学需要的土地、经费、师资等资源。经他游说，四川省政府主席刘湘从省库中拨给迁建费5万元，自流井向富、荣两盐场井商以及康宝志等一共捐款7万元，孔祥熙、教育部陆续捐赠、拨给10万元，学校也从租用的王家坝前卫街4个大院临时校舍搬迁至草堂以西黎家碾处，新校园教室、图书馆、实验室、办公厅、体育场、食堂、宿舍、浴室一应俱全，此地也因学校的入驻改名为光华村。

在光华大学成都分部和成华大学任教期间，谢霖主张学以致用，提出"私立学校，为社会上之公益事业，吾国实业不振，以致社会事业，鲜有力量维持……以故私立学校毕业之人，耳濡目染，多以社会事业为主"，因此光华大学成都分部所开院系课程，都以适用当地、当时需要为主。他要求学生不但要学理论，还要有操作能力，因此在讲授公司法、票据法、海商法等课程时，他引用大量的案例，教会学生运用条文对具体问题进行分析处理，极富实务和启发功能。对商科学生，谢霖有一条"饿死不贪污"的要求。1942年夏，会计专业四年制学生即将毕业，同学们纷纷准备了笔记本用作毕业留念册，前边几页留给领导、老师题词，后面的则请同学朋友赠言，而谢霖的题词总会结合每位学生的实际，绝不千篇一律、敷衍了事。在给一位同学的题词中，他郑重写下"拼命实现任务，饿死不贪污"，对于这11个字，他解释道："前一句话是指你毕业后参加工作要发挥自己的才干，为社会做出自己应有的贡献。后一句话意思是一个会计系的毕业生出去搞经济工作，必须具有一定的品德，不该自己应得的钱，千万拿不得。整个题词是勉励你，希望你能身体力行。"

除了大学教育之外，谢霖同样看重商科财经的职业培训。1939 年 3 月，他在查看学生宿舍时，发现有 60 个床位还空着，他当即找来教务长和注册主任商量举办三年制会计专修班的事宜。他认为，社会上还有许多高中、职高毕业生因交不起学费未能入学，这些空床位正好可以增收一个三年制的会计专修班。这些同学只要能通过考试，提供单位开具的经济困难证明，就可入学，他们每月只需缴纳基本伙食费，参加会计系已经开设的必修课和选修课（不增加额外课时费），经过 3 年的封闭式学习，专业能力将大幅提升。这种既不增加学校开支，又解决穷困学生实际困难的会计专修班一共办了十年，为社会培育了 560 名专科人才。

谢霖励精治学，孜孜育人，培养了一批批"以社会事业为己任"的财经专业人才。他推出了第一部"注册会计师章程"，开办了第一家"会计师事务所"，成为第一位"中国注册会计师"，是中国会计学发展史上一位重要的人物。

Chengdu 100 Year School

● **杨佑之**

杨佑之原名杨德宽，湖南长沙人，生于江苏南京。1936 年应邀入川，先后执教于四川大学、铭贤学院、光华大学成都分部、成华大学、华西协合大学、成都会计专科学校、四川财经学院，是中国近现代著名会计学家、审计学家、教育家、社会活动家。

1893 年，杨佑之出生于江苏南京一个破落的封建官僚家庭，上中学时，曾因无力缴纳学费而被勒令退学。生活的困境没能让他屈服，经过不懈努力，他自学考入北京大学商科，师从中国经济学泰斗马寅初。1919 年，杨佑之从北京大学毕业，历任北京大学、保定河北大学、北平朝阳学院、天津河北省立法商学院、北平大学商学院教授。1936 年，他应四川大学时任校长任鸿隽之聘到成都讲学，成为四川近现代教育史上第一个讲授高等会计学和高等统计学的教授，并相继担任成都会计专科学校校长、华西大学经济系主任和成华大学会计系主任。

杨佑之（1893—1971 年），部聘教授会计学唯一代表

1941年国民政府颁布《部聘教授法》，推行部聘教授制度：凡在大学任教10年以上，声誉卓著，对所在学科具有特殊贡献者，经教育部学术审议会三分之二以上成员通过，即可成为部聘教授。当时教育界将部聘教授视作最高荣誉，称之为"教授中之教授"。1941年、1942年，部聘教授先后公布两批名单，共计45人入选。杨佑之作为会计学界的唯一代表，同武汉大学周鲠生、重庆大学何鲁、浙江大学苏步青、西南联大吴有训、中央大学李四光、中山大学何杰、交通大学茅以升、中央大学徐悲鸿等共获殊荣。

杨佑之一生勤勉，刻苦钻研，长期讲授初等会计、会计学、高等会计、会计专题、成本会计、统计会计学、经济学原理、国际公法和国际商法等众多课程，相继撰写了《高等会计》《成本会计》《会计报告分析》等教材、专著，从教半个多世纪，为国家培养了诸多品学兼优、德才兼备的高级经济管理人才。

● **汤象龙**

汤象龙，字豫章，出生于湖南省湘潭县，清华大学首届文科生，师从梁启超。自20世纪30年代开始研究中国经济史，成为中国经济史学的主要奠基人和领军者。

1925年，年仅的16岁汤象龙考入清华大学，选定国学院梁启超为导师。梁启超倡导的"史家第一道德，莫过于真实""今后之历史，殆将以大多数之劳动者或全民为主体"的史学观和史料收集方法，对年轻的汤象龙后来开展中国经济史学研究有深远的影响。1929年，汤象龙留校攻读研究生，专攻中国近代经济史，他选定"鸦片战争的经济背景"作为研究课题，通过大量史料，完成《道光时期的银贵问题》的论文，这是第一次从经济学角度研究鸦片战争的爆发原因，是当时学术上的一大创见。

汤象龙（1909—1998年）

1930年自清华大学毕业后，汤象龙进入北平社会调查所继续从事中国近代经济史研究。1932年，他担任中国近代经济史研究组组长，与陶孟和一同创办了中国第一份经济史专业的学术刊物《中国近代经济史研究集刊》。1934 年，他与吴晗共同创建史学研究会，史学会在天津《益世报》和南京《中央日报》创办史学副刊，直到抗日战争南京失陷，共出刊 100 多期。1936 年，汤象龙将《中国近代经济史研究集刊》改由史学会的会员负责编辑，史学研究会每月集会一次，探讨学问，砥砺切磋，研究"集刊"出版事宜，以此为交流平台，培养锻炼了一大批中国经济史学研究工作者，他们后来成了经济史研究和历史学研究的骨干力量。

汤象龙认为，研究经济史不能急功近利，经济史的范围太广，当时研究的重要任务是收集资料，是一种开拓的工作。在研究海关税收这一课题时，他组织大批人员抄录故宫文献馆收藏的清政府档案，收集了宝贵的第一手财政经济史资料不下 12 万件，后来形成的专著《中国近代海关税收和分配统计》，所用档案多达 6000 件，也不过是其所收集档案资料总数的二十分之一。

受到梁启超用统计方法研究历史这一思想的影响，汤象龙十分重视统计方法的应用，是我国史学界运用统计方法整理史料的创始人之一。面对浩如烟海的清政府档案，他训练了一批兼具历史知识、统计技术的人员，将抄录档案中定期、系统计量的数据制成统计资料，为研究工作奠定了坚实的基础。在整理清政府档案的过程中，汤象龙发现清政府在财政经济方面有一套较完整的会计制度，全国各种税收和财政支出每年都有格式统一的册本，记录田赋、漕粮征运、关税收支等，从康熙朝后期起，各省州府每年每月都有大米、小米、大麦、黑豆、黄豆等每石价格的定期报表。在抄录这些史料时，汤象龙要求工作人员尽量采用统计表格的形式，涵盖了四柱清册中的主要内容，即旧管、新收、开除、实在四大项，少数临时发生无法填入表中的项目，则以附注的办法摘录。这种方式，不仅大大减轻了抄录工作量，更令各项财政经济项目内容一目了然，大大方便了后期研究工作的开展。北平社会调查所于 1934 年并入"中央研究院"社会科学研究所，研究所秉持正确的研究路线和严谨的研究规范，成为中国社会科学研究院经济研究所的前身，其正确的研究路线和严谨的研究规范也一直沿用至今。

新中国成立后，汤象龙随第二野战军进入四川，任西南财经委员会计划局研究室主任、统计处处长等职。1953 年至 1966 年，汤象龙在四川财经学院负责教学、科研、行政工作，任教务长、科研处处长以及经济研究所所长等职，1957 年光荣地加入了中国共产党。1960 年至 1965 年，他负责四川省省志编辑委员会财政、金融和贸易三个分志的编辑工作，组织研究人员收集了四川省近代财政经济史资料约 4 万件，为重新编写四川省财政志、金融志等打下了坚实的基础。

● 彭迪先

彭迪先原名彭伟烈，四川眉山县人。马克思主义经济学家、教育家，社会活动家，1951年任成华大学校长，1952年受命筹建四川财经学院，曾任四川省人民政府副省长。

1908年，彭迪先出生于四川眉山县城，6岁入学，先后就读于私塾和公立眉山小学。13岁时，前往成都高等师范学校附中求学，深受校长吴玉章、国文教师张秀熟及"五四"后时代思潮的影响。18岁时，彭迪先抱着"读书救国"的愿望负笈东渡日本留学，在东京庆应大学预科学习，1932年春，考入九州帝国大学经济系本科。1935年毕业后，因成绩优异，留任助教，后攻读本校研究生，主攻马克思主义经济学。留学期间，他先是通过阅读河上肇等所写的小册子，开始了解马克思主义，为了扩大马克思主义经济科学的传播，他把波多野鼎教授所著的《现代经济学论》一书译成中文出版，还在国内刊物上发表了多篇关于马克思主义的学术性论文。

1938年4月彭迪先回国，旋即投入学界抗日运动，为成都《新新新闻》日报和每旬增刊等撰写时评《世界政局危机中的日本经济动向》《日本军部与日本法西斯运动》《日苏关系的剖析——日苏战争的预测》等。同年7月，他撰写了《战时的日本经济》一书，通过大量实证分析提出了"我国如仍继续抗战，坚持抗战到底的长期抗战政策，则日本战时经济危机的爆发，必将越加接近迫切，终要使日本帝国主义者的军事冒险，遭受致命的打击"的观点，无疑坚定了政府和群众抗战必胜的信念。

1940年秋，武汉大学（抗战时期由武汉内迁四川乐山）聘请彭迪先担任经济系教授，先后主讲外国经济史、经济思想史等课。在武大五年时间（1940—1945年），他不但扩大了大学讲坛上马克思主义经济科学的阵地，更启发、引导了若干学生走上革命道路。抗战结束后，因不愿

彭迪先（1908—1991年），四川财经学院首任院长

随武汉大学返迁，彭迪先于 1945 年 9 月转任四川大学经济系教授、系主任。他在川大工作时期，先后聘请刘诗白、高成庄、何高著、罗经先等青年教师担任助教。新中国成立后这批青年经济学者随其创建四川财经学院，更成为后来的西南财经大学的元老。

彭迪先受命筹建四川财经学院，克服各种困难，经过两次院系调整，1953 年四川财经学院汇聚了包括私立成华大学、成都会计专科学校、华西大学经济学系、重庆大学银行保险系、贵州大学企业管理系等十七所院校及财经系科，成为西南地区唯一的综合性高等财经学院。彭迪先成为四川财经学院首任院长。

彭迪先十分重视培养财经人才和发展财经教育，先后发表《提高经济科学水平，迎接八十年代》《按教育规律办事，使学生"三育"并进》《要重视高等财经教育》等文章，呼吁扶持财经教育，提高经济学研究水平和财经教学质量，培养更多符合国家发展需要的人才。

● **周有光**

周有光原名周耀平，江苏常州人，毕业于光华大学，经济学家、著名语言学家，被称为"汉语拼音之父"。

周有光 1906 年 1 月 13 日出生于江苏常州的一个士绅之家。后来，家道中落，周有光凭借优异的成绩考上了当时极难考的圣约翰大学，学费是借伯母两箱陪嫁典当后，才凑足的。当年，就读圣约翰大学的多为达官显贵的富家子弟，像他这样的贫困学生并不多，周有光一边上学一边给工部局翻译文稿，寒暑假还打工，才能挣够学费。

周有光就读常州高级中学时，学校提倡国语，可是老师教书都是用方言。当时提倡白话文，可上课学的仍是古文，写文章也要求写古文，儿女给父母写信如果用白话文，则被认为是大不敬。不过，有一位老师经常宣传白话文，这对周有光接触新的事物有很大的帮助。周有光在圣约翰大学主修的是经济学，因为对语言学感兴趣，看了很多字母学、语言学方面的书，还旁听过语言学课程，这或许就是他后期从事语言学研究的基础。

周有光曾赴日留学，1935 年返回上海，任教于光华大学。抗战期间，他辗转内迁至四川，先在新华银行任职，后调入国民政府经济部农本局任重庆办事处副主任，主管四川省合作金库。1946 年，周有光被新华银行派往欧

周有光（1906—2017年），汉语拼音方案主要制订者

洲工作，1949年5月回国后，在复旦大学、上海财经学院讲授经济学课程。

新中国成立后，为了普及教育，降低文盲率，汉语拼音的制定工作被提上日程。1955年，还在复旦大学经济研究所任教的周有光受到中国文字改革委员会的邀请，担任汉语拼音方案委员会的委员，参加制订汉语拼音方案。他由此开始从事语言文字研究，任中国文字改革委员会和国家语言文字工作委员会研究员、第一研究室主任，兼任中国社会科学院研究生院教授，主持制订了《汉语拼音正词法基本规则》，被尊称为"汉语拼音之父"。对从经济学教授改行从事语言文字学研究，周有光戏称自己"前者是半途而废，后者是半路出家，两个'半'字合在一起，就是个圆圈，一个'零'字"。

汉语是唯一有声调的语言，标注工作尤为复杂。早在清末，就兴起过一场"切音字运动"，这大致可以算作汉语拼音方案的初尝试。1918年，北洋政府公布了一套注音字母，发布时共计39个字母，多以古文或象形文字的片段修改而成，有5种声调，但未被国际社会认可。1928年，南京国民政府公布了一套罗马字母拼音，采用26个现成的拉丁字母，以北京音为基础音，尽量兼顾了国际拼写习惯，但因规则复杂，仍推行不开。在汉语拼音的制订过程中，工作人员对采取何种注音方式、采用什么字母展开了大量考察工作，不仅参考了多个国家的字母使用情况，还要兼顾汉语的特点和国际社会的习惯，最终选定26个字母。对于只有中国才面临声调问题，二声、三声和四声是原有的字母符号，一声借用了数学中的减号，使得注音方式大为简化。制订过程中，周有光提出普及普通话的两项标准，即全国汉族学校以普通话为校园语言和全国公共活动以普通话为交际媒介，并提出汉语拼音方案拉丁化、音素化、口语化三原则。

1958年，全国人民代表大会通过了汉语拼音方案决议，同年，汉语拼音成为全国小学的必修课。汉语拼音从制订到在国内推行用了3年的时间，但被国际标准化组织认定汉语拼音方案为拼写汉语的国际标准，经历了更长时间，直到1974年，国际标准化组织在华沙召开文献技术会议，周有光在会上代表中华人民共和国发言，提议采用汉语拼音方案作为拼写汉语的国际标准。之后又经过 8 年时间，国际标准化组织通过国际投票，在 1982 年认定汉语拼音方案为拼写汉语的国际标准。经半个多世纪的努力，汉语拼音方案的制订工作才算圆满完成。

● **刘诗白**

刘诗白，重庆万州人，中国当代著名理论经济学家，国家恢复学位制后首批博士生导师，荣膺"影响四川·改革开放 30 周年十大最具标志性风云人物"称号，入选"建国 60 周年四川省杰出贡献经济学家""2011 成都全球影响力人物"，2017 年 9 月，获第六届吴玉章人文社会科学终身成就奖。

刘诗白出生于知识分子家庭，父亲博览群书，热衷于哲学、文史研究，母亲擅长诗词歌赋，与著名女词人沈祖芬是好友，受到家庭氛围的熏陶，他从小就热爱文学和社会科学。抗日战争初期，刘诗白随家人从上海逃亡到重庆，一路上目睹侵略者的野蛮暴行，萌生出了"救国兴邦"的念头。在重庆读中学时，刘诗白如饥似渴地阅读各种书籍，接受了大量革命思想和观点，他常常将自己的爱国热情付诸笔端，在报纸上公开发表诗歌。后来，他认识到，中国人想要摆脱受压迫的命运，必须先改变中国贫穷的现状，学经济是最好的报国方式。1942 年，刘诗白考入武汉大学经济系，身边的老师、同学思考的都是关乎民族解放和国家兴亡的问题，在这样的环境中，他开始探索如何成为一个"经世济民"的经济学家。

1946 年毕业后，刘诗白入职四川大学经济系，开始从事经济理论研究。次年，他翻译了英国马克思主义经济学家多布（M. Dobb）所著的《资本主义发展之研究》一书，多布曾亲自为之作序。1951 年刘诗白随彭迪先由四川大学调入成华大学，讲授政治经济学、外国经济史、当代资产阶级经济学说等课程，开始了对社会主义经济体制的研究。1977 年，他被借调

刘诗白（1925 年—），新中国政治经济学引领者

首届刘诗白经济学奖颁奖典礼（图片来自西南财经大学档案馆）

到中国社会科学院经济研究所工作，参与编写中国第一部《政治经济学辞典》，后来还陆续参加了《中国大百科全书》经济学卷、《〈资本论〉辞典》的编写工作。

刘诗白一直坚持在社会主义经济体制领域进行探索和研究。在 1981 年成都召开的首次全国所有制理论讨论会上，他提出了社会主义社会所有制结构的多元性、所有制形式的多样性、公有制具体形式的多层次性的"三性"观点，为我国所有制形式发展提供了理论参考。他认为搞活国有企业要从国有经济整体着眼，要推进国有资产的流动重组和国有企业的战略性重组，在 1985 年提出建立货币委员会的建议，后来又提出"缓解市场疲软十策"等提案，开始了金融体制改革的实践研究。他结合新的实际，提出政治经济学要拓宽研究范围，除研究生产关系，还要研究生产力、经济运行机制和精神生产；探讨人民财富的最大增值、合理分配、优化使用，深化了对社会主义劳动和劳动价值理论的研究。

刘诗白不囿于过往成就，至今仍在经济学领域继续开拓创新，以解决改革创新中出现的经济问题。他认为，中国走的"精准扶贫、脱贫攻坚"道路是全世界的典范，中国已经富起来，有条件在文化上繁荣起来，成为文化大国，但这需要构建中国理论、中国话语，由此勉励更多财经人，担负起创建中国特色的哲学社会科学体系的伟大重任。

刘诗白在社会主义社会所有制理论、市场经济理论、产权理论、体制转型论、国有企业市场化改革、金融体制改革及现代财富理论等诸多领域提出了有影响的、独创性的见解，被视为研究中国社会主义市场经济理论的先驱。

● 赵国良

赵国良，湖北武汉人，从四川财经学院毕业后留校任教，长期从事经济体制改革研究，四川省首届创新人才奖获得者。

1955 年，赵国良开始了在光华村的生活，就读于当时的四川财经学院工业经济学系。四年的求学生涯，让赵国良被学校老师们各具特色的教学风格所深深感染，也培养了他对知识的尊重，对学术的执着治学态度，毕业后，赵国良选择了留校任教，在三尺讲台执教半个多世纪，可谓桃李满天下，他还积极参与国家多项改革实践项目，成为一名"改革斗士"。

赵国良十分关注中国经济体制改革。改革开放初期，社会各界对改革、国有企业改革的观点不尽相同，赵国良凭借深厚的理论功底撰写了《论政治与经济是对立的统一》和《论社会主义国家与国营企业关系的二重性》，提出的新理论在学术界引发了争议和积极讨论。随着改革的推进，取得的成效也验证了他的观点具有理论价值和前瞻意义，从而获得了学术界的认可，被收入中国社会科学出版社 1986 年出版的《建国以来经济学主要学术观点》一书。

赵国良一直在改革与发展的理论和实践前沿探索。他相继参与了中国城市综合改革试点等全国性重大课题调研，四川省许多重大决策性课题调研和讨论，参与指导了许多企业的具体改革进程。由他执笔起草的四川省委省政府指导建立现代企业制度的文件（四川省委发〔1992〕23 号，简称《33 条》）取得了很好的实效。

1997 年，由赵国良主持研究国家级重点课题，出版的专著《现代企业制度论》获中宣部"五个一工程"作

赵国良（1936—2022 年），现代企业制度专家

品奖，并被选为送中央政治局领导同志阅读的全国十本优秀社会科学著作之一。同年，他荣获国家级优秀教学成果奖，这一奖项的背后是他"三个一百"的辛勤付出：深入到 100 余个企业调研，为党政机关、企事业单位作 100 余场有关改革的报告，在《中国社会科学》《经济研究》《改革》等报刊发表有关改革的论文 100 余篇。

2001 年 3 月，四川省委、省政府在宜宾市召开四川省知识分子暨市县党政一把手第一生产力经验交流会，会上颁发了四川省首届创新人才奖，在获此殊荣的 7 位专家学者中，赵国良是唯一的经济学家。

"以书传家，以学报国"是赵国良恪守的家规。遵循这条家规，赵国良教授一家三代出了 3 个博导、4 个教授、6 个大学教师，他们就职于成都的 3 所大学，为改革开放和经济发展做出了贡献。

● **菲利普·迪布维格**

2022 年度诺贝尔经济学奖获奖名单揭晓，根据诺贝尔奖官网的介绍，三位诺贝尔经济学奖得主的发现改善了社会应对金融危机的方式，增进了我们对银行在经济中作用的理解，帮助我们了解银行在金融危机期间发挥的作用。获奖者之一的美国圣路易华盛顿大学教授菲利普·迪布维格引起了大家对西南财经大学的关注。

菲利普·迪布维格出生于 1955 年，获得耶鲁大学经济学博士学位，先后在美国普林斯顿大学、耶鲁大学、华盛顿大学（圣路易斯）工作，曾任美国西部金融学会《The Review of Financial Studies》杂志编辑等学术职务。他长期从事金融教学与研究，在银行理论、资产定价、利率理论、公司治理、中央银行货币政策等方面取得了卓越的成就，一些研究成果被认为"奠定了现代金融学的基础"，是妥妥的经济学界"大牛"。

2010 年，菲利普·迪布维格曾受聘兼任西南财经大学金融研究院院长，直到 2021 年才卸任。在财大工作期间，他讲授

菲利普·迪布维格，2022 年度诺贝尔经济学奖获得者、2010—2021 年兼任西南财经大学金融研究院院长

金融学课程、举办学术讲座、指导青年教师和博士研究生，开发了多种理论模型，用于解释银行存在的原因、它们在社会中的角色如何使它们易受"银行倒闭谣言"的影响，以及社会该怎么减轻这种脆弱性，对中国的经济环境非常适用。在财大的十年，他相继获教育部长江学者讲座教授、中国政府友谊奖和成都市政府友谊奖等荣誉称号。

聘任菲利普·迪布维格只是西南财经大学深入实施深度开放战略，高层次、宽领域、多渠道加强国际交流与合作的一个缩影。1985 年，时任校长的刘诗白带队前往美国，并先后走访了马瑞塔大学、嵌普尔大学、哥伦比亚大学。随着学校迈入"211 工程"序列，为实现"国内一流、国际知名"的发展目标，成立了专门的外事处（今国际交流与合作处），国际交流与合作的层次规模不断提升。学校还常年广邀来自世界各地高等学府、国际组织、跨国企业的代表来访、讲学，其中不乏罗伯特·A. 蒙代尔（Robert A.Mundell）、罗伯特·恩格尔（Robert F.Engle）、莱因哈德·施尔顿（Reinhatd Selten）、詹姆斯·莫利斯（James Mirrlees）、奥利弗·威廉姆森（Oliver Williamson）等诺贝尔经济学奖得主。

【同向而生】

学校的成长和地方发展是同心同向的共生、共享、共赢。战争年代，成都为其治学办校提供便利条件的同时，这所学校也以大学之能力庇护一方子弟；和平年代，成都为其大学建设、升级保驾护航的同时，这所学校也以所学、所专反哺城市。在城市和大学的同向而生中，"光华"早已经和芙蓉城血脉相融。

● **爱心学校**

在战争和灾害面前，个人的力量总是渺小的，但面对危难，能够挺身而出、众志成城、不畏艰险，能够以"爱心学校"护更多人的周全，是西南财经大学以大爱情怀对大学社会责任和担当的有力诠释。

战争年代，为延续教学，1937 年，光华大学教职员工体念时艰，自愿减低待遇以维持教育；20 世纪 40 年代末，成华大学校董会筹资困难，学校经费仅能维持几个月运转，全校教职工宁可少领工资，仍然坚持办学校。这样铸就了学校"心系社稷、经世济民"的大爱情怀，并融进了学校发展血脉。

抗战期间，中国妇女慰劳自卫抗日战士总会为保护各地儿童附设战时儿童保育会，并派人员分赴战区，将救助的儿童运至后方集中教养。1938年春，保育会几次与光华大学成都分部洽谈，希望学校能够接收一部分难童。即便当时学校也举步维艰，仍然同意接收200名难童进入初中部学习，他们换上了统一的童子军服装，被称为保育生，谢霖的夫人张慧卿女士担任保育生管理员并照料他们的生活。这些保育生前后在光华大学成都分部学习生活了六年，直至高中毕业。随后有的考入军事学校，有的参加青年军前往印度、缅甸参战，有的考取空军赴美国学习飞行，分门别类，皆能务求上进，为抗日救国出力，这也是光华大学成都分部的光荣史绩。

除了战区难童，光华大学成都分部还接收了光华大学由上海避难入川的学生和流亡到成都的各大专院校肄业生。对于因经济困难、生活无法维持的学生，学校先给予补助，再通过向教育部申请贷款、安排为工读生、协助学生课余在外工作等方式帮助学生，共渡难关。为了使学生们安心学习，凡携带有年幼弟妹来蓉者，都可入学校的附属中学或附属小学就读。

2008年，"5·12"汶川特大地震发生后，学校迅速成立抗震救灾指挥部，全面启动突发公共事件应急预案，紧急部署抗震救灾工作，全力做好在校师生的紧急疏散、后勤供应、情绪安抚等工作。同时，学校邀请权威部门对建筑物进行了全面核查，并对墙体裂纹、吊顶和瓷砖脱落等问题及时抢修维护，最大可能排除安全隐患。对于家在灾区的教职工和学生，学校针对性开展心理辅导，积极开展捐赠活动，筹集发放困难补助和慰问金，帮助他们渡过难关。震后第三天，西南财经大学便恢复行课，全校教学秩序井然。

地震发生的当晚西南财经大学便开放校园，为市民提供避险场所；5月13日一早为地处都江堰的成都东软信息技术学院师生送去了紧缺的食品和物资，这是该地区收到的第一批救灾物资；为东方汽轮厂募捐了衣物被褥、食品和饮用水、消毒包扎用品和药品等。

学校师生的学习、工作、生活在有序恢复，但灾区孩子们还需要救助。5月15日，学校向省教育厅主动请缨，呈报建立灾区爱心学校方案，得到批复后，学校便着手接纳灾区师生到校。5月17日起接收震区的中小学师生，从第一天来自映秀小学的师生4人，到随后不间断的2周时间里，财大校园里接纳了来自漩口中学、银杏小学、平武中学等灾区师生1226人。

　　为了保障灾区转运师生的生活和学习，学校研究生连夜搬迁，仅一天就腾出了条件最好的宿舍；内衣、毛巾、牙刷、床单、枕头、衣架……日常生活用品一应俱全。当时，光华校区对外开放，附近居民都将帐篷搭进学校操场、草坪。为保障饮食安全，学校将第四食堂作为灾区爱心学校师生专用食堂，制定了营养菜谱，一周内不重复，备战的高三学生们晚上还有丰盛的夜宵。为了丰富课余生活，爱心学校还为灾区学生开设了音乐舞蹈、影视欣赏、旅游见闻等文化素质选修课，逢重大节日学校还为灾区师生安排形式多样的活动。"最难忘的是学校给我们过的'六一'儿童节，我记下了会场里悬挂的'爱心拳拳，诠释大学之道；真情点点，点亮学子希望'这条横幅，也记下了演出最后，大家齐喊'中国加油，四川加油'的情景。"平武中学高三学生刘多波在场外接受央视采访时道出了自己的心声。

　　灾难留给经历者的除了身体的伤痛，更有心理的创伤。对此，爱心学校里设立了爱心热线、爱心阅览室、爱心机房、爱心会客室，成立了爱心学校心理导航部，由来自组织人事部、心理健康教育中心、教职工心理健康与人力资源开发中心的老师和经过专门培训的志愿者组成心理咨询师团队，编制了《西南财经大学灾区爱心学校心理辅导方案》。自5月17日下午第一批灾区师生到校起，学校就组织了心理辅导老师和专业人士，他们与灾区师生

爱心学校开学典礼（图片来自西南财经大学官网）

交流，开展情绪疏导，对不同心理创伤程度的人员分类辅导，竭尽所能重建灾区孩子对未来的信心和积极的态度。

当时，西南财经大学天府学院地处重灾区绵阳，全力协助绵阳市政府紧急接收安置了800余名来自北川的受灾群众。对此情况，学校从成都运送了垫褥、被子、药品、面包、饮用水等5车救灾物资，派去了数十名医生、数百名志愿者参与救治工作。面对安置人群中的中小学生，天府学院因地制宜地开设了体育、美术等课程，留校的外籍教师通过做游戏、画画、扔网球、唱歌、朗诵诗歌等形式帮助他们学习英语，志愿者们悉心地为他们提供心理辅导，晚上学院还为同学们放映电影，丰富他们的文化生活。

2013年4月20日，四川省雅安市芦山县发生7.0级地震，西南财经大学随即组织青年志愿者队伍奔赴抗震救灾前线。当晚23时，学校志愿者服务队抵达芦山县志愿调度中心，立即参与到芦山中学安置点物资搬运工作中，在21日凌晨3点左右完成了当天最后一批物资的搬运与分发工作。在芦山县中学安置点，学校的志愿者们承担了物资分发、中小学生活动组织、卫生清洁等工作，还建立了灾区第一所"帐篷学校"，他们结合各自特长精心设计教学方案、规划教学课程，开设了语、数、外、财经知识、心理咨询、学长辅导等课程。

地震后，四川芦山中学大部分建筑被损毁，无法满足上课需求。对此，西南财经大学主动请缨，向四川省委省政府和四川省教育厅申请成立灾区爱心学校，希望通过自己一以贯之的努力，以切实的行动向社会传递正能量，传递中国力量、中国精神。为办好芦山地震灾区爱心学校，尽力为灾区学子提供良好的学习、生活环境，西南财经大学倾情投入，精心做好迎接灾区学生来校学习和生活的各项准备工作。

灾区爱心学校设在学校银杏一舍。对用于接纳灾区师生的100多间寝室，学校进行了全面清洁打扫、设施设备检修、走廊墙面粉刷，配置了床上用品和生活物资，为灾区师生打造了良好、舒适的生活、学习环境，并且住宿、吃饭、洗浴等费用全免，让他们能安心踏实地在爱心学校备战高考。

震后第三天，芦山中学400余名高三师生抵蓉，西南财经大学校领导、工作人员、志愿者早已在银杏一舍等候。到校学生惊喜发现，宿舍里不但配有写字台、书柜、椅子、行李架，还有为他们准备的拖鞋、刷牙缸、牙膏、洗发水、香皂、洗衣皂等生活用品，并且每人领到了一盏护眼台灯、两套换洗衣服。同学们惊讶地发现开水壶里已经灌满了热水，不禁动容道"在芦山我们已经好几天没有喝到热水了。"24日，芦山中学的师生在光华楼旁体育场参加了开学典礼。和五年前"5·12"爱心学校的开学典礼一样，这场特殊的开学典礼，是向受灾的师生表达关爱和关心，是希望他们面对自然灾害与困难，仍然可以抬起头，迎着阳光、追寻梦想。典礼结束后，400 余名师生列队前往爱心学校的教室，这里是西南财经大学工商管理硕士 (MBA) 学生的教学楼，也是该校区设备条件最好的教学楼，距离他们居住的宿舍仅需步行 5 分钟，教学区域禁止校外人士进入，以免打扰学生复习备考。

历经地震，为支援重建，全校师生以捐款、捐物、缴纳"特殊党费"、组建志愿者队伍等方式，为灾区重建送去了超过 100 万元的经费和接近 10 万件的物资。西南财经大学还充分发挥学科优势，积极献计抗震救灾和灾后重建，学校成立"西南财经大学汶川灾后重建研究中心"，学校组建专家小组，启动抗震救灾和灾后重建应急课题研究，做好海外抗震救灾信息资料数据搜集工作，对灾区人口进行分类统计，从产业结构、产业布局、经济总量等不同方面做好灾后损失估算，评估地震对灾区经济影响、对投资环境的影响等，为四川省委省政府提供灾后重建的经济与产业结构调整、受灾统计分析、救灾物资物流规划、灾后银行系统金融战略规划、灾区法律咨询、灾后四川旅游业发展规划等问题的决策咨询。同时，设计完善赈灾物流配送系统、开发灾民信息查询系统，帮助灾民搜寻亲友信息。当年 62 岁的周文英是退休俄语教师，灾情发生后，成都市抗震救灾指挥部打来求助电话，一批从俄罗斯、乌克兰空运过来的救灾药品、医疗器械需要周老师帮忙翻译。她迅速收拾好行李，随即赶到指定现场，和其他专家一同，对几百种药物和医疗器械的使用说明书进行现场翻译。当时，有一种镇静药品说明现场翻译遇到困难，周老师急中生智，把说明书用电子邮件的方式分别发往她曾经访学的俄罗斯人民友谊大学、莫斯科大学、圣彼得堡财经大学、西伯利亚经济管理大学，很快就得到了帮助。

● "光华"元素

现在在成都，只要在导航中输入"光华"两个字，街道、小区、公园、交通站点、店铺……近百个地名跃然出现。"光华"在这座城市扎根、生长，成了一方标志，也在不断创造着新的记忆。

1925 年"五卅运动"发生后，553 名学生和 19 名华裔教师愤然离校，放弃当时素有"东方哈佛"之称的圣约翰大学的学籍与教职，在张寿镛、王省三等社会各界爱心人士的支持下，历时三个月建成光华大学，师生陆续返校，光华大学成功开学，新校舍落成在大西路。"光华大学"四个字高悬在

光华大学校门（图片来自西南财经大学档案馆）

三拱校门中央，成为学校标志性的建筑。

抗战爆发后，光华大学内迁成都，建成光华大学成都分部，校区所在的杜甫草堂迤西的这一片地方由此得名光华村，校园里还有一条以校为名、取日月光华之意的光华路，为纪念曾经上海光华大学的办学历史，目前西南财经大学位于光华村的校区亦被称作"光华园"。

光华园明德楼前屹立着一株挺拔的铁树，它有着一段不寻常的历史。1939年，正值抗日战争时期，为了表达对抗战胜利的渴望，校长谢霖带领师生们筹资买来了一棵双株的铁树幼苗在校园内种下。这株铁树树形奇特，为"V"型，师生们以此来象征对抗战胜利的期盼，将其命名为"光华铁树"。光华铁树从此扎根光华园中，默默地见证了光华园数十载的发展历程，也成了财大人爱国爱民、坚韧不拔、不屈不挠、勇于拼搏的特殊符号。

光华园里有一栋21层高的大楼，其造型犹如中国古代布币。这座大楼便是西南财经大学在"211工程"期间修建的教学实验综合楼，其名为光华楼，是为纪念学校发展历程而建。光华楼于1997年10月奠基，历时四年建成，建筑面积达30000平方米。光华楼的建成使用大大提升了教学、科研、办公条件，改善了学校陈旧落后的环境和面貌，也成了校园亮丽夺目的地标建筑之一。

百年学校，历经风雨。在战火中，光华大学位于上海大西路的校区被毁，师生颠沛流离，内迁成都。历经 80 多年发展，西南财经大学已经成为中国财经教育领域的佼佼者。为解决校园面积不足造成的发展困扰，经教育部和地方政府同意，2001 年，西南财经大学在成都市温江区柳林乡征地1500 余亩建设新校区，2004 年建成启用后，光华和柳林两校区总面积达到2300 余亩。将两个校区联通一体、连接成都中心城区与温江新城的东西走向的景观大道，被命名为"光华大道"。

2015 年 6 月 13 日，在西南财经大学 90 周年庆典日上，隆重举行了光华大学校门和钟楼落成仪式，原光华大学校长张寿镛孙辈、国务院参事张元方，学校老领导和时任校领导，海内外校友和师生代表 500 余人共同见证了这一庄重时刻。复建的光华门高 11.4 米、宽 21.6 米，向世人展示着学校近百年波澜壮阔的历史底蕴和新时代接续奋进的豪迈情怀。

黄浦浣花风雨长，光华柳林谱华章。历经江流潮涌的时代变迁，西南财经大学栉风沐雨、奋进超越，培育了"经世济民、孜孜以求"的大学精神，在财经领域培养了大批栋梁之材，涵养了深厚的学术底蕴，始终与国家民族共命运，与时代发展同进步。

光华大学第一次开学时全体教职员合影（图片来自西南财经大学档案馆）

天府文化　百年成都

Tianfu Culture, A Century-old Chengdu

玉汝于成 开智蜀都
——成都大学

　　2018年，在改革开放40周年的12月，教育部发文同意成都学院更名为成都大学。一时间，各大媒体纷纷发声：《今天起，请叫我"成都大学"》《恢复校名，"成都大学"正式回来了》《"成都大学"回来了》……媒体上使用的"恢复""回来"，道出了成都大学校名在历史长河中的几番沉浮，刻画出了成都大学的历史源流及与成都这座城市近百年的渊源。

【源流汇聚】

● **校名故事**

　　百年来，现代意义上的中国大学从无到有，由少及多，经历了几多发展历程，演绎出几多故事，这其中，不得不提成都大学校名的四度更换。

　　成都大学校名最早出现于20世纪20年代，其渊源可上溯至1896年创立的四川近代最早新式高等学堂的四川中西学堂。四川中西学堂其后与尊经书院、锦江书院合并组建为四川通省大学堂，并相继改名为四川省城高等学堂、四川官立高等学校，又与成立于1905年的四川通省师范学堂合并成为国

1930年国立成都大学文史学研究会成立合影，前排右二为张澜（图片来自张澜纪念馆）

立成都高等师范学校，成为当时的"全国六大高师"之一。1926年，国立成都高等师范学校一分为二，原四川官立高等学校部分组建为"国立成都大学"，其余部分组建为"国立成都师范大学"。这是成都大学校名在历史上的第一次亮相，首任校长为张澜。五年后的11月，国立成都大学与国立成都师范大学、公立四川大学合并为国立四川大学。成都大学校名第一次消失在历史风雨中。

成都大学校名第二次出现于1961年。当时，中共四川省委决定将四川科技学院和四川财经学院合并，定名为"成都大学"，校址在成都光华村。经过建设，学校校舍面积不断扩大，逐步成为一所包含经济、管理和理工科的综合性大学。但由于"文革"的影响，学校于1971年停办。到1977年高考制度恢复，原成都大学早已人才流失、机构不存，于是教育部决定在原成都大学存留的教职工和部分校舍基础上恢复办学，校名定为四川财经学院，后改名为西南财经大学，为教育部直属院校。成都大学校名第二次消失在时代云雾中。

成都大学校名第三次出现，是在1978年。1977年高考制度的恢复，在新中国高等教育史上具有划时代的意义。恢复高考，顺应了社会公众对人才的认同，重构了通过公平竞争改变个人命运的社会价值体系，推动了"尊重知识、尊重人才"这一社会主流价值观的确立,是"文革"之后中国高等教育乃至整个社会走向新秩序的开始。四川不仅是中国农村经济体制改革的发源地,也是中国教育综合改革的试验区。当时,四川省委多次要求省教委会同地方政府加大教育改革力度,不仅提出要改建和增设省属师范院校,如成立乐山师范专科学校和宜宾师范专科学校等,还提出要成、渝两市各建一所大学,招生两千人,在省财政收入中划拨一百万元作为建校资金。这些理念和举措,充分体现了当时四川省强烈的改革意识和超前的发展眼光。"成渝两市各建一所大学",由四川省当时主管文教的副省长刘海泉负责落实。为此,刘海泉多次召集成渝两市领导研究,要求贯彻邓小平关于教育发展要"两条腿走路""多种形式办学"和"早出人才、多出人才"的指示精神。正是中央对高等教育的高度重视和省委的远见卓识,有力推动了成都大学的创立。1978年12月8日,成都大学正式挂牌成立,校名的第三次亮相正值改革开放的时代巨变。

1983年,按照国家教委的统一规划和地方高校改革的战略部署,为落实四川省政府"利用外资、筹措经费,发展教育"的指示精神,成都大学获得世界银行支持职业教育的贷款,停办本科,改为专科层次的"短期职业大学",实施了二十年专科教育。在此期间,成都大学紧密结合城

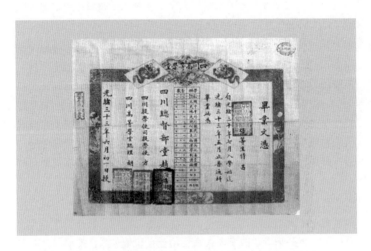

1907年的四川省城高等学堂毕业证（图片来自成都大学档案馆）

市发展需要，为社会培养了数以万计实用型建设人才。当2003年5月教育部同意成都大学恢复本科教育时，却因相关规定不能叫"大学"，只能叫做"学院"，学校恢复本科后改名为"成都学院"，成都大学校名第三次消失。但是，教育部在恢复本科批文中明确，"在原成都大学的基础上建立本科层次的成都学院，撤销原成都大学的建制，但成都大学校名保留且不被其他学校使用。然后积极创造条件，俟条件具备后，再按程序更名为成都大学"。

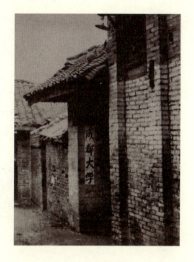

成都大学簧门街老校门（1978—1980年）（图片来自成都大学档案馆）

改为成都学院后的十五年，恢复成都大学校名就成为成大人共同的期盼。在成都市的支持下，学校通过整合优质资源，新增校园面积，优化办学条件，调整学科结构，提高办学层次，将学校建成为一所具有硕士学位授予权、学科门类齐全的综合性大学。恰逢四十年校庆之际，经教育部批准，学校名称终于恢复为"成都大学"。校名的恢复可谓是对成大学子期盼、成都人民呼声和城市发展需求的最好回应，是成都大学四十年矢志前行的最好验证。这是成都大学校名的第四次出现，也是成都大学高水平服务成都发展的办学起点。

纵观国立成都大学的创建与发展，不难看出，到1931年国立成都大学与国立成都师范大学、公立四川大学合并为国立四川大学，成都大学校名经历了第一次起落。成都大学校名在中国近现代历史上的第一次亮相，具有标志性的意义。首先，成都大学是四川近现代史上第一个名副其实的大学。在成都大学之前，除华西协合大学等外来的高等学校外，作为本土建立的四川高等学校，有叫四川中西学堂的，有叫四川省城高等学堂的，有叫四川官立高等学校的，有叫国立成都高等师范学校的，而国立成都大学，是四川第一个直接叫大学的本土现代高等学校。其次，成都大学自建立之初就是一所综合性大学，和之前的师范学堂和专门学堂不同，成都大学内设文、理、法三院和文、理预科，共12个院系，学生达1300人，其教学科研水平在全国名列前茅，是一所极有生气的综合性大学。最后，成都大学从建立之初起就是

1981年1月成都大学首届毕业生合影（图片来自成都大学档案馆）

一所新式大学。张澜校长是成都大学最突出的标志性名片，他的教育思想是成都大学最核心的治校理念。张澜先生广揽人才，崇尚民主、自由的办学理念，让学生自由发展，让学校民主办学，其兼容并包、严谨治校、开明开放的风格，是国立成都大学最珍贵的遗产。

成都大学的校名可上溯至1926年的国立成都大学，这是一个不争的事实。明确成都大学这一历史渊源，并不是说现在的成都大学与当年的国立成都大学是同一个实体，而是说二者同处一地，称谓同一，精神层面有着千丝万缕的联系，都同样浸润着巴蜀文化，同样传承着城市精神。"成都大学"这个校名，对成都大学校友乃至所有关心成都大学的市民而言，不仅熟悉亲切，而且指向明确。

● 百年演进

如今的成都大学经过多次的优质资源整合不断发展壮大。其中，1978年创建的成都大学无疑是成都大学发展的主脉和主体，而后相继并入的成都教育学院、成都幼儿师范学校、成都卫生学校、成都铁路中心医院和四川抗菌素工业研究所，则是成都大学发展的支脉和支撑，他们共同构成了今天的成都大学。

◎ **师范基因**

　　成都教育学院包括了成都主要的师范教育师资，见证了成都师范教育近百年的变迁，也深刻奠定了成都大学师范教育的基础。

　　清光绪年间举人陆慎言在 19 世纪末、20 世纪初 "废科举、兴学校" 的社会潮流中，于 1904 年捐资创办了 "淑行女塾"。 1902 年四川总督岑春煊奏准在锦江书院设成都府师范学堂，这是成都最早的师范学校。次年，政府派遣留学生赴日学习速成师范。举人陆慎言、四川总督锡良奏派翰林院编修胡峻等赴日考察学务。这一时期，西学东渐的兴起，以救国救亡、改造社会为己任的中国知识分子，开始用西方 "天赋人权" 的理论为武器，承担救亡图存的历史使命。他们意识到占人口一半的妇女是一支不可忽视的力量，应当 "非先遍开女学，以警醒之，启发之不可"。

　　陆慎言东渡归来，克服万难，力排众议，邀约几位教育界同人和陈罗徽女士，从教育女性、争取女权出发，以 "教人求真，学会做人" 为宗旨，兴办女学。 1904 年，捐资租赁江渎庙（今成都文庙西街）侧、端姓人家住宅两间，创办起成都市第一所女子学校，名为 "淑行女塾"。江渎庙是清代以前成都的名胜古迹之一，建于秦时，在成都南门外江边，面临江水，秦时和汉初，都在这里祭礼南渎大江之神。而庙旁的江渎池自宋以后，日益淤塞缩小，后人种莲其中，清初称其为上莲池。淑行女塾开办时仅有学生七人，且都是捐资办学人的亲属，其中就包括陆慎言的女儿陆宣士，后来学生有所增加，1906 年更名为 "淑行女子学堂"，次年开始招收师范生。陆慎言再度变卖家产，陈罗徽女士又捐资典押文庙后街民房作为教学用房。至此，学校初具规模并开始有固定校地，先后开办了专科师范、二部师范、普通师范和附设中学、小学、幼稚园，办学成效显著，在川中首屈一指。

　　1911 年淑行女子学堂收归官办，改名为省立女子师范学校；三年后的春天学校奉命改名为四川省立第一女子师范学校；1935 年秋，依四川省政府令改名为四川省立成都女子师范学校；1949 年年底改名为四川省立女子

民国时期的女师毕业证（图片来自成都大学档案馆）

Chengdu 100 Year School

师范幼稚师范联合学校；1953 年改为四川省成都第一师范学校；1965 年改名为四川省成都第一师范、幼儿师范学校，校址迁到龙泉驿区柏合乡，次年迁回到城内何公巷（现石室巷），1967 年又辗转搬迁到龙泉驿区的青台山、石灵乡（现十陵街道）和茵河乡境内。

自创办以来，学校以"教人求真，学会做人"为宗旨，坚持育人为本，始终与社会发展相契合，培养了一批致力教育的人才。其中不乏教育界知名人士、优秀教师，丁秀君、罗家蕙等就是其中的代表人物。

丁秀君，四川南川人，就读北京女子师范大学教育系时，成绩曾是全校第一，1940—1944 年间任四川省立成都女子师范学校校长。罗家蕙，四川富顺县人，1920 年从成都女师毕业，由陆慎言校长亲自送去北京，考入北京女子高等师范学校。就任四川省立成都女子职业学校校长时正值抗战时期，她克服种种困难，把学校疏散到崇宁，保证了教学活动的正常进行，1946 年夏任四川省立成都女子师范学校校长，解放后任成都师范学校校长，直到逝世，数十年耕耘，默默奉献了一生的才华与智慧。罗家蕙任成都女子师范学校校长和成都师范学校校长整整 35 年，如此漫长的任期，在四川教育史上都是罕见的。

在"淑行女塾"创办与发展的同时，四川优级选科师范学堂于 1906 年11 月创办，学堂只收男生；1910 年更名为川中师范学堂；四年后改名为四

成都大学校训：张澜先生的"四词诀"（图片来自成都大学档案馆）

原成都师范学校老校门（图片来自成都大学档案馆）

川省立第一师范学校，与当时的四川省立第一女子师范学校相对应；1950 年 11 月改建为川西成都师范学校；两年后的 9 月更名为四川省成都第二师范学校，1962 年学校搬迁至成化街，原校址（盐道街 5 号）交给同年秋天成立的成都市盐道街中学使用；1969 年与成都城北中学合并，改称东方红学校；1970 年，与由"淑行女塾"演变而来的四川省成都第一师范、幼儿师范学校合并，成为成都简易师范学校，校址龙泉驿区山泉乡；一年后更名为四川省成都师范学校。

在"淑行女塾"创立三年后的 1909 年，"新都速成师范学校"成立，校址在新都县城东文昌宫。1910 年，清代回族诗人、画家，甘肃兰州府狄道州（今临洮）人氏马绍融（字绳武）将速成师范校舍改办为县立模范初小学堂，形成师范与小学共存格局，1929 年又改为县立初级中学，内设师资训练班，至 1936 年，改为新都县立初级农作家事职业学校，简称职中校，内设师资训练班，1947 年，并入新建的"新都县简易师范学校"，校址迁至新都渝亭巷，以"造就国民师资"为办学宗旨，招收高小毕业生，当年即招收男女学生近百人。新都县简易师范学校第一任校长，由毕业于四川大学教育系的魏伯岐担任。魏校长带领教职工修建校舍，扩充设备，延揽名师，提高了办学水平。1950 年，新都简易师范学校与新都高级中学合并，更名"四川省新都县立师范学校"，由新都县副县长张毅兼任校长，次年更名四川省新都师范学校。"文革"时期，学校一度停办，教师分散到各公社中学任教，直到1975年，新都师范学校才得以恢复。

2001年，成都师范学校、新都师范学校并入成立于1956年的成都教育学院，组建成新的成都教育学院。至此，成都主要的师范力量汇聚于此，办学规模迅速扩大，成为集普通专科教育，成人本、专科高等教育，高职教育和教师教育为一体的新型高等学校。

◎ **园长摇篮**

成都幼儿师范学校的缘起与成都现代学校的兴起有着千丝万缕的联系。清末至民国初期，西方传教士来到中国，在成都举办了层次不一、规模各异的西式医院和教会学校。1891年，加拿大英美会对华传教，原属美国美以美会的资深美国籍传教士赫斐秋、加拿大传教士何忠义夫妇、司徒芬孙夫妇、启尔德医生夫妇及赫尔等一行9人，成为该会来华的第一批传教士。1892年年初到成都后买下位于四圣祠的一片菜地，并在此于1894年建成了留存至今的四圣祠礼拜堂，又名基督教恩光堂，这是成都的第一所教堂。教堂因成都教案、义和团事起，两次被毁，又两次重建，一直是成都西学东渐的地标。教堂周围陆续兴建了男女仁济医院、华英书局、华英女中、协合女师等众多机构。其中，协合女师全称为私立协合女子师范学校，由美国公理会、加拿大美道会等教会机构创建，校址在西村干槐树街。学校于1921年建立附设树基幼稚园，作为女师学生见习、实习场所，这便是今天成都市第三幼儿园的前身。

四川省立成都幼稚师范学校创办人蒋良玉

1942年秋，留美硕士蒋良玉满怀忧国之情、兴国之志，在原私立协合女子师范学校基础上创建了四川省立幼稚师范学校，独树一帜招生办学，创造条件促进教育在少儿阶段的提前和延伸。1942—1946年，蒋良玉担任四川省幼稚师范学校校长，先后在布后街、青龙街、吉祥街选址办学。蒋良玉（1901—1991年），四川泸县人，就读于燕京大学、沪江大学，获教育学学士学位。蒋良玉1931年毕业后原在成都私立协合女子师范学校任教五年，之后留学加拿大就读多

1955年成都幼儿师范学校毕业留影（图片来自成都大学档案馆）

伦多学前儿童教育学院，随后在美国哥伦比亚大学师范研究学院获文学硕士学位。1938年学成回国后任私立协合女子师范学校校长，1942年改建学校为四川省立幼稚师范学校，这就是成都幼儿师范学校的前身。

在蒋良玉之后担任四川省立幼稚师范学校校长的是留美硕士陆秀。陆秀（1896—1982年），江苏无锡人、字佛侬，毕业于北京女子高等学堂（今北京师范大学），随后在武昌文化大学图书馆管理系工作，后留学美国获哥伦比亚大学学前教育硕士，1947年至1949年任四川省立幼稚师范学校校长兼四川省立实验幼儿园主任，新中国成立后任成都市第一任民政局局长。两位留美硕士开创了四川幼儿教育的先河，也奠定了成都幼儿师范教育的雏形。

1949年，四川省立幼稚师范学校与成都女子师范学校合并，改名为"四川省立女子师范幼稚师范联合学校"。1956年四川省教育厅、成都市教育局决定在致民东路16号筹建"四川省成都幼儿师范学校"。在随后二十多年里成都的几所师范学校分分合合，1980年成都幼儿师范学校迁回到致民东路原址办学，并于2006年并入成都大学。成都幼儿师范学校自创建起就致力于幼儿教育研究及人才培养，目前成都市公立幼儿园百分之七十以上的园长都是校友，成都幼儿师范学校是名副其实的"园长摇篮"。

◎ 百年附院

　　成都大学附属医院前身是创办于 1901 年的法国天主教圣修医院，是西学东渐浪潮中除仁济、华西外，西方传教士带入成都的又一颗医学种子。过去的 120 多年中，经历了教会医院、铁路医院、市属公立医院到大学附属医院的多重角色。

　　1895 年 5 月"成都教案"爆发后，法国天主教主教杜昂等人向法国外交部请求援助，玛利亚方济各传教会女修会从湖北宜昌来到成都，在平安桥天主堂北侧大树拐创办法国医院。虽教会医院于 1899 年落成，但不敷应用，又在平安桥马道街 75 号施药室的基础上用教案赔款进行扩建，于 1901 年落成，名为圣修医院，房屋是金丝楠木修建的两层楼房。1901 至 1905 年，主教杜昂兼任圣修医院首任院长。1907 年后，由天主教法国女修道士玛丽娅·徐明达接替院长。创办初期，仅聘请了 4 名外籍医师，医治内、外科的一般常见病，初设床位 50 张，随后增加至 110 张，分特等、甲等、普通三等，护士主要为华人，且多系教徒。

　　1906 年，医院再次扩建，新增了四栋建筑及附属建筑。其中，两栋二层小楼是男病区，设有 104 个床位；一栋房屋是女病区，设有 30 多个床位；一

曾任圣修医院（现成都大学附属医院）院长的玛丽娅·徐明达（前排中）和肖济（后排右）（图片来自成都大学档案馆）

栋房屋作为手术室，并配备了先进的设备，每日门诊约百余人，床位后逐渐又增为 200 余张。1919 年年末，法国医生任尔为来到成都，担任圣修医院的医疗主任，并在当时法国和中国政府合办的成都皇家军事医学院授课。任尔为医生非常热爱中国，1925 年离开四川回法国后，将他在中国的工作和生活经历写成了《感情之花》《马鬼的阴影》《医神在中国》《在叛逆中的中国医神》和《一个医生在中国》共 5 本书，堪称中法人民文化交流的使者。2015 年 11 月，任尔为的曾孙女、法国自由撰稿者司黛瑞女士专程来成都寻访其曾祖父在圣修医院的足迹，与成都同仁共同追忆流金岁月中的中法情缘。

圣修医院在创立之初施行免费诊疗，当时成都人俗称之为"干瘩子医院"，意谓专门收容孤贫无靠的重病人，虽后来采取就地募捐、以富养贫的办法，对于一些贫病者仍然免费施诊送药。圣修医院的慈善传统，在成都的烽火岁月发挥了重要作用。无论是军阀混战时期还是抗日战争时期，医院都成为战时医院，倾力救治伤员。在抗击 1945 年 6 月成都霍乱疫情中，圣修医院也在抗疫中担任主力。

成都解放后，圣修医院的外籍人员相继离开，在美国获得医学博士的肖济承担起了整个医院的管理工作。到 1950 年 4 月，医院有职工 45 人，开放病床仅 10 张，因经费短缺，经营难以为继，再加上平安桥教室失火，教堂资料包括部分医院资料大多焚毁，职工情绪不稳，人心浮动。全体职工推选肖济和两名护士与市军管会卫生处取得联系，要求政府合办或接办。5 月政府接管，医院更名为"和平医院"。

1950 年 6 月 15 日，在西南军政委员会的大力推动下，四川人民期盼已久的成渝铁路开工了。工程动工伊始，因筑路器械原始和技术落后，加上沿途地形条件复杂，筑路工人伤亡严重，成都地区急需一所铁路医院。经地方政府介绍，1951 年 5 月西南铁路工程局与和平医院合办西南铁路工程局基地医院，西南铁路工程局接管医院，更名为铁道部西南铁路工程局基地医院。1952 年医院成立中医部，广泛吸收地方上的名老中医、西医来充实医院的医疗队伍和管理力量，医院一时间可谓群星荟萃，中西合璧。院长兼外科主任肖济是留美医学博士，副院长兼门诊部主任罗品三系留英博士，口腔科主任费尹知系留美博士，内科主任杨先进系华西协合大学医学系高才生。成都四大名老中医杜自明、蒲辅周以及名中医廖蓂阶、高诚宗、胡祥林、杜琼芳、张再芝等先后在医院工作，使医院在全国享有较高声誉，多位中医名家赴京为党和国家领导人诊病。

20世纪50年代的和平医院（图片来自成都大学档案馆）

1958 年 10 月，医院划归新成都铁路局管理，更名为成都铁路局中心医院。1984 年，医院从成都西华门街平安桥旧址迁至北二环路。2004 年移交成都市政府管理，更名为成都铁路中心医院。2009 年，医院被四川省卫生厅确定为"三级甲等"综合医院。2010 年 5 月，成都铁路中心医院并入成都大学，成为成都大学附属医院，不仅为学校医学学科的发展提供了更多资源和更好平台，而且还为医院临床技术和科学研究水平的提升创造了更好条件。

◎　**药界黄埔**

四川抗菌素工业研究所是中国国药集团的全资子公司，创建于 1965 年，由上海医药工业研究院原抗菌素研究室整体内迁成都组建而成，先后隶属于化工部、燃料化学工业部、石油化工部、国家医药管理总局和中国医药集团总公司，是我国重要的药物研究机构。研究所拥有药学一级学科及生物化工硕士学位点，先后为医药界培养硕士 150 余人，享有"四川药界黄埔军校"的美誉，业内简称它为"川抗所"。

川抗所长期坚持以微生物发酵的药物研究为主要方向，抗生素研究特色鲜明，为中国抗生素工业发展和技术进步做出了重大贡献。2010 年秋，成都大学在对成都市具有高层次人才培养资质的科研院所进行深入研究和对比

1965年四川抗菌素工业研究所科研大楼奠基（图片来自跳蹬河街办）

筛选后，提出将四川抗菌素工业研究所并入学校的思路，并于 2011 年年初上报成都市政府。

2013 年是成都大学历史上值得书写的一年。8 月 15 日，国务院国有资产监督管理委员会下文，同意中国医药集团总公司将持有的四川抗菌素工业研究所（川抗所）全部国有产权无偿划转给成都学院，川抗所硕士学位授权单位也相应变更为成都大学。作为国家抗菌素药物重要的研发基地之一川抗所，其无偿划入高校是一次非常规性尝试。

合并川抗所之缘起：创新思路，提升办学层次。按国家现有政策，成都大学要拥有硕士学位授予权，按正常程序最早要到 2017 年才有可能取得申请资格，更何况当时国家对高等教育发展的总体思路作出调整，高等教育从追求大而全转换为鼓励大学办出特色，新增硕士点的大门基本关上。成都大学在四川省学位办的指导下，对成都市域内科研院所进行了对比筛选，考虑学科发展需要，结合学校与企业实际合作情况，在 2011 年 2 月形成决议：启动川抗所并入成大事宜。同年 2 月，学校向成都市委专题汇报了工作思路，随即得到了市委市政府主要领导及相关职能部门的肯定与支持。市委市政府相关领导先后做出批示并召开专题会议，安排部署川抗所项目推进工作。5 月，受市委宣传部领导委托，学校领导一行赴京与国药集团领导会谈，确定合作意向。在积极合并川抗所的同时，学校积极推进专业硕士点申报工作。从 2011 年 7 月起，因川抗所划转项目遭遇巨大阻力，且学校将主要精力放在专业硕士学位申报工作上，川抗所项目暂时搁置。

合并川抗所之执着：加一条板凳，加出一片蓝天。搁置并不代表停滞，学校一直在寻求合适的时机，积极争取各方支持。2012 年 3 月，一年一度的全国两会在北京举行。全国两会期间，成都市主要领导与国药集团高层在北京进行工作会晤。获悉此消息后，学校积极争取在双方会晤内容中加入川抗所划转事宜。经过多方努力，终于获准加入议程。就在学校领导做好一切准备工作满怀希望登上去往北京的飞机时，却接到通知，在成都市与国药集团的会谈中，有关川抗所划转的会谈内容暂不列入，"你们成大就不用去了"。

就这样不去了吗？绝好的机会不能错过，带着建设好成大和为成都市医药卫生事业发展做出贡献的诚意，学校领导带队，一行人执意登上前往首都的飞机。在北京，学校再次报请市领导请求参加会晤，"没进入议事日程，我们只增加一条板凳就行"。学校领导的诚意和坚持，使川抗所划转一事被重新列入会谈内容。这增加的一条"板凳"，就是增加的一次机会，就是成都市关心教育、支持学校发展的一次体现，在川抗所划转事宜中起到了关键性作用。2012 年 3 月 7 日，学校得以参加了市政府领导与国药集团高层在北京的会晤，双方明确了川抗所划转事宜和"无偿划转"的基本原则。3 月底，双方确定成立工作组，负责项目的具体落实推进工作。

合并川抗所之艰难：精于细节，直面矛盾与困难。2012 年 4 月，成都市成立川抗所项目领导小组，由分管副市长任项目领导小组组长，市委编办、市国资委、市教育局、市科技局、市财政局、市人社局、市投促委等相关领导、成都大学等为成员。工作组下设办公室，由市国资委为主任单位，成都大学、市投促委为副主任单位。工作组本着对事业负责的态度，对学校、川抗所长远健康发展负责的态度，智慧性地开展工作，克服了川抗所人员身份转换、人员安置、资产评估和划转中的诸多困难与矛盾。在国药集团的配合下，工作组实施了项目论证、尽职调查、风险评估，经多次磋商及讨论，学校与国药集团就川抗所划转原则、无偿划转协议等达成一致意见。10 月，学校会同市国资委有关人员与国药集团有关领导，就无偿划转框架协议中的有关细节问题进行多次洽谈，字斟句酌，最终达成了一致的意见，形成了无偿划转框架协议。11 月，市国资委、教育局、财政局、人社局等四个市级部门联合向市政府提交了川抗所项目的请示报告，市长做出批示意见。12 月 28 日，市委副书记召开专题会议，对推进川抗所项目做出明确指示。2013 年 1 月初，市委书记、市长等领导再次批示要求尽快推进川抗所

2013年，四川抗菌素工业研究所划转仪式（图片来自成都大学档案馆）

项目。1月30日，国药集团、成都市人民政府和学校，以通讯签约的方式，签订了关于川抗所无偿划转的框架协议。随后，学校成立过渡期管理委员会，负责框架协议签署后的具体划转事宜。按照框架协议的约定，川抗所召开了全体职工大会，以98.3%的高票通过了职工安置方案。国药集团与学校共同完成了川抗所清产核资审计工作。5月3日，国药集团与学校签订川抗所正式划转协议。之后，按照无偿划转要求，学校向市政府请示批准正式协议，并由国药集团向国务院国资委请示批准划转川抗所。8月15日，国务院国资委正式批复，川抗所并入成大事宜圆满完成。

合并川抗所之初心：硕士学位授予权的划转。川抗所虽然顺利并入，但学校并没有立即取得硕士学位授予权，在教育部硕士学校授予权单位名录上，仍然是川抗所的名字。硕士学科授予权更名的工作艰难地展开。按照无偿划转协议双方约定，学校正式接收管理川抗所已有硕士学位授予点，同时向省教育厅学位办申请将川抗所硕士学位授予权转归学校。四川省教育厅接到学校请求后，按流程向国务院学位办提交请示。2013年11月25日国务院学位委员会发文，明确川抗所并入学校后，硕士学位单位授予权归属学校。至此，学校成为硕士学位授予权单位，为学校恢复成都大学校名，为之后快速发展奠定了基础。

川抗所的成功并入，得到教育主管部门对学校的指导与支持，体现了市委市政府对成大的期望和关心以及市级各部门对成大的支持，也是学校的深谋远虑、工作团队的智慧和执着工作的结果。

【时代同行】

　　成都大学是"文革"结束后我国最早创办的地方高等学校，乘改革春风应运而生，凭服务地方茁壮成长。成都大学从 1978 年创办至今已有四十余年的发展，记录了中国当代高等教育从百废待兴到繁荣发展的伟大历程，揭示了地方高校探索前进中不断壮大的客观规律，成都大学也在不断发展中形成了自身的格局。

● **创业维艰**

　　1981 年元旦，《人民日报》报道了当时成都主管文教的市委书记熊宇忠、副市长兼成都大学党委书记尤超两位同志与《人民日报》记者的谈话：

1981年成都大学数学系78级1班毕业合影（图片来自成都大学档案馆）

1984年成都大学第二届工会代表大会合影（图片来自成都大学档案馆）

"我们国家很大，现在经济上有个搞'活'的问题，教育上也有个搞'活'的问题，要把成都教育办活，除了中央和省办大学以外，像成都这样的市，也要发挥积极性，自己办地方大学。过去，成都市没有自己的市属大学，市里不能培养和分配大学毕业生。中央和省分配给成都的大学毕业生，每年只有几十人，一般都分配到中央属和省属大型企业，市属中、小型企业基本上分不到。许多市属企业技术和管理人才严重不足。因此成都市委和成都市人民政府决定办一所成都大学。不花点本钱培养人才，成都市的国民经济就上不去，哪怕在其他方面挤一挤，也要把成大办起来。"

这篇报道道出了成都大学的办学背景，也将人们带回办学两年前的成都。那时，成都地区国民经济开始恢复发展，急需大批建设人才，而大学毕业生严重不足，成都高层次人才极度缺乏，严重影响经济社会发展。兴办快出人才、早出人才的高校成为成都解决人才匮乏的热切期望。

言说之前，先看看全国高等教育的背景。1977年8月，邓小平主持全国科学与教育工作座谈会，首次提出恢复高考的建议，历经周折，当年全国报考人数就达到570万，而录取名额仅27万出头。面对广大人民的求学渴望，国家在1978年做出了"共建、恢复和增设"高等学校的战略部署，随即恢复和增设高校55所。然而，地方管理权限十分有限。此刻正值真理标准问题讨论之时，一些地区开始在教育领域"大胆地试"。1978年北京大

1984年成都大学中文系82级干部专修科写作专业毕业合影（图片来自成都大学档案馆）

学、中国人民大学等试办专科层次分校。天津市政府尝试由政府出面，利用地方政府力量筹办大学。为了探索和鼓励地方办学的路子，国务院随即转发教育部《关于高等学校扩大招生问题的意见》，指出地方办大学是多快好省地发展高等教育的好办法。

在这样的背景下，成都市创办成都大学，正体现了成都这座城市的眼光和格局。成都市委第一书记杨以希、书记熊宇忠、宣传部长肖菊人、副部长兼市教育局局长尤超等同志具体抓建校工作。1978年9月25日，尤超为组长的成都大学筹建小组成立，副组长为石怀升（时任市教育局副局长）、童锡根（时任市委宣传部处长），并由石怀昇、魏裕昌、宋戴铭、楚承相、李继华组成五人筹备小组负责具体事务。

创业维艰，筹建工作十分艰巨，一切从零开始。簧门街小税巷里，借用的成都市教师进修学校不到10平方米的传达室，就是筹建成都大学的办公室。办公室只有一个木桌、一条长木凳、一部电话，中午一个锅盔、一杯开水的筹建工作就这样开始了。为保证新生按时开学，市教育局决定将教师进修学校搬迁，将原校址交给成大使用，这就是成都大学始于簧门街的缘由。市教育局贷款购买了急需的设备和课桌椅。同时抓紧组建师资队伍，从市属中专、中学抽调，从市属工厂、企业招聘工科师资，到高校招聘四川籍教师，从高校应届毕业生中招聘，千方百计汇聚起成都大学教师骨干群体。其中不少人成为名师大家，如白敦仁、钟树梁、谢宇衡、毛中仁等等。当时全国招生工作已接近尾声，学校抓紧时间申请并成功进入 1978 年度第二批次扩大招生高校序列。1979 年 2 月，547 名一年级新生走进了成都大学。

1979 年 3 月，成都大学首次举行开学典礼，地点在成都市人民政府招待所礼堂。市委第一书记杨以希、书记熊宇忠、宣传部长肖菊人，副部长兼教育局局长尤超，四川省高教局、成都市教育局、市属有关部门和高等院校代表参加了开学典礼。杨以希在讲话中指出，成都大学的任务就是多出人才、快出人才，要发扬实事求是、艰苦奋斗、勤俭办学的精神，逐步改善学校的条件。《成都日报》专门就此作了报道。当时，副市长尤超兼任成都大学党委书记。学校迁入外北花圃路，因办学条件有限，所有教师仍然只能走教，学生仍然只能走读。后来，在杨以希亲自关心下，位于人民北路肖家村巷成都八中校址划拨给成大，成都大学于 1983 年全部迁入。

刚诞生的成都大学得到了在蓉大学的大力支持，四川大学、成都科技大学、四川医学院（这三所为今四川大学）、四川师范学院（今四川师范大学）、成都电讯工程学院（今电子科技大学）、成都农机学院（今西华大学）、西南交通大学、四川财经学院（今西南财经大学）、西南民族学院（今西南民族大学）、成都地质学院（今成都理工大学）、四川音乐学院、成都师范高师班（1979 年并入成都大学）等十余所院校及一些机关都派出人员来成大做兼职教师。在蓉高校无私地对口指导专业建设，高起点促进了成都大学的发展。四川大学负责无线电专业，四川师范学院负责数、理、化专业，成都科技大学负责工科其他专业，四川医学院负责医学专业。没有这些大学的支持，成都大学建校之初是不可能顺利地开展教学的。

成都大学由地方主办、走读为主的办学思路，成为当时中国高等教育多种形式办学、早出人才、多出人才的典型，各城市纷纷效仿。1978 年重庆创立渝州大学、1980 年武汉建立江汉大学、1981 年开封市走读大学创立，这些地方大学为社会经济发展培养了急需人才，为地方做出了贡献。成都大学的办学实践引发了诸多媒体的关注，1980 年 7 月 8 日《成都日报》头版进行报道、10 月 4 日《光明日报》头版头条位置以"走读为主的地方大学也能保证质量"为题详细报道了成都大学创建以来的成绩；1981 年元旦《人民日报》发表专题调研报告；10 月 17 日《中国青年报》头版头条位置以"成都大学坚持按政策分配毕业生"为题报道了成都大学的办学成果和办学经验。

成都大学响应国家教委的统一规划并主动找寻渠道，弥补地方力量办学资金的不足。1983年，学校接受世界银行贷款，由全日制综合院校改办为短期职业大学。在成都市政府批准的成都大学1984—1987发展规划中，明确了专科层次的办学方向与重点："实行地方为主、适应需要的灵活办学方式，学生仍以走读为主，推行应用性人才培养。"充分利用地域优势和社会各界力量，突破国家包揽的格局，形成了以政府办学为主、社会各界共同参与的办学机制，同时建立了以地方财政拨款为主、辅以多渠道筹措办学经费的投入体制。

成都大学接受的世界银行贷款，一方面购置了计算机系统、电教设备、理化仪器及图书资料，一定程度上改善了教学科研设备条件。另一方面派出教师赴英国、美国、加拿大等国学习进修，有效地提高了师资队伍水平。1983年9月29日《四川日报》、1984年12月17日《成都日报》及19日《光明日报》都对成都大学改为短期职业大学的办学实践进行了报道。

1984年1月，在成都市委副书记龚读纶，副市长刘家忠等主持下，学校邀请市属各县、区领导到校参观指导，集资办学。经过协商，县、区共集资百万余元，拟修建学生公寓一幢，两年内投入使用，以扩大郊县区学生住校名额，成都大学则每年为各县区培养20名以上建设人才。同年与四川省新华书店订立十六年人才培养协议，由省新华书店投资基建费60万元，并按学生人数另付培训费，委托成大在十六年内每年为省新华书店培训或输送图书发行专业毕业生50名。由此开启集成都市力量来办成都大学的传统，也彰显出成都大学服务地方经济的功用和推动地方教育文化事业改革发展的价值。毕业生适应能力高、可塑性强，是合格的城市建设者。前国家税务总局副局长王力、成都酒厂厂长刁明贵、四川大学博导彭联刚等都是成都大学优秀校友。

成都大学首届教职工代表大会于1985年1月召开，大会通过了校长魏柏良提出的"团结、创新、求实、拼搏"的八字校风。魏柏良是建校时从成都七中抽调来的优秀教师，1983年任成都大学副校长，后历任校长、党委书记。1994年离开学校任成都市委常委、宣传部部长。这一时期，学校大胆起用年轻人，一批有能力的年轻人走上了管理岗位，仅1997年系处干部调整中学校就提拔年轻干部8人，这批年轻干部成为学校持续发展的生力军。

20世纪90年代，学校根据服务地方的需要，主动调整学科专业，开办实用美术、市场营销、生物应用技术、计算机应用技术等一批应用型工科、文科；积极深化工程专业教育教学改革，1993年机械制造与设计专业被列为全国高等工程专科专业改革教育教学试点 30 个之一，先后有三个专业的改革项目进入全国 100 项改革试点。改革成果于 2001 年获得国家教学成果二等奖，这是在成都大学历史上第一次获得国家级教育教学奖项。学校以教学质量与水平为中心的学校办学实力，成为专科翘楚，奠定了学校在全国同类院校中的地位，也为学校恢复本科打下了良好的基础。

在不断提高教学质量的同时，学校鼓励教师开展科研。建校不到两年时间，成都大学学报就正式出刊，进一步展示了学校科研成果，扩大学校影响。教师的科研项目相当一部分是根据成都经济社会发展需要而开展的。白敦仁、曾永成等获得人文社会科学领域的诸多奖项；毛宗仁、李开明等获国家发明奖四等奖；林桂云、颜思齐等获四川省科技进步一等奖。部分教师还与社会机构联合科研，曾祥基与市二医院合作项目获四川省科技进步三等奖。

● **"换笼养鸟"**

1997 年重庆市直辖后，四川高等教育的布局结构发生重大变化，出现了本科学校减少，学科设置失衡的现象。为解决上述问题，实现省委省政府"科教兴川"战略决策，四川省开始对省内地方高校布局结构进行重新调

Chengdu 100 Year School

成都大学新校门（图片来自成都大学档案馆，拍摄于 2016 年）

整、提升部省属、地方院校办学规格和办学能力，推动了省内若干高校合并发展、升格发展、更名发展，以此实现了历史性的跨越。2000年，四川大学与华西医科大学强强联合，成立了新的四川大学。四川工业学院与成都师范专科学校合并，组建西华大学。西南石油学院更名为西南石油大学，四川师范学院更名为四川师范大学等。通过教育资源的整合，一批专科学校合并重组，纷纷升格为本科，一些学院也通过努力升格为大学。

对已有二十年办学历史的成都大学而言，这一次高等教育"共建、调整、合作、合并"机会及区域布局调整期是一个不可多得的发展机遇。《成都市国民经济和社会发展第九个五年计划和2010年远景目标纲要》对成都大学的发展提出了明确要求：扩大规模、突出特色、创造条件开办本科、办学条件和教育质量达到国内同类学校先进水平。为加快落实市委市政府把成都大学建成一流地方本科大学的目标，1996年，成都大学向市委市政府报送了学校发展的三套方案，市委市政府高度重视，最终确定了"迁建新址，易地发展"的方案。

成都市委明确主张成都大学"换笼养鸟"，市政府坚决支持成都大学搬迁发展，并于1998年11月召开成都大学迁建和发展专题会，明确成都大学的定位为市属本科高校，依靠省市共建，争取国家支持。新校区定址龙泉驿区，规划面积500亩，预留700亩。迁建采取出让老校，修建新校的模式，由政府主导，实行"交钥匙工程"。1999年7月，市委常委会研究决定，成都大学整体迁往龙泉驿十陵镇。

在市委市政府直接指挥下，成都大学迁建工作克服建设资金周期性短缺的困难，以非凡的效率、超常的速度，仅用18个月，完成从2001年新校区奠基到2002年9月整体搬迁的工作。凝集了成都市各方力量完成的迁校工作，被媒体称为成都大学创建以来的第二次创业。整个迁建，投资近4个亿，占地1300亩，一期占地1001亩，建筑面积20.3万平方米，绿地200亩，湖面60亩。新校区建设以山水为背景，以绿色为基调，以建筑面积为4.5万平方米的6栋教学大楼为主体，形成富有韵律和节奏感的空间序列和绿化系统，特别是在以嘤鸣湖为中心形成的水景和生态绿化带之中，镶嵌着具有科技化和智能化的图书馆、学术交流中心、专家别墅等建筑群体，辉映出校园自然环境清幽之趣和人工环境高雅之美，营造了一个具有强烈时代化特色和浓厚文化氛围的园林生态型校园，受到广大师生和社会各界的高度评价。

在完成迁建的同时，在市委市政府的全力支持下，学校加大了升本力度，为此专门成立了校长任组长的本科建设领导小组，推进学校升本工作。2001

年，成都市委常委会专门听取成都大学本科建设工作汇报，决定由市政府牵头成立"成都大学本科建设工作领导小组"，以体现市委市政府对办好成都大学的高度重视和强有力的领导支持。其间，省委省政府主要领导还专门就成大升本等事宜给教育部部长陈至立去信，表达对成都市兴办普通本科高校的关注和支持。2002 年 7 月，成都市政府正式向省政府上报《关于把成都大学改建为普通本科院校的请示》，同年 11 月，以中国人民大学原副校长杜厚文教授为组长的教育部专家组一行，对成都大学升建本科工作进行评估考察。2003 年 3 月，在厦门召开的全国高校设置评议委员会审议通过，同年 5 月，教育部正式批准成都大学恢复为本科院校，当年开始招收本科学生，并明确"同意在原成都大学的基础上，建立本科层次的成都学院，但成都大学校名保留且不被其他学校使用，一旦条件具备后，再按程序更名为成都大学"。

至此，成都大学从一所本科院校起步，中途经历专科艰难发展，在积极完成整体迁建后又顺利升格恢复本科办学。这一过程，再次展现了成大人百折不挠、发奋图强的办学精神，也体现了转型时期成都大学的蓬勃生机与活力，回应了城市发展对本科层次人才需要的时代要求，更显现了成都市及成都人民的支持与关爱。

立足成都的办学思想、突出特色的办学思路、注重应用的办学理念，是成都大学在曲折的办学历程中成功的法宝。2005 年 8 月中旬，成都大学事业发展专家论证会召开，以教育部原副部长周远清为组长、北京大学原常务副校长王义遒、教育部教育发展研究中心高教室主任马陆亭、上海大学副校长叶志明等为成员的专家组，对成都大学城市型大学的办学定位进行了论证并高度认同。11 月，成都市委市政府充分肯定学校城市型大学定位，并对市属教育资源进行集中统筹，将成都教育学院、成都幼儿师范学校、成都卫生学校并入成都大学。次年 4 月，在充满希望的春天，并入三校后的新成都大学成立，省市领导出席成立典礼。成都市委市政府提出殷切期望，"把成都大学建设成为学科专业设置与成都市社会经济发展衔接最紧密、毕业生就业率最高、培养的人才在成都市社会救济发展中作用发挥得最好的高校"。

从创建之初为成都培养各类紧缺建设人才的地方性大学，到率先在国内提出建设"城市型综合大学"，再到建设与成都地位匹配的城市大学，学校始终主动寻求变革，积极融入时代主流，实现了全方位持续快速发展，形成了应用型城市大学的架构。

● 多元发展

成都大学的学科建设与发展，既紧密结合成都经济社会发展需要，深入把握成都发展的多元化需求，又遵循学科发展自身规律，逐渐形成了成都大学独有的学科发展路径。

1978 年建校之初，学校设两系一部，招收十个本科专业，其中师范部开设中文、历史、英语、数学、物理、化学共六个专业，主要培养中学学科师资。1983 年撤部建系，撤销了师范部，相应建立中文系、外语系、数理系与化学系。20 世纪 80 年代，社会经济逐渐恢复正轨，作为农业大省的四川，以农产品加工促进农业发展是经济发展的重要趋势。为培养适应这一经济发展要求的人才，1985 年成都大学化学系开设食品工艺专业，培养食品工程人才。1990 年 9 月，食品工程系开办药膳专业。同年 10 月 30 日，新华社以《中国一所大学开办药膳专业》为题，报道了药膳专业建立并招生的消息。

在成都这样一座以美食闻名的城市，发挥药食同源作用，强调药膳在养生保健，传承中国传统的饮食和中医食疗文化方面，药膳专业人才大有用武之地。香港回归这一年，成都大学食品工程系更名为轻化工系，为成都轻化工产业发展培养人才。虽然系名有所变更，轻化工系仍然坚持食品专业建设，并且引进王卫等一批技术人才。正是这批专业技术人员心无旁骛深入钻研，食品加工技术与企业的融合度越来越高，研发成果很快转化为产品。

王卫，成都大学四川肉类产业技术研究院院长，四川省肉类加工重点实验室主任

同一时期，药食同源的研究与开发也在持续发展中。2002 年轻化工系改建为生物工程系，专注于食品加工与技术、药膳研究等领域。三十年的深耕迎来高品质成果。2007 年 11 月，成都大学生物工程系与四川高金食品股份有限公司共同组建的肉类加工技术研究与应用实验室通过四川省重点实验室评审。这个重点实验室是根据国家产业政策和四川特色产业发展及省重点实验室建设创新的需要，以成都大学食品研究、农产品加工与贮藏重点学科，成都市肉类工程

王卫教授（左二）带领科研团队研究食品加工（图片来自成都大学档案馆）

技术研究中心为技术依托，联合高金等龙头企业共同组建而成的。组建以来，开发肉类新品种 40 多项，推出多种适合成都氛围的休闲食品、绿色食品，我们熟悉的"兔八哥"即是实验室研发转化而来的。

2010 年 10 月，成都大学药食同源植物资源开发实验室通过四川省高校重点实验室评审，充实了食品科学的研究平台，拓展了研究领域，实验室根据四川丰富的特色农产品、天然动植物资源优势，深入研究大宗农副产品和特色药食同源植物资源，研发出适应现代消费需求的安全、健康、营养食品。

以这两个重点实验室为平台，成都大学聚集了一批食品科学领域的研究开发人员，其中不乏知名教授、归国博士，他们的努力使成都大学食品学科在业内具有较大的影响力。

如果说成都大学的食品学科发展是数十年深耕不辍的结果，那么诞生于马列教研室的艺术学科的发展则走了一条演化拓展发展的道路。

成都大学创建之初，设有马列主义教研室，负责全校思想政治教育，还办有政史师范专业，为成都培养中小学政治、历史老师。随着学生规模的扩大，1987 年在马列主义教研室基础上成立政治系，并从次年起，陆续开办"公关与营销""酒店（宾馆）管理"等专业，培养成都发展急需的应用型人才。政治系在 1991 年更名为商贸经济系，并在 1993 年创办"商业美术"

专业。从马列教研室诞生美术专业，在当时颇为新鲜，省内高校纷纷到校学习，回去后依托哲学系、中文系等传统系部办起美术相关专业。

成都大学的商业美术专业从开办就明确了"为社会输送商业设计和美术促销人员"的培养目标，因此，在确定专业名称时，舍弃了"工艺美术""实用美术"等名称，选用了强调为社会主义市场经济服务、为商贸服务的"商业美术"。专业开办了，摆在时任商贸经济系主任黄灵万面前的问题，一是师资，二是学生就业。

为了延揽人才，黄灵万十顾茅庐、百折不挠，请到了日后在艺术学科发展过程中起重要作用的刘遂海、曾尼、严屏等到校工作。他不拘一格引进和使用人才，成为美术专业发展的重要经验，为专业发展积聚了最强、最稳定的核心竞争力。

在 20 世纪 90 年代国家对大学生统包统分的传统政策和大学生自费上学、自主择业的背景下，成都市有关用人单位就收到了成都大学商贸经济系发来的人才推荐邀请函。成都大学还与市工商局、市广告协会等主管部门充分沟通，共同邀请全市最有实力的企业到校招聘，连续在报纸上刊登广告推荐毕业生……一系列的行动使美术专业毕业生供不应求，美术专业影响力逐渐扩大。在 1998 年商业美术专业联考招生现场，教务处处长汪令江建议鲜明地挂出艺术设计系的牌子，与商贸经济系两块牌子一套人马运行。这一建议得到黄灵万和学校的支持，艺术设计系自此诞生。尔后，在商贸经济系的基础上，学校组建了艺术设计系和经济法律系，商贸经济系的相关专业分离到其他系，黄灵万也因此被戏称为成都大学的学科"母鸡"，孵化出了艺术、经济、法律、旅游等学科。2000 年前后，在平面设计、环境艺术设计等专业仍然很受市场欢迎的情况下，学校决定发展动画专业。

孙哲，研究员，硕士生导师，曾任成都大学美术学院动画系系主任

对成都大学动画专业影响最大的，是孙哲教授。从辽宁科学教育电影制片厂到中国电视剧制作中心再到深圳翡翠动画（香港）公司，当时刚过不惑之年的孙老师已在业界浸淫 20 年。"中国缺少具

孙老师和成都大学《团圆》动画主创团队（图片来自成都大学档案馆）

有自主知识产权的原创动画，成了国外动画的代工厂，我们必须培养自己的动画人才。"这让人热血沸腾的语言和孙哲老师的艺术成就，让时任美术系系主任的刘遂海对这位具有天赋的动画人才爱不释手。但孙哲的引进却是费尽波折，孙哲在企业工作多年，一无学历、二无职称、三无干部身份，虽在刘遂海和系班子成员的极力推荐下获得学校同意，但是到市人事局办理调动时又受到严格审查、询问。而且，孙哲到校后一年，从企业转换到学校，原有的商业模式发生变化，没有带来一分钱的项目资金。系班子顶住多方质疑，确定孙哲是不可多得的人才，是可以影响中国动画行业的人物，继续为孙哲争取最好的条件和待遇，给予孙哲最大的尊重和礼遇。

孙哲果然成为动画"点灯人"，2004年正式来到成大，扛起成大动画的旗帜。他利用在业界积攒起的良好口碑和宽广的人脉关系，广邀业界专家助力发展，建设实训基地，引进重大项目，废寝忘食地活跃于专业建设和教学、项目中。2008年动画专业获评省级特色专业，2010年获评国家级特色专业，2014年取得艺术学专业硕士研究生培养资格，孙哲老师带领团队完成的《全能冠军生肖鼠》在中央电视台春节黄金时段播放，《快乐狐狸》《团圆》等一批精品力作也在业界获得好评。成都大学动画专业成为动画教育一块响当当的金字招牌。

【成大学人】

● 沙汀、艾芜

　　成都大学拥有成都师范这所百年师范学校。百年来，不仅培养出大批特级教师和中小学教师，还培养出现代著名作家沙汀、艾芜，美学家王朝闻，画家何多苓等杰出人才。其中，被誉为中国文坛"双子星"的沙汀和艾芜，其共同的际遇被传为佳话。

　　沙汀和艾芜同为四川人，同于1904年出生，1922年同年进入四川省立第一师范学校，分为同班同学并同住一个寝室。两人际遇相同、命运大同小异。虽说离开学校后各奔东西，但兜兜转转间两人又于1929年相遇上海，同年加入中国左翼作家联盟。两人于1931年11月，给当时的中国左翼文学领袖级人物鲁迅写去一封信。当时鲁迅正在病中，面对这两个默默无闻却坦荡执着的年轻人，先回复了一封短信，说明自己抱恙，容后再详回来信。鲁迅后来回了一封长信，细细阐释了自己的文学见解，这成为当时文学界的一段佳话。新中国成立后两人同回四川主持文艺工作，同于1992年年底谢世，其间仅相差7天。甚至，"沙汀"和"艾芜"这两个笔名也是相对应的。艾芜，原名汤道耕，开始写作时，因受胡适"人要爱大我，也要爱小我"的影响，遂取名"爱吾"，后慢慢衍变为"艾芜"。沙汀，原名杨朝熙，本取笔名"沙丁"，取鲁迅"取材要严，开掘要深"之意。为应合艾芜的希望，沙汀在"丁"字上加了三点水，改为"沙汀"。"艾芜"二字均为草头，"沙汀"二字均为水旁，有人认为两人的笔名在字形上似有共同的关涉理据，草有水滋润，水有草相伴，同命而生，比肩而长。

沙汀（1904—1992年），原名杨朝熙，四川安县人，中国著名作家，曾任西南文联副主任，四川作协主席，中国作协副主席

　　沙汀，四川安岳人。1921年秋入成都四川省立第一师范学校普师第十班学

习，1926 年 7 月毕业。作为一个有着独特艺术风格的作家，沙汀的作品主要以四川乡镇为故事背景，采用冷峻、客观、暴露、讽刺的手法和含蓄深沉的艺术气质描写现实社会，细致刻画人物的典型细节，描绘出一幅幅富有社会风习的画面。他的小说以极强的幽默感和浓烈的地方色彩著称，被誉为四川"茶馆文化"的展现者和杰出代表。

沙汀独特的艺术风格无疑与他的成长环境和经历有莫大关系，尤其是离开家庭进入学校的关键阶段。沙汀曾回忆说，让他记忆犹新的是充满"五四"新思潮的学校空气，使他吸收外在新东西的勇气和寻求新生活的欲望非常之强，甚至不惜夸大学校同学的良好习惯和追求进步的精神对他构成的"威胁"，触发改变过去、改变自我的内驱动力。

在学校，沙汀最喜欢的还是读书、思索。1923 年中国思想文化领域发生了一场影响深远的"科学与玄学的论战"，又称"人生观论战"，即著名的"科玄之战"。这正是沙汀钟情于哲学的时期，读《响导》《新青年》，一场轰轰烈烈的战斗展现在面前，对沙汀来说，这也是极好的"五四"补课机会。他就是经过这次论战而全心全意接受唯物论的。

在校期间，沙汀师承张秀熟、袁诗尧、吴玉章等，开启了人生哲学的第一课。袁诗尧与张秀熟两位先生教授国文，是四川最早的具有社会主义思想的知识分子，于沙汀而言，不仅仅是一般意义上授业、解惑的教师，他们还保持了六十多年的师生情谊，成为忘年之交。张秀熟回忆说，沙汀当时并不十分"跳跃"，因他的性格不是那样的，虽是青年，已能考虑问题。他年轻而又老练，不是回到县里只会搞讲演，宣传之类的角色，所以他才能坐而搞文学。同学中对沙汀影响大的不得不提同班级的张君培。张君培是涪陵人，家境贫寒，流浪来蓉，当过校工，受到王右木和刘砚增的培养和帮助，进夜校学习，才考上了成一师。后来沙汀称张君培是"把我从茫没无际的挣扎里挽救出来，第一个用全力鼓舞我上进的人"。沙汀看了从张君培那里借来的一些铅印、油印刊物，两人互相切磋讨论，感受到"五四"新文化运动给中国带来的变动，他开始密切关注当代社会问题，接受共产主义世界观。

沙汀一生喜爱社会科学，都是与张君培分不开的。他像海绵吸水一样急切地接受新思想，那些日子，连放假都不回家，常与张君培一起留校读书，张君培对他的督促如同严师。1925 年，张君培因患肺病早逝，令沙汀非常难过，一生都在悼唁这位亡友。后来，沙汀结识了周尚明、冯棣等人，他们既倾向革命，又喜欢进步文学作品，由于家境都不富裕，又渴望得到新知识，就采用一种"分买共读"的办法，共同阅读进步书籍。周尚明是沙汀的政治生命中继张君培之后的重要角色。沙汀的心目中，周尚明是学校最进步的学生。沙汀于1926年参加革命活动，1927年在白色恐怖中加入中国共产党，1929年春去上海创办辛垦书店，传播革命思想，同时进行文学创作。这些经历都与周尚明的影响有关。同班同学艾芜则是影响沙汀接受"五四"新文学的最好伙伴。鲁迅和郭沫若的作品，打开了两人的眼界，培养了他们共同的文学兴趣。据艾芜回忆：沙汀不仅做功课，还在课余找有新思想的文学书来读，这就与别的同学不一样了。为此，大家聚集起来，读创造社的书，读《小说日报》《语丝》。

艾芜原名汤道耕，四川省新繁人，1921年夏考入成都四川省立第一师范学校普师第十班。艾芜的性格本就比较内向，入学后，更加沉默寡言，同学们说他少年老成。初入学的一段时间，他读了不少翻译和创作的小说。他喜欢那些同情下层人民不幸遭遇的作品，还读到刘弄潮写的一篇宣传男女同校、男女社交公开的文章。这种观点，当时受到成都封建卫道者们的非难，甚至群起而攻之，但艾芜读后却十分赞赏。当他打听到这篇文章的作者刘弄潮是他的新繁老乡时，便去信表示支持，他们两人开始通信，探讨当时青年关心的问题。1921年初春，艾芜的外祖母去世，刘弄潮去吊丧，他们第一次见面，就热烈地讨论新文艺作品，如鲁迅的《狂人日记》、冰心的《超人》等，从此，开始了长达几十年之久的友谊。由于接受新文化思想的影响，艾芜决心通过半工半读走出一条成功的道路。

1925年年底，他离开学校，步行到云南昆明，再去缅甸。在长达六年的南方漂泊生活中，一面艰苦劳动，一面坚持学习和写作，逐步树立起为共产主义奋斗的崇高理想。1928年下半年，他参加了刚刚成立的缅甸共产主义小组，积极投入建立缅甸共产党的工作。1931年春，因支持缅甸人民的反殖民主义斗争，艾芜被英国当局驱逐出境，回国后到了上海，得到鲁迅的指导，从事文学创作，1932年春参加中国左翼作家联盟，1933年3月，被逮捕入狱，经鲁迅的帮助和"左联"的营

艾芜（1904—1992年），原名汤道耕，四川新繁人，中国著名作家，新中国成立后曾任重庆市文化局局长，四川省作协筹备组组长，四川省政协常委

救，四个月后出狱。这段时间，他出版了《南行记》《南国之夜》等多部作品，在社会上产生了广泛的影响。鲁迅称他为当代"最优秀的左翼作家"之一，而艾芜也因其多年的颠沛流离的生活境遇被称为"流浪作家"。

沙汀与艾芜，不仅是同窗之谊，更是相伴一生的挚友。

新中国成立后，这两位文学巨匠携手重返四川，共同致力于文艺事业的振兴。沙汀不仅在四川省及全国文学界担任了领导职务，还亲身参与了川西文联与西南文联的创建工作，其后更荣膺四川文联主席一职，并兼任《草地》杂志主编，为文学园地辛勤耕耘。艾芜同样功勋卓著，他先后担任四川省文联临时党组成员及省作协筹备组组长，为四川文学的繁荣发展贡献了自己的力量。

成都大学老图书馆门前的名为《同学》的沙汀、艾芜雕像（图片来自邱果，拍摄于2018年10月15日）

Chengdu 100 Year School

尽管沙汀与艾芜在创作手法与文风上各具特色，人生轨迹亦有所差异，但他们始终情如手足，相互扶持，携手前行。自20世纪30年代起，这份深厚的友谊便如细水长流，绵延不绝，直至1992年，两位老友相继离世。

● 白敦仁

白敦仁先生是成都大学中文系（现文学与新闻传播学院）的奠基者。白敦仁（1918—2004年），字梅庵，河北通州人，出生于四川成都。早年就读于四川大学，后转入华西协合大学中文系。历任华西协合大学助教，波兰华沙大学东方语言文学系特聘讲师，成都大学学术委员会主任、中文系系主任，受聘为四川省社会科学学会联合会理事，四川李白研究学会，杜甫研究学会顾问。白敦仁的宋代文学造诣极深，专致于陈与义研究，其《陈与义年谱》《陈与义集校注》以传统的笺注方式研究古代文本，内容丰富，笺注详细，堪称典范之作。

1921 年，白敦仁进入家办私塾，始习"四书""五经"《古文观止》诸书。先后就读于成都县立第一小学、成都县立中学。1932 年，拜骞公（字介庵）先生为师，学习国画、诗歌、七弦琴等，受中国传统文化浸染颇深，这为他以后的求学、研究与创作奠定了坚实的基础。17 岁时，他与同班同学陈怀仁创办"文会"壁报，中学时与雷履平、徐汝坤、乔雁宾、张璠白等组成"春吟社"，专做旧体诗，22 岁时，与雷履平、钟树梁合刻词作《焦桐集》。白先生自幼便与雷履平结识，两人更是成了终身挚友。

在白敦仁的《水明楼诗词集》中，就让人读出了这一段"雷白之谊"来。雷履平、白敦仁皆生于成都，长于成都。晚年白敦仁有言："亡友雷履平，与余齐年而长余数月，自 12 岁定交，形影不离者殆 60 年。"在这 60 年中，两人面壁向学，共同钻研文史，始终志趣相投，也同在成都的大学和中学教书育人。20 世纪 40 年代，两人已是成都闻名遐迩的一代名师，人称"雷白"。四川近代学者向宗鲁曾评价青年白敦仁"仗气慕义，有古人风概"，并以此语向庞石帚先生介绍。那时候，白敦仁在川大求学，因钦佩庞先生的博学高文，不惜从峨眉负笈奔华西坝投在庞之门下。后来庞石帚受人排挤一度辞去华西教职，白敦仁"亦愤然去华西"。如此豪气与风骨，当是对白敦仁性格最真实的写照。1937 年，白敦仁考入四川大学，师从龚向农、林山腴、向宗鲁、李培甫、庞石帚，后转入华大中文系，研究"三礼"，对郑子尹诗、朱彊村词产生兴趣。其毕业论文《释食》获满分一百分，李培甫给予了高度评价："礼始诸饮食，宫室衣服之外，应有专篇。作者抽绎经传，旁搜故训，条贯固自秩然。至于抉择众说，从其美善，亦复具有识力，可谓杂而不越矣。"可见其扎实深厚的古文功底。

白敦仁（1918—2004 年），河北通州人，曾任波兰华沙大学东方语文学院中文系特聘讲师，成都大学中文系教授、系主任

毕业后，白敦仁在华西大学、南虹艺专、私立荫唐中学、成华大学、成都七中任教。1956 年，白敦仁赴波兰华沙大学任教，开设古代文学史、古代文选、现代文学史等课程，并帮助波兰汉学家开展中国文学研究。其时波兰科学院院士、文学院院长雅布翁斯基博士正研究王充的《论衡》，白敦仁为他解答了很多的疑问与困

1992年白敦仁执教50周年纪念会（图片来自成都大学档案馆）

惑，使雅布翁斯基博士深为佩服，认为白敦仁是一位学识渊博之人。1978年白敦仁进入成都大学任教。期间，他先后邀请了山东大学殷孟伦、华中师范学院张舜徽、四川大学缪钺、四川师范学院刘君惠、天津大学王达津、辽宁大学张震泽等知名专家学者给学生做学术报告。还邀请杨明照先生给学生们讲"我怎样研究《文心雕龙》"，请郭君恕讲声韵学，请屈守元讲"四川近代学风"。

白敦仁先生曾为学校购书的事情亲赴北京。在京期间，他两次拜访钱锺书先生，探讨学术问题。根据白敦仁儿子白与群收藏的"白敦仁日记"，可明确查考出白敦仁与钱锺书的两次面谈详情。据日记内容，两人第一次见面是在1979年冬至，也恰逢周六，钱杨夫妇皆在家，畅谈甚久。白敦仁在日记里记录到："他夫妇都是七十岁的人了（夫人已满，钱也将满）。"可能是白敦仁笔误，实际情况是钱先生比杨先生大，应是"钱已满，杨也将满"。当天他们所谈甚多，白敦仁回来后，凭记忆整理归纳了所谈内容。他们一谈乾嘉学派，钱锺书认为："乾嘉诸老讲训诂，由字到句、篇，应肯定。但有局限性，还应该从篇的角度来看字，还应从作者其人、时代、作品的体裁角度来看。总之，语言问题既要从个别到整体看，又要由整体的观点来看个别，这是一种辩证关系。戴东原不解此，所以一谈到'常道'就弄不清了。"而谈到中国文艺理论取法西方理论的问题时，钱锺书以为，"中国文艺理论，诗话、词话之类可取者极少，应钻研一下周秦诸子，其中有不少精辟的东西。另外，'汉注唐疏'未可尽然。但要懂一点西方理论，以资启发。后者的好处是概念清晰，基于此，目前的文学批评史应该重新书写"。这个观点也符合钱锺书一贯的学术旨趣和方向。此外，他们也谈治学之道，"今人著书，好像编教科书，不懂得著述与编讲义之不同。学问忌取巧，要笨些"。他们所谈论的这三个问题，都是站得高、看得远、思得深的学者之见。其中一些观点，是两人思维碰撞之后渐趋于一同的"共有之论"。十天后，白敦仁如约再次前往钱先生家中，他们依次谈了陈简斋、刘勰和史诗，话题涉及诗学、文学鉴赏、文艺美学等范畴。在北京与钱锺书的两次交流面谈，对白敦仁的激励很大。此后，白敦仁陆续写出了大量优质的研究和笺注作品。这些作品一经出版，白敦仁即邮寄钱锺书，钱锺书也每信必复。据白与群统计，钱锺书写给白敦仁的信函，一共有二十多件。钱锺书对《陈与义年谱》的评论，即写于回复白敦仁的信函中。这二十多封信函，在白敦仁过世后，即被其子女轮流珍藏。2006年，子女们将白敦仁生前为学研究所用的图书捐献给杜甫草堂时，这些信函曾在杜甫草堂有过短暂而相对私密的"公开"。此后，信件则由白敦仁的几个子女轮流保管，再未示人。

　　白先生在治学之路上勤勤恳恳，一丝不苟。不仅如此，他在教书育人、传道授业解惑之途中，也是风雨无阻，数十年如一日。据他的学生江功举回忆，那时他听闻白敦仁老师的公开教学课最大的特点就是整堂课中没有一句话讲的是废话，全部都是"干货"。这样高的评价，再加上白敦仁波兰讲学的经历，使他对白敦仁早已仰慕不已。在他作为白敦仁学生的三年中，白不顾年事己高，硬是寒暑无间，一节课一节课地导引了学生们整整三年。至今他对白先生给他们的"见面礼"记忆犹新，这"见面礼"就是白敦仁见到他们这些学生时说的一句话："节衣缩食，买书！"正是由于受到白敦仁此话的启发和影响，江功举自此便形成了一个买书、收藏书的习惯，他藏书中的不少珍贵罕见之本就是在白敦仁的指点下一本一本购藏的。他与白敦仁师生三年，相处十载，深深感受到了白敦仁可尊可敬之处，白敦仁那全心全意于教育事业，将金针度人的高尚无私的奉献精神，以及先生渊博的学识、精湛的见解、杰出的贡献，则更是广为人诵，有口皆碑。也因如此，1992年在白敦仁执教50周年之际，学校专门组织了白敦仁执教50周年志庆典礼，彰显白敦仁热爱教育事业的情怀和胸襟。

　　白敦仁这一生"博学于文""行己有耻"，可谓是"训堪垂后代，辉岂照三春？百载源流识，推波急待人"。

● 钟树梁

钟树梁，汉族，四川成都人，1916 年 8 月生，大学学历，教授，享受国务院特殊津贴，曾任四川杜甫学会及四川诗词学会名誉会长，民进四川省委会主委、民进中央委员，成都大学原副校长。

钟树梁 1945 年毕业于四川大学中文系，留校任助教，继作讲师，1949 年后，先后在四川大学、成都师专、石室中学等校任教，1978 年始任成都大学教授，曾兼任副校长三年。1946 年加入中国民主建国会，1956 年加入中国民主促进会，1985 年加入中国共产党，曾任四川杜甫学会副会长，四川诗词学会副会长，第八届全国人大代表，第六至八届四川省人大常委；第四届四川省政协常委，第九届成都市政协副主席；第三、四届民进成都市委会副主委（1980 年 1 月—1985 年 1 月期间兼任秘书长），第五届民进成都市委会主委；第一、二届民进四川省委会副主委，第三届民进四川省委会主委，民进第六至九届中央委员。

钟树梁以学习研究杜诗为终身志向。四川杜甫研究会负责人许世荣介绍，钟树梁一生笔耕不辍，写诗作词达上万首。钟树梁生前常与钱锺书、"红学大家"周汝昌等人信件往来。

作为享受国务院特殊津贴的专家，钟树梁只是借住在侄女位于布后街 10 号院的家中。每一次学校分房子，老人都以"其他年轻人更需要"来拒绝。每年过年后辈来慰问他，他都说："贺卡和心意我收下，但是'附件'就不要了。"所谓的"附件"，正是慰问金。实在推辞不过，他就自掏腰包把慰问金凑成数千的整数，委托民进四川省委捐给贫困学生。

钟树梁出生于一个世代读书人家，家无恒产。父亲是师范学校教师及被延请的家庭教师，因贫病交加去世，年仅 42 岁，生前写有七大本日记，揭露旧社会丑恶，发出人民呼声。钟树梁秉承其教诲，

钟树梁（1916—2009 年），四川成都人，曾任民进四川省委会主委、民进中央委员，省政协常委，成都市政协副主席，成都大学副校长、教授

1978年民进中央负责人合影，前排右起为雷洁琼、韩怡民、周建人、叶圣陶、罗嘉惠，后排左起为杨佩芳、徐天逸、叶至善、钟树梁　（图片来自成都大学档案馆）

故对旧社会极为不满。父死时钟树梁才 12 岁。其后在聚兴诚银行作见习生、助理员，识见较广，亦有爱国热情。后来半工半读，就读于川大中文系，曾加入中国共产党领导下的进步文艺团体文学研究会，并参加了反对国民党所派程天放来川大的斗争，参加了抗日后援会。期间他结识了地下党同志郭治澄，经介绍读马列主义书籍和《解放日报》《新华日报》，又受邹韬奋先生多种著作的教育、影响，坚信共产主义，热爱中国共产党，坚信社会主义的必然实现，坚决反对国民党反动派。 1946 年加入了民主建国会，曾在重庆《金融周刊》上发表了反对"中美通商条约"的文章。解放战争中在川大参加了一些革命斗争，掩护革命同志，在中学兼课结合教学并在课外向学生做革命宣传，使学生明辨是非，并组织学生迎接解放。成都解放，他便在刚办的《川西日报》上发表了《迎解放军》长诗。钟树梁其后因正在申请入党，以为不能同时参加两个组织，在民建重新登记时未登记， 1956 年经教育局介绍加入刚在成都建立组织的中国民主促进会。中共十一届三中全会后，他又继十多年前写的申请后第五次写了入党申请，终于在 1985 年光荣地加入了中国共产党。

钟树梁先生著有《古声韵学要籍辨析》，杜甫研究论文集《杜诗研究丛稿》，散文集《草堂之春》，诗词集《钟树梁诗词集》《钟树梁诗词集续编》等。

钟树梁先生情系杜甫草堂，生前一直关心草堂的建设和发展，并将平生所藏五千余册图书悉数捐赠杜甫草堂，表现了先生对草堂的无比关怀与爱护。成都杜甫草堂博物馆收藏钟树梁捐赠藏书后，开辟了"学杜斋"藏书室，用于整体收藏保管钟树梁先生的藏书。2014 年 11 月 12 日至 14 日，"成都杜甫草堂博物馆馆藏钟树梁藏书展"在成都学院（成都大学）图书馆一楼大厅展出。此次书展展出了钟树梁先生收藏的部分珍贵古籍图书版本及其撰写的学术专著和创作的诗词集，以及部分著作、论文和诗词的手稿。

从校名的几度沉浮到走读办大学的艰难初创，从多途汇流的携手共创到恢复校名的崭新起点，成都大学扎根中国大地、扎根成都本土办大学的道路越走越宽、越走越亮。以成大之治成效展示成都之治形象，早日建成特色鲜明、国内一流的应用型城市大学成为今日成大人不懈努力的共同目标！

天府文化　百年成都

Tianfu Culture, A Century-old Chengdu

Chengdu
100 Year School

成都百年学校

成都工业学院

哺兴国实业 育国之重器
——成都工业学院

　　创办于1913年的成都工业学院是辛亥革命后四川省举办的第一所实业学校。从伊始在包家巷如春寒料峭般艰难萌芽，到怀揣炽热理想搬入学道街；从躲避战乱无奈迁往多宝寺，辗转茶店子；从怀抱美好愿景搬往花牌坊，到落户郫都新校区。学校始终坚守"手脑并用、学做合一"的宗旨，学府和合、共奏弦歌。

【兴校历程】

● 开创之功

　　清时，历经鸦片战争和太平天国农民起义，清王朝根基已大大动摇。1895年中日甲午战争失败使洋务运动也受到重创，民族危机、社会危机一步步加深。1900年，义和团运动兴起，八国联军进攻北京城，慈禧逃亡西安。在内忧外患的压力下，清政府不得不于1901年宣布实行"新政"：经济上提出振兴商务、奖励实业；文化教育方面则提出改革学制，主要内容为"停科举""设学堂""奖游学"。1904年更是颁布了《奏定学堂章程》，建立起普通教育、师范教育和实业教育体系。辛亥革命后，蔡元培担任教育总长，他主持召开教育会议，最终决定了新的教育宗旨、学制系统和各级各类学校法令，并陆续颁布实行。

四川地处内地，文化落后，工商业发展缓慢，特别是缺乏工业技术人才，兴办实业教育成为当务之急。四川各地也相继改建和兴办了各大学堂和实业学堂。1912年，四川省教育司拟定《职业学校办法章程》，要求各州县多办职业学校，即使僻处州县，至少也应设一所职业学校。1913年，时任护理四川都督兼民政长的胡景伊委派有留日经历的学者彭炳筹办省属四川职业学校，遂开启了四川职业学校的序幕。

彭炳接受任务后多方奔走，积极运筹，借鉴日本专门学校的经验，筹办工作进展迅速，于1913年2月18日在《西蜀新闻》上刊登了《四川职业学校招生广告》。4月1日，在彭炳全力操持和各地各界大力支持下，辛亥革命后四川第一所示范性实业学校——四川职业学校正式开学。学校校址位于成都市包家巷82号，占地面积10亩，新建了教室和实习工场，开设应用化学、染织两科，学制三年，招收学生74人，有教职工19人，彭炳为首任校长。学校于8月更名为四川省立第一甲种工业学校，学制定为预科一年，本科三年。甲工校校址位于包家巷，校门是用传统的小青砖砌筑而成的，开间超大，而今，在成都工业学院院内的陈毅纪念馆大门就是按照此校门修建

位于成都工业学院校内的陈毅纪念园大门（图片来自成都工业学院）

的。尽管旧址早已面目全非，变成了如今四川省中药材公司的宿舍区，老校门也不复存在，但它昔日的风采，却让老成都人记忆犹新。

为表彰与激励彭炳的工作，1914 年 2 月，四川民政长呈文大总统暨国务院请令嘉奖四川省立第一甲种工业学校校长彭炳。称赞彭炳"办学得力""成绩卓著"，学校"前途发展已可预卜"。不幸的是，彭炳校长积劳成疾，一病不起，于 1914 年 8 月去世。虽然在任只有一年多时间，但他为学校奠定了传承至今的"严谨、朴实、勤奋、创新"校风，其功绩将永留学校史册。四川巡按使公署对彭炳评价甚高，称其"学问渊深，品行端淬"，对校务"殚精竭虑，力谋完备，其高尚廉洁，尤堪矜式"，对建筑设备"务求朴实、坚深"，对管理规程"务期严谨"。

彭炳校长打下的坚实基础使得学校在日后的动荡时局得以稳定并发展。1914 年四川省共有实业学校 29 所，其中农业学校 18 所、工业学校 10 所、商业学校 1 所，四川职业教育发展的黄金年代由此展开。然而到 1930 年，四川省的职业教育学校却萎缩到 24 所，直至 1935 年川政统一后，才又得以发展。这期间，四川省立第一甲种工业学一直秉承初心，坚守实业教育，1934 年 8 月学校更名为四川省立成都高级工业职业学校。

1935 年 6 月，在四川基本实现川政统一后不久，教育部即派出特派员到四川视察教育，7 月 4 日，教育部根据特派员视察报告特制定四川各大学校（院）整理办法六项，令四川教育厅及各相关院校执行。其中，四川省立工学院并入重庆大学，四川省立成都高级工业职业学校接省教育厅令，迁入并接管其四川省立工学院原址，以提升学校办学实力。自此，学校从包家巷搬入了学道街。

● **实业救国**

抗战全面爆发以后，国家建设急需各种职业人才，据《中等教育概况》（1949 年版）一书介绍，"后方物质渐感匮乏，生产技术人员，尤不易罗致，当时为谋养成实际技术人员，以解决一县人民衣食住行日常生活之必需起见"。日本飞机于 1938 年年底开始轰炸成都。为确保师生安全，根据当时国民政府的要求，四川省立成都高级工业职业学校于 1939 年 5 月从学道街疏散至外东多宝寺继续办学。1940 年，教育部以最高国防委员会以备抗战建国巨业之所需，特令四川省立成都高级工业职业学校开班中等机械技术科和中等电机技术科，其修业年限在校肄业三年，工厂实习一年，在校肄业期间每月伙食、零用津贴、制服、工作服、讲义

1944年电技2班毕业留影（图片来自成都工业学院）

费均由政府供给，毕业后由政府分配工作。 1944 年 9 月，教育部经与航空委员会商定，开办航空机械技术科。四川省立成都高级工业职业学校遂将原机械科课程改为航空机械技术科，并由教育部指拨经费，航委会拨赠航空器材充实教学设备。

抗战胜利后， 1946 年 3 月 29 日，教育部在重庆召开大中专院校复员会议，决定内迁学校从 5 月开始到年底迁回原址，并把这种回迁统称为"复员"，彼时的学校"一面致力于复员，一面致力更谋推广改进"。四川省立成都高级工业职业学校当时在多宝寺的部分教室、宿舍、实验场地原为茅棚草屋，经历多年已经破损严重，加之春天的一场风雨而多有倒塌，办学条件十分困难，师生生活极为艰苦，急需尽快复员回迁。由于学道街校址当时已成为省教育厅办公场所，省教育厅安排学校迁至茶店子，即该厅原疏散的办公区，并决定将紧邻的原四川省实验小学茶店子分校之校舍提供给学校使用。 4 月，工业学院开始复员工作，期间搬运校具、设备、修建校舍等花费的"复员经费"一度达到旧币 4800 万元。

● 几易校舍

1949 年后，学校由川西行政公署文教厅接管，并于 1950 年 11 月更名为川西成都高级工业职业学校。次年，由于用电困难和交通不便，学校由茶店子迁往花牌坊街。新校址原为私立立达中学校址，占地约 20 亩，建筑面积仅 3550 平方米。对于一所有数百名师生员工的学校来说，过分狭小的校园使学校的发展面临诸多实际困难。1952 年 11 月学校更名为四川成都工业学校，并于 1953 年 9 月划归第二机械工业部二局管理，随即更名为西南第二工业学校。

1955 年 2 月，为适应国防工业发展对中等技术人才的需求，第二机械工业部下达西南第二工业学校校园扩建方案，投入 500 余万元，建设 7000 余平方米教学行政用房。5 月第二机械工业部正式颁发学校扩建任务书，决定按 1280 人规模建设 15800 平方米校舍。按照当时的建设规划和进度要求，任务十分繁重且时间极为紧迫。主教学楼和部分学生宿舍的建设涉及大量居民搬迁，拆迁任务繁重。在前期动员时，居民们听说学校要扩建，都积极表示支持，对按面积复建的方案也表示同意，在短时间内需搬迁的居民都搬离腾空了房屋。学校考虑到原居民住房大多年久失修，有的木头朽坏，有的墙壁破烂，有的盖瓦过少，需要更换和补充，学校在拆迁的同时，抓紧采购了木材、竹子、盖瓦、石灰等材料备用。由于财力、物力、人力有充分保障，复建工程得以顺利开展，搬迁居民得以提前入住新居。

但就在居民们入住后不久，一场意外让学校和居民双方经历了一次严峻考验。时值盛夏，一场暴雨突然降临，许多住户屋内进水，有的积水甚至没

1954年机30、电19班毕业学生在花牌坊校园留影（图片来自成都工业学院）

1971年成都无线电机械学校毕业照（图片来自成都工业学院）

过了膝盖，这让居民们苦不堪言。雨后清晨，数百人齐聚学校，要求解决急难。学校充分理解居民们的困难，除热情接待安排食宿外，迅速开展灾情处置工作：疏通沟渠排除积水，低矮的室内铺填炭灰河沙，水浸泡过的墙面修补粉刷。经过紧急抢建，终于在大雨再次来袭前，让居民们都回到重新修缮后的家。居民们对学校充满人情味的安排和处置表示了理解和赞赏。1955年9月，学校更名为成都工业学校，次年4月，学校更名为成都机械制造工业学校，培养城市发展需要的建设人才。

随着招生规模的扩大，学校再一次面临发展压力，除了师资队伍、实验条件、图书资料等严重短缺外，校区土地面积、建筑面积也呈现严重不足的态势，校址的面积已经无法满足学校发展的需求。几经努力，学校在花牌坊校区增建了部分用房，勉强保障了教育教学的正常开展。1960年10月，学校更名为成都无线电机械学校，着力为无线电行业培养实用型人才。经过30年的建设与发展，学校成为专科层次的学校，1993年2月，更名为成都电子机械高等专科学校，成为人民熟知的电子高专。2006年在郫都区建起了千亩新校园，学校全体普通全日制学生集中在新校区学习。新校区里，建设了以校史馆、陈毅纪念园为代表，以弘扬陈毅精神为主线的特色校园文化，迎接百年校庆。2012年3月，学校升格设置为成都工业学院，成为普通全日制本科院校。

1953年2月成都工业学校电二十、化十八合影（图片来自成都工业学院）

回望历史，成都工业学院从原来的中专校升格为专科层次高校再到本科层次高校，学校易址与建设中留下的故事仍然让人感动，令人难忘。值得欣慰的是，2007年花牌坊校园拆除时，其中一幢教学楼作为成都市近现代优秀建筑得以完整保留，成为20世纪五十年代那个轰轰烈烈历史时期，国家建设、人民精神风貌的永久见证。

【经年往事】

● 校徽校歌

诞生于20世纪20年代的成都工业学院校徽一直沿用至今。关于这枚校徽的具体含义，目前有两种说法：一是"工人农民用勤劳、智慧的手创造光明的未来"；二是"用知识开启智慧，用技能服务社会"。由此可见，校徽的设计与内涵同职业教育密切相关。

黄炎培先生是我国现代职业教育事业的奠基人。1917年他发起成立"中华职业教育社"，1918年创办"中华职业学校"。黄先生提出"劳工神圣"的口号，要求人们抛开"万般皆下品，惟有读书高"的旧观念，重视学习职业技能。他创办的中华职业学校以象征"双手万能"的图案作为校徽、校旗的标识；以"敬业乐群"作为校训，且于校歌中唱道："努力！努力！自己的努力过自己的生活。努力！努力！自己的努力帮助别人的生活。努力！努力！一致的努力，养成共同的生活。"

由此看来，成都工业学院的校徽明显受到黄炎培先生职业教育办学理念的影响。校徽图案中的"工字"和"谷穗"是工人、农民的象征，也就是对"劳工神圣"的解读，不过这里的"工字"也有"工科高中"的含义。展开的双手，寓意着"双手万能"。手和眼是"用我手，用我脑，不单是用我的笔；要做，不单是要说"这一教学理念的具体体现。概括起来，工业学院的校徽反映的基本内涵是"劳工神圣、双手万能"的职业教育思想和"手脑并用、学做合一"的职业教育办学理念。当然，从校徽的整体形状来看，它也像一只展开双翅的雄鹰，预示着学校将振翅高飞。

值得注意的是，在 2005 年 11 月国务院召开的全国职业教育工作会议上，温家宝总理在讲话中再次谈到职业教育应发扬"手脑并用、学做合一"的优良传统，以此培养大批技能型人才和高素质劳动者。这就证明了我国职业教育早期一贯坚持的办学思想是正确的，工业学院的办学思路和实践也是正确的。

校徽从诞生之日起沿用至今，始终贯穿着工业学院的办学内涵，但是工业学院的校歌却是顺应时代变化，经历了很大改动。1935 年，学校校名为四川省立成都高级工业职业学校，简称高工校，由时任校长的张映奎作词，教师张伯龙谱曲，创作完成了学校的第一首校歌。第一首校歌歌词为：

二十世纪科学新，经济竞争优者存，建设首要在民生，是我总理遗训。发达产业，利用厚生，挽救中国贫困。蜀山碧，蜀水清，天赋之邦人艳称，生产落后经济窘，振兴工业莫稍停。皇皇吾校，旭日东升，济济多士，敬业乐群。学问无止境，技能要求精，创造新世代，建设新文明。努力迈进，同德同心，基础奠定，民族复兴。

斗转星移，校歌的歌词和曲谱渐渐遗失。直到 20 世纪 80 年代末、90 年代初，校友赖祉隆作为学道街时期的学生，首先回忆起了校歌歌词，校友金初镕、刘渝等进行了补正。但这时的歌词还不完全准确。直到1993 年，十余位台湾校友来信谈到校歌并回忆了歌词，住在成都的校友赵华民、缪良才写出曲谱，高工校时期的校歌才得以完整再现。

在通信、交流不发达的年代，高工校的校歌成为众多校友联系的纽带，在当时是趣事，也是美事一件。1950年4月，东北人民政府技术人员招聘团要招聘大批的技术人才，上千人的队伍从宝鸡乘火车去北京。电十七班的校友毛哲凡和十几位校友原来在成都造币厂工作，即将分赴不同的岗位，心中百感交集，于是共同唱起了高工校校歌。没想到这一唱，竟引来了不少合唱，就此在异地他乡结识了一批新的校友。后来毛哲凡到东北后被分配在东北化工设计公司工作，校歌时常萦绕心头，在内心常常深情地想起学生时光。

这是老校歌的故事，那新校歌又是如何诞生的呢？1999年，有关部门准备编印《中国校歌大系》，学校委托时任校团委书记刘勇、教师刘晓维创作新校歌，由刘勇作词、刘晓维谱曲。歌词如下：

实业救国中诞生，抗日烽火中成长，爱国进步，民主科学，铸就了你的百年辉煌。昔日甲工校，陈毅的母校，你用锦江一样的情怀，哺育了民族的脊梁。

学无止境中探索，精益求精中开创。严谨朴实，勤奋创新，造就了我们的强劲翅膀。今朝电子高专，建设中的示范校，你用振兴中华的气概，再创新世纪的辉煌！

● 拉飞机的故事

抗战时期，不管是教学、实验还是日常生活都遇到了极大的困难。时任校长的任寿彭在为《中等航空机械、电机技术科第三班毕业同学录》作的序中说道：“数年以来，时值非常，学校之困难万端，顾亦殊难究其责属谁归。幸我贤明之教师于破碎支离之生涯中，不倦训诲；而今日能获结业之诸生，亦尚能奋勉无懈，始克臻此。”同学录中还记载：“最不幸者，始进校时，即逢以臭米为餐，恶气袭人，入口复哺，强食之亦难三咽，少之觉噎噎于怀——饱矣，日三餐计惟领公上之情，然而八时功课，四时自习，日不缺一，习实则锻工铁锤，木工斧锯，钳工钻锉，铸工翻型，手脑并用，精力其竭。”生活上吃不好，学习上却拼尽了全力，甚至连实习用的器材都要自己去拉回来。

历史上三次“拉飞机故事”，正是学生们为了学习，老师们为了教学效果而完成的高难度任务。1944年7月29日教育部部长陈立夫发布训令，为支持数所学校培养航空机械技术人才，要求有关部门拨给飞机及相关器材。所列清单中要求空军机械学校调拨给学校FE126飞机一架，第八飞机修理厂拨给Mezacgv三式41589一具。发动机当即派人领取，飞机领取时间另定。

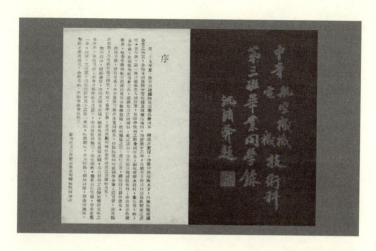

中等航空机械、电机技术科第三班毕业同学录（图片来自成都工业学院）

当时，飞机在成都簇桥，距多宝寺十多里路，怎样把飞机运回来就成了难题。据航技三班班史记载，当时班上同学自告奋勇，硬是将飞机像拉车一样拉回了学校。1946年，学校迁往茶店子时，飞机也是被拉到茶店子去的。

到1947年，航委会再次拨给学校两架退役战斗机、发动机数台，仍是由学生从簇桥拉回。根据经历过这件事的校友刘渝回忆，当时是把飞机机翼取下，在轮毂处拴上绳子，几个人在前面拉，几个人在后面推，还有人在旁边扶，倒也不算十分费力。只是因为路况不好，沿途要把握好方向才行。这三次拉飞机回校的经历，真是校史上值得一谈的趣事。

● **严肃校纪**

在多宝寺办学时期，学校离城较远，交通不便，生活、工作、学习条件均十分艰苦，然而教职员工和学生一起克服了诸多困难，办学从未中断。招生人数有较大增加，毕业学生质量有较大提高，这与学校严谨的教风、严格的管理是分不开的。

1944年，四川省教育厅厅长郭有守发布训令，称查得四川省立成都高级工业职业学校某生沿街吸烟并合行检发该生胸章一枚，要求学校惩处具报。学校接到训令后，校长任寿彭当即作出批示：败坏校誉，应予照章开除学籍。次日，任寿彭发布通报处理结果。

之所以做出如此严厉的处理，是因为当时高工校的学生大体实行的是"军事管理"，无论校内外都一律要求穿规定服装，就跟现在的校服一样。服装上除了领口有"高工"的标记外，胸牌上还有学校名称和佩戴者姓名，学生做了好事或者坏事，旁观者一眼就能看出。据高工校《学则》（1938年）规定，"败坏校誉，或侮辱师长，或扯毁牌告，或反抗纠正，或盗窃有据，或行凶伤人者，应予开除学籍"。此外高工校的《管理办法》也规定，"绝对禁止学生赌博及类似赌博之游戏；绝对禁止吸烟饮酒吃零碎食品及摆弄非学校所规定乐器"。也可以看出，高工校一直坚守的培养学生的原则。

● 自装收音机

工业学院的学生们"好动"，既爱动脑还爱动手，真正领悟了"手脑并用，学做合一"的精神。

学电的学生自然喜欢玩收音机，毕竟像矿石机之类的太简单，电子管又太臃肿，晶体管才是最具吸引力的。电十八班校友张光鉴，1950年入校，

成都工业学院前身成都电子高等专科学校主楼（图片来自成都工业学院，拍摄于2015年）

在读书时因自装九管收音机受到批评，并被没收了收音机。因为七管、九管收音机灵敏度较高，性能较好，有可能收到"敌台"，在 50 年代初的时代背景下，引起关注受到批评是不足为奇的。张光鉴头脑灵活、思维开放，很快就从工科转向思维科学研究，并对脑科学、心理学、思维科学、工学、理学等诸多方面有所涉猎，成为我国思维科学学科带头人、"相似论"创立者。2018 年 4 月，成都工业学院邀请张光鉴教授返校，不仅为管理干部和部分教师以"相似论与教育研究"为题开展讲座，还与众多学生进行了交流和分享。他认为活跃的思维才能培养出活跃的学生，才能将所学运用到实践，"手脑并用，学做合一"的校训便道出了这个道理。同时他还鼓励同学们要抓住机遇，对自己要有正确的认识和定位，增强动手能力和信心，培养创造性思维和创造性能力，要善于阅读，养成终身学习的习惯。

同样是电十八班的刘仁凡吸取了张光鉴的教训，他也想装一部晶体管收音机，于是跑到成都市人民政府公安局正式办理了一个"广播无线电收音机登记证"。此证明确登记了如下事项：川西高工校 18 岁学生刘仁凡，自装外差式七管收音机一部，波长范围为川西、成都，用市电供给电流，因严格规定"不得装置收发报机件并不准窃听敌人广播进行造谣破坏"，所以还特别登记"无收发报机件"。有了这个登记证，刘仁凡不仅成功地组装了收音机，还一直保存到今天。2009 年 12 月他将收音机捐给母校，使其成为一件既能反映学生动手动脑能力，又能反映时代背景的校史文物。学生们不仅动脑动手能力强，同样还是运动健将。在 1953 年的西南区运动大会上，刘仁凡获得跳远冠军，他的同学罗全忠获得跳箱冠军、李定国获得双杠冠军。

● 部长视察

改革开放后，国家经济进入快速发展期，对技术人才的需求十分迫切。1984 年 4 月，电子工业部委托成都电子机械高等专科学校与成都电讯工程学院（现为电子科技大学）开办全国电子工业系统厂长（经理）统考辅导班。6 月，时任中共中央委员、电子工业部部长的江泽民在电子工业部顾问王宗金陪同下来到学校视察。用时任校长孙茂营同志的话说，这次视察有"三了"：

一是看了——江部长详细视察了整个校园。他在看学生宿舍、运动场、食堂时，询问学生生活情况，重点看了教学区的教学楼、各实验室。当他视察到实验室时，问了实验室的设备状况和开出率，看附属工厂时，问了学生的实习情况，工厂生产情况，边看边问，详细了解。那时的校园很不完善，

1984年时任电子工业部部长的江泽民同志到校视察（图片来自成都工业学院）

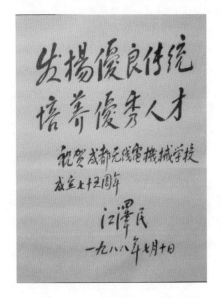

1988年时任上海市委书记的江泽民同志为学校七十五周年校庆题词（图片来自成都工业学院）

学校还在搞扩建改善方案。要大力改善办学条件，以适应早在1980年已确定为全国重点中专的需要。二是听了——江部长听了学校负责人的汇报。他了解了学校开展工作的情况、学校发展扩建的有关问题、学校历史简况以及多年来形成的好学风、校风，着重了解了多年来毕业生服务于电子工业实践的情况。三是议了——江部长与学校领导们一道座谈、探讨。围绕着学校的发展远景，如何把学校办得更好，培养更多的优秀人，适应电子工业发展的需要，展开研讨，引导大家畅所欲言，鼓励大家既要发扬老校好传统、好风尚又要跟上时代大胆创新。

时隔 4 年后的 7 月，江泽民同志再次来到学校，与正在校学习的第一期全国电子工业厂长（经理）统考辅导班学员见面，并同部分学员进行了座谈交流。1988 年建校 75 周年时，学校写信到中共上海市委办公厅，请时任中共中央政治局委员、中共上海市委书记的江泽民同志为学校 75 周年校庆题词。7 月，学校收到上海市委办公厅来信，信中寄来了江泽民同志的题词："发扬优良传统，培养优秀人才——祝贺成都无线电机械学校成立七十五周年。"学校迅速将江泽民同志的题词进行微缩照相制版，刊入正在排印的《成都无线电机械学校简史》扉页。题词原件则精工装裱后摆放在校史展览馆展出。江泽民同志的题词为工业学院当年 11 月 16 日举行的 75 周年校庆大会增添了喜庆气氛。

【桃李天下】

● 陈毅

陈毅，1901 年 8 月 26 日出生于四川乐至县复兴场张安井村，初名世俊。陈毅 7 岁时同父亲陈昌礼一道随外祖父去往湖北利川县。1910 年陈毅的祖辈将乐至老家土地抵押两千两银子，举家迁往成都，住在东门外上河心，靠租种土地为生。1910 年春夏间，陈毅随父亲陈昌礼从湖北回川经乐至来到成都，就读于九眼桥附近的江西会馆两等小学（今锦官驿小学）。1911 年，成都发生保路运动，四川总督赵尔丰屠杀民众，陈毅和兄长陈孟熙被送回乐至，在青海寺陈玉堂私塾馆寄读。1913 年春，陈毅弟兄被母亲接回。此时，陈家已搬至位于猛追湾附近的法华寺邝家大院。秋天，陈毅和陈孟熙考入华阳德胜乡高等小学（今大田坎小学）就读。在这里，裴野堂老师为陈毅改了名字，将原名"世俊"改为"毅"，取字"仲

陈毅（1901—1972 年），成都工业学院杰出校友，1916—1918 年曾在该校染织专业学习，伟大的无产阶级革命家、军事家、外交家，曾任中华人民共和国国务院副总理、中共中央军委副主席、中华人民共和国外交部长

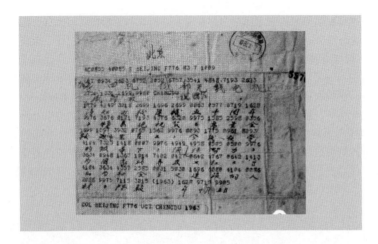

陈毅发给成都工业学院50周年校庆的贺电（图片来自成都工业学院）

弘"。仲者，排行第二也。至于"弘"和"毅"，《四书集注》中解为："弘，宽广也，毅，强忍也，非弘不能胜其重，非毅无以致其远。弘而不毅，则无规矩而立；毅而不弘，则隘而无以居之。弘大刚毅，然后能胜重任而远到。""陈毅"之名自此正式使用。

陈毅在德胜高小继续勤奋学习，打下了较厚实的文化基础。1915年秋，陈毅从德胜高小毕业后，立志要走"实业救国"道路，考入了成都工业讲习所学习。1916年2月14日，15岁的陈毅以陈允明之名考入四川省立第一甲种工业学校。甲工校当时设于成都少城公园附近的包家巷，设有染织和应用化学两科，陈毅就读染织科。陈毅之所以改名，是因为他喜欢上了苏老泉，苏老泉即苏洵，是苏轼、苏辙之父。苏洵早年喜游历，不好学，年二十七始发奋，"熟读六经百家，探古今治乱成败"，终于"下笔顷刻数千言"，成为文学大家。苏洵，字明允，陈毅因此改名允明，意在于要学习苏洵，努力读书，掌握齐家治国平天下的本领，以报效国家。

陈毅在校期间努力学习，关心时事，崇尚科学，尤其喜好踢足球。当时学校的足球队驰誉成都。队里有几个技术过硬的队员，陈毅便是其一。因他打第四排锋位，曾一度被人叫作"陈Four"。他有非常灵活的盘球技术，别的球队和他这一队比赛时，都要小心对付这个打第四排的足球员，双方对垒时，常有对方球员叫道，"注意陈Four！"。

　　在学校，陈毅就表现出惊人的胆识和学识。清末民初成都"五老七贤"之一的徐子休先生在讲课时提到四川没有出过皇帝，没有出过大将，很可惜。对此，陈毅认为：现在已是民国，无需出皇帝；况且孟子早就说过民为贵、君为轻，现在应该多出科学家、实业家才好。作文考试时，徐子休先生从《易经》中出了一个题目象曰："洊雷、震、君子以恐修省。"陈毅第一个交卷，他说，《易经》是古代文献，那时人们没有科学知识，所以听见打雷就怕，如果科学发达，人们了解自然现象的规律，就不会闻雷声而害怕了，当时的君子不过是无知的胆小鬼而已。现在有了避雷针，根本用不着害怕。再者，"为人莫做亏心事，夜半敲门也不惊"。君子既然严谨端直，无愧于心，又何必怕雷震呢！徐子休看了大发脾气，认为陈毅是离经叛道之徒，把文章判为倒数第一。最后事情闹到校长那里，校长召集开会，打圆场说："不是陈允明的文章不好，而是他为人处世之策不好。"这使陈允明感到气愤，他反驳道："我们甲种工业学校应该提倡科学，怎么能推崇迷信呢？"并要求把稿子退还，送去报社发表，让社会参与讨论。

　　令人惋惜的是，陈毅祖母1917年病逝后，陈家兄弟分了家，家境每况愈下。陈毅父亲陈昌礼此时在重庆盐务局任小职员，薪水很低，母亲带着陈毅及兄长、妹妹、弟弟种着少量土地，维持日常生计尚且不易，筹措

1955年8月西南第二工业学校机33电22班学生毕业留影（图片来自成都工业学院）

学费就更加困难了，不得以，陈毅于 1917 年年底辍学离开了甲工校。在甲工校学习一年余，自幼受国学熏陶、尤喜习诗作文的陈毅阅读了大量文学作品，比如《三国演义》《水浒传》《千家诗》《古文观止》等，并游览武侯祠、草堂寺、望江楼等古迹，为自己的文学创作打下了基础。此后岁月，陈毅再难故地重游，直到 1963 年通过陈毅的弟弟陈季让才找到这位"失散"的校友。

恰好是学校 50 周年校庆之际，有一天陈季让路过学校，在校门宣传栏上看到学校沿革中有甲工校（四川省立第一甲种工业学校）之名，于是主动找到有关人员提出陈毅早年曾就读于甲工校的线索。学校派出冉启天等到四川省有关部门联系，并最终向国务院秘书处寄出公函以求佐证，确认了陈毅是甲工校时期的校友。校庆后两日的 10 月 7 日，陈毅为学校 50 周年校庆发来贺电："得知母校建校五十周年，特来电祝贺。希望全校师生员工，今后在党的领导下，继续努力，为国家培养出又红又专的社会主义建设的人才。"

自此，陈毅与学校的联系愈发紧密。学校修建了陈毅纪念园、陈毅纪念馆，成立了四川省陈毅研究会。2003 年 9 月，陈毅的长子陈昊苏为学校 90 周年校庆题词"九十年风雨征程，新世纪更上层楼"。2011 年陈毅诞辰 110 周年纪念日，陈毅的四名子女陈昊苏、陈丹淮、陈小鲁、陈珊珊参加了学校举办的陈毅塑像的揭幕仪式。2013 年 8 月，百年校庆前夕，70 多岁的陈昊苏向学校赠送了新出版的陈毅与张茜外交生涯图册和四种语言的陈毅诗词选，并参观了大学生爱国主义教育基地"陈毅纪念园"和校史展览馆。陈毅之子陈丹淮，陈毅侄子女陈德立、陈德琦等也出席了百年校庆活动。

● 苟悦彬

苟悦彬 1919 年出生于云南省绥江县，自幼勤奋好学，小学毕业后，在父亲经营的杂货店看守了一段时间的柜台。其间，他几次向父亲提出要外出求学，都未得父亲允许。后来，通过在军队做事的哥哥及父亲挚友的反复劝说，父亲才同意苟悦彬到成都求学。到成都后，苟悦彬就读于成都私立济川中学。1937 年考入四川省立成都高级工业学校学习机械科。据 1939 年学校学籍资料记载，机械科开设有外语、机械学等 10 门专业理论课程。苟悦彬的机械学、内燃机等 4 门课成绩在 80 分以上，实习、体育 85 分，操行甲等，总体成绩良好。

抗日战争全面爆发后，苟悦彬萌生了投身革命的想法，于 1938 年同初中同学刘存民一起徒步出川去陕北，在剑阁被拦下，未能如愿。 1939 年学校疏散到外东多宝寺，存放在郭家桥的仪器设备被大火烧毁，影响到学校办学。苟悦彬等组织学生罢课要求追究相关人员的责任，并书写《告社会人士书》，以争取社会同情。此事件最终导致时任校长去职，学校无法容忍苟悦彬等人的过激行为，先是打算开除苟悦彬等人的学籍，后因顾及社会压力，乃将他们转学到重庆高工校继续读书。

1942 年，苟悦彬在昆明附近的云山中学任教员，但是时事艰难，他的内心饱受煎熬。他在日记中曾写道："浮飘无定的生涯，烦乱的心情，愈见烦乱而知己涸已，手足中俎，实是使我难安的根源，这将是我的病根，我也不想求得医治的良方，反正此身也是为他们而残存。我只能践着他们底血痕前进，努力吧，前进。到停止我的生命时，我就能得着和他们一般的休息。"虽然"我面对着这污浊的社会，我痛恶一切，憎恨的情绪常在我内心燃烧，我实愿意和它一起毁灭"，但是最终，苟悦彬也下定决心"从今天起，它是我唯一的知己，在此中我将捧出整个赤热的心，它将是我生活中不可缺少的伴侣。在这里我发誓我要忠实，必须是我生活的痕迹"。

工作几年之后， 1947 年 11 月，苟悦彬终于找到可奉献一腔热血的组织，由王四平介绍，苟悦彬加入中国共产党。入党后他多次完成党组织交给的任务。一次，从苟悦彬处传递出去的《挺进报》在一个同事手里被特务发现，为了不牵连其他同志和群众，苟悦彬表示一切由自己处理，承担全部责任。这时有战友劝苟悦彬赶紧出走，但苟悦彬说："革命就一定会有牺牲，为了保存一个重要的工作岗位，牺牲一个人是划算的。"经请示，上级组织批准他留下的请求。入狱前，苟悦彬还写了一封信交给地下党的同志，信中写道："请同志们务必不要误信特务的欺诈，我绝对不会有一句口供。" 1948 年 4月 15 日，苟悦彬被捕，先关押在重庆磁器

苟悦彬（1919—1949 年），红岩烈士，1937 年就读于成都高级工业学校机械科，1948 年4 月 5 日在传递《挺进报》时，为维护同事被捕，关押在渣滓洞，1949 年 11 月 27 日牺牲（图片来自成都工业学院）

口，后转移到渣滓洞集中营。1949 年 3 月，苟悦彬在狱中给妻子写信，信中写道："我生活得很好，请家人放心，入狱后受了七次刑都没有问出什么就算了，嘱咐弟、妹努力学习，无止境的进步，不要因我而消极灰心。要好好教育孩子——六如，要他继承爸爸的事业。"1949 年 11 月中旬，人民解放军已逼近重庆，关押在渣滓洞集中营的共产党人和革命志士陆续被杀害。11 月 27 日夜，距离重庆解放只有三天，国民党特务对关押在白公馆、渣滓洞的革命者进行了血腥大屠杀，制造了骇人听闻的"11·27 大屠杀"惨案，这其中就包括被关在渣滓洞监狱第七室的苟悦彬。此时，苟悦彬仅30 岁。一个半月之后，重庆各界人士举行遇害烈士追悼大会。刘伯承司令员和邓小平政委专程赶来祭奠英烈。大会上，在松柏与鲜花丛中，苟悦彬烈士遗像与罗世文、车耀先、江竹筠等烈士的遗像陈列在一起。

● 保锡明

保锡明原就读机械科二十六班，1950 年 6 月参军，在西南机械预科总队学习，三个月后进入第四航空学校学习飞行技术，毕业后被分配到空军部队任歼击机飞行员；1951 年年底赴朝参加抗美援朝战争，多次同机队升空与美空军作战，获朝鲜政府军功章一枚；1953 年回国到海军航空兵部队，参加了解放浙东沿海岛屿战役，次年击落敌机一架，在自己和飞机均受损的情况下驾机安全降落，荣立二等功；1955 年被团中央授予"青年社会主义建设积极分子"奖章，受到毛泽东、刘少奇、周恩来、朱德等领导同志亲切接见。

1993 年，已从航空兵司令部参谋长助理退休的保锡明为成都电子机械高等专科学校八十周年校庆撰文，回忆了他的母校生活。保锡明回忆道，那时正值成都解放前夕，学校生活很艰苦，20 个学生住一间小屋，睡通铺，上下层各住 10 人。伙食也差，只有"打牙祭"时才能见到一点肉。1949 年的假期里，为减轻家里负担，保锡明留在成都想找一份临时工作，但实在不好找，只好卖晚报，每天嗓子喊哑，不仅挣不了几毛钱，有时还赔本。后改卖橘子，但每天卖的数量太少也赚不了多少钱，只好去找一位姓马的老师（据成都工业学院校史研究专家周德文老师考证此"马老师"应当是马秉彝先生）。马老师知道保锡明家里困难，也看到学生卖报不易，便慷慨借出七块大洋给保锡明交了学费，使其最终顺利完成学业。再后来，保锡明一直想着还钱给这位马老师，但实在是无法凑齐而留下了永久的遗憾。

保锡明到部队工作时实行的是供给制，他没办法筹到足够的钱还给马老师。即使后来有了还钱的能力，也没有机会再回到学校，完成还钱的心愿。倒是令人尊敬的马先生，看到保锡明保家卫国为民立功劳，那种欣慰和骄傲应当是不言而喻的。学生力图克服困难筹措学费，老师不惧贫寒慷慨解囊，这样的故事也是一段值得书写的佳话了。

回望历史，成都工业学院建校已逾百年，虽校址屡迁、校名数变，但培养应用性工程技术人才的务实精神不变。新时期，学校正在建设地方高水平应用型高校的道路上孜孜耕耘，不断前行。

天府文化　百年成都

Tianfu Culture, A Century-old Chengdu

古今一校 扬辉千秋

——成都石室中学

　　中华文明，源远流长。在广袤的华夏大地上，炎黄子孙从远古走向现代，从蒙昧走向文明，上下五千多年的历史铸就了灿烂辉煌的中华文明。在中华历史的进程中，成都自开明王九世取周王迁岐"一年而所居成聚，二年成邑，三年成都"得名以来，两千多年，从未变换城名，也未曾迁移城址，平静而祥和地屹立于"天府之国"。千百年来，成都之所以能屡经战乱，却恢复和建设得相对较快，究其根本，很大程度上要归功于两大"蜀郡守"。一是秦昭襄王末年李冰任蜀郡守（约公元前256—前251年）。李冰在任时期建成了举世闻名、万代受益的都江堰，使成都成为"水旱从人，不知饥馑"，物阜人丰的"天府之国"，为成都人提供了丰富的物质粮食。二是西汉时期的蜀郡守文翁（约公元前143—前141年）。唐裴铏有诗云"文翁石室有仪形，庠序千秋播德馨"。文翁进一步完善了都江堰水利工程，并在全国尚未对民众开放官学时在成都创办了中国历史上第一所地方政府开办的公立学堂——文翁石室，使文化得以开创与继承，为后世崇奉文化者树立了则效的榜样。这二位，共同奠定了成都物质与精神并重的城市特色。后世称为"李冰治水，文翁化蜀"。文翁创建的"石室精舍"2000多年校址未改、办学未断，是真正意义的"千年名校"。近百年来，自1902年清政府颁布《钦定学堂章程》，时名锦江书院的石室中学在全国率先完成由科举制向新学制的变革，成为四川历史上第一所现代公立中学，引领四川教育的近代化转型。

【石室百年】

　　成都市南，文庙前街的西头北侧，坐落着一栋古朴而雄伟的建筑。它高踞于八级台阶之上，六根朱红大柱，高高擎起装饰着彩绘的屋梁，绿色的大屋顶、琉璃瓦熠熠生辉，檐角高翘，凌空欲飞。屋脊的正中端放着一座别致的装饰物，由"石室"两个篆体字构成的雕塑，外形远看好像一座金钟。朱红大门上，嘉庆二十三年时任四川总督蒋攸铦重修锦江书院时题写的"文翁石室"深蓝色牌匾高悬，这便是 20 世纪 80 年代修建的石室中学校门。大门右侧，挂着"四川省成都石室中学"的校牌。大门内，树木扶疏，高楼林立，书声琅琅。石室中学所在地，便是西汉著名的"文翁石室"的故址。从汉代一路走来，文翁石室历经两千多个春秋，虽时移世易，依旧薪火相传，生生不息。校名虽多次更改，但校址从未变动。正所谓"文翁石室有仪形，庠序千秋播德馨"。

成都石室中学校门，匾额由清朝嘉庆时期四川总督蒋攸铦题写（图片来自成都石室中学）

清末成都府中学堂毕业生与教师合影（图片来自成都石室中学）

作为巴蜀历史上与李冰齐名的文翁，是个极有眼光的人。一边送聪敏有才的郡县小吏到长安太学中学习法规法令，学成归来后委以重任；一边在城南修筑"石室"，招下县子弟为学宫弟子，免除他们的徭役，极大地改善了蜀地的民风，渐渐地，蜀中学风大盛，"学徒鳞萃，蜀学比于齐鲁"。文翁修筑石室，兴建讲堂并供奉私学开创者孔子的塑像，开创了中国地方官办学校和后世"文庙"的先河。

清世祖顺治十八年（1661年），四川巡抚佟凤彩视察石室遗址后，决心重修文翁石室。但他的主张立即招来两种反对意见：一种是说现在忙于军事斗争，无暇顾及学校；另一种是说现在经济紧张，无钱办学，等富庶起来再办教育。佟凤彩针锋相对，痛快淋漓地驳斥了这两种谬论。他强调必须优先发展教育，因为发展教育是保证富庶的先决条件。在历时两年的重建过程中，所有经费全由政府包干，老百姓不出一分钱。最后，古老的文翁石室以精致、宏大的"成都府学"的面貌重现于世。从某种角度来说，这是中国历史上第一次关于"经济发展，教育先行"的论争。

康熙四十三年（1704年），按察使刘德芳于文翁旧址创建锦江书院。锦江书院设有讲堂、学舍，招收秀才以上生员，教学内容兼顾经义与时文，采用王安石的"三舍法"，实行正课、附课和外课。锦江书院从创建到与尊经书院合并的一百多年间规模逐渐扩大，讲堂、学舍面积和学生的数量不断增加。文翁石室作为一所地方官办学府，历代地方政府都非常重视。不仅派遣高官掌管学校，同时所有费用由蜀郡财政统一支出，无论人力还是财力，都给予大力支持，这也是文翁石室香火不灭的重要原因。文翁复存，石室重开，蜀中文化得以重兴，蜀学得以传承。

鸦片战争后，中国开始沦为半封建半殖民地社会，为抵御外辱，变法图强，有识之士纷纷兴办新学堂。光绪二十八年（1902年）四川总督岑春煊将锦江书院改为成都师范学堂，癸卯学制施行后又改为成都府中学堂。文翁石室化身为四川省第一所现代公立中学。在此后的47年时光里，中国社会动荡不安，辛亥革命、五四运动、军阀混战、抗日战争、内战连年……石室中学也走过了艰难曲折的47年，虽然办学经费短缺，师生的温饱甚至是生命安全都得不到保障，但师生们从未退缩，他们本着爱国热忱，紧跟时代潮流，毅然投身革命洪流。

新中国成立以后，石室中学在中国共产党的领导下迅速恢复学校秩序，建立起新的社会主义的学校管理体制，石室中学进入一个新的时代。1952年9月，学校更名为成都第四中学，即民间所谓"四七九"三大名校中"四"的由来。实际上到现在，很多人在谈起石室中学时还是会亲切地称其为"四中"。1983年4月恢复旧名：石室中学。

Chengdu 100 Year School

20世纪60年代石室中学学生在校门口合照（图片来自成都石室中学）

20世纪80年代的石室中学（图片来自成都石室中学）

2009 年 4 月，"成都石室中学教育集团"成立，以成都石室中学为龙头，下辖 15 所学校、16 个办学点，横跨成都三个圈层，覆盖全市近四万城乡学生。石室中学以重点学校的优势，以优质教育资源的辐射、指导和示范作用，促进成都市乃至四川省基础教育的不断发展。学校现已形成一校、两区（文庙校区、北湖校区）、三部（初中部、高中部、国际部）的办学格局。

两千多年来，沧海桑田，每一次校名的更替，都伴随着历史的前进。无论世事变迁，文翁石室的深厚底蕴、文化积淀、人文情怀有序传承，如春风化雨润物无声，潜移默化、影响深远。

【石室英杰】

两千多年来，文翁石室人才辈出。古有司马相如、扬雄、陈寿等文学大家，近代有刘光第、李颉人、张澜、郭沫若、王光祈、周太玄等仁人志士，当代有贺麟、钟山、沙国河等杰出院士。他们如同璀璨星辰，熠熠生辉，为国家的前途和民族的命运做出了不可磨灭的贡献。

● 张澜

　　1949 年，北京天安门城楼上，一身布衣长袍，以国家副主席身份站在毛泽东主席身后的张澜，与全世界一起见证了中华人民共和国的成立，见证了中华民族站起来的历史时刻。作为中国民主同盟的创建者和领导者，中国共产党的亲密朋友，张澜因字表方而被毛泽东亲切地称为"表老"。张澜 1872 年 4 月出生在四川省南充县中和乡的一个贫民家庭，1955 年病逝于北京，在他的两个学生主持下安葬于革命公墓。这两个学生，一个是解放军总司令朱德元帅，一个是解放军参谋长罗瑞卿大将。张澜先生 1917 年当过四川省的省长，白色恐怖笼罩下的大学校长和民盟中央主席，一生横跨了晚清、民国、新中国，他的人生经历可谓是"惊险半世纪，传奇集一生"。

　　幼年时期的张澜，家中贫穷，农忙时他要下地帮助父亲干农活，农闲时才能进私塾读书。张澜读书特别勤奋，25 岁时考中秀才，并赴四川广安"紫金精舍"任教。1902 年由南充县教谕骆文廷举荐入成都尊经书院深造。尊经书院是四川近代高等教育的源头之一，在晚清科举制度病入膏肓之时，1874 年由张之洞亲自筹划，继文翁之教，设校址在成都文庙西街石犀寺。本着洋务派"中学为体、西学为用"的方针，尊经书院是中国第一批在办学上提出学习西方文化的学校。学生由省内各府在有秀才、贡生等资格的知识分子中择优录取，聚集了全省的文化精英，张澜便是其中一位。尊经书院治学严谨、思想活跃的学风对张澜影响很大，促进了他不畏强暴，是非分明性格的形成。次年鉴于张澜的学习成绩优异，书院将其保送留学日本。临行前，家里用自织的蓝色家居布为他缝了一件长衫，老父亲谆谆告诫儿子"为人不能忘本昧良，终身布衣也是福。男儿当自立自强，自爱自重，读书不求高官厚禄，但求为民造福。"

　　临别时的布衣、老父亲的教诲影响了他的一生。从晚清到民国，从民国到新中国，他都是一身布衣，也因此被称为"布

张澜（1872—1955年），四川南充人，中国伟大的爱国主义者，著名的民主主义革命家、教育家，中国民主同盟的创建者和领导者，曾任中央人民政府副主席，全国人大常委会副委员长、全国政协副主席

衣圣人"。后来张澜将老父亲的教诲琢磨成四勉（自爱、自修、自尊、自强）一戒（自欺），并作为他的人生准则。从中演绎出的"自爱、自修、自尊、自强"正是今天成都大学的校训，一走进成都大学的校门，映入眼帘的就是镌刻着这八字校训的石碑。

在日本求学期间，张澜入读日本弘文书院师范科学习"格致"。他目睹了日本明治维新后教育发展对日本实现富国强军所起的巨大推动作用，从而激发了投身教育的热情。学成回国后，张澜活跃在民主斗争中，是震惊中外的四川保路运动的中坚人物。1917年，张澜被拥戴当了几个月的四川省省长。后因袁世凯当政，便挂冠而去，回乡办学，当起微不足道的小学校长和中学校长。中小学校长与省长在职别上相距甚远，张澜的这一举动在四川教育界传为佳话。20世纪20年代，张澜任顺庆府中学校长期间，先后聘请著名共产党人吴玉章及张秀熟到校主持教务。从吴、张两人那里了解到的俄国十月革命，使他的认识进入一个新的境界。张秀熟曾写过一首《五一颂》，张澜看后大为心仪，便把学校的校庆日定为每年的五月一日，把这首《五一颂》谱写为校歌。张澜的学生毕业后倾向进步，投入革命者众多，朱德、罗瑞卿、任白戈、陈同生等一批国家的栋梁之材就是其中的佼佼者。

1926年4月，四川省长公署正式任命张澜为国立成都大学校长。就任成都大学校长之后，张澜一边殚精竭虑地解决办学经费和办学空间问题，一边着手学校内涵建设。从1926年任命为校长到1930年辞去校长职务，四年的教育实践凝结出的张澜教育理念和教育思想，不单单在短时间里，使当时交通极不便利、信息相对闭塞的国立成都大学变成一所高质量的高等学府，名列全国高等学校前列，也对今天成都大学的发展极具启发和借鉴意义。

张澜认为，大学办得好坏关键在教师质量。面对成都大学创建之初教师匮乏的状况，张澜提出"打开夔门，欢迎中外学者来川讲学"的响亮口号，千方百计广揽良师，邀请各方人才进入成都大学讲学。为聘到学识优良的教师，张澜不惜重金。他主张学术研究自由，聘请教师抱定人才主义，不管出自哪个党派，只要学术上确有地位，就一律欢迎。这种不拘一格、诚心正意的揽才策略，使得当时成都大学的教师队伍中，既有共产党员，也有国民党员及其他党派人士；既有"蜀学宿儒"，也有吴虞、吴芳吉、李劼人这样的新派人物，还有大批从美、日、英、法、德等国学成归国的留学生；既注重社会科学人才，也注重自然科学人才。数学系的魏时珍，生物系的罗世疑、周太玄，化学系的曹四勿，就是张澜通过任鸿隽用重金从京沪两地聘请到校的四大"庚款文化基金会"特聘教授。张澜既重视老教师的骨干作用，也敢于重用有真才实学的年轻教师。化学系的曾济实，是日本东京帝国大学化学科毕业生，年仅 26 岁即被聘为教授、系主任。张澜以一腔热情和真诚，亲力亲为地为成都大学招揽贤能。为了聘请到重庆大学创建者之一、著名诗人吴芳吉，张澜在两个多月时间里不但连续亲笔写了三封信给吴芳吉，而且还致信吴芳吉的母亲，同时致函吴宓，经过诚意聘约，吴芳吉成为成都大学的一员。

此外，张澜还邀请来自欧洲、美洲的外国人来校讲学，拓展学生视野。仅在 1929 年这一年间，在成都大学任教的外籍教师达到 28 人。在当时偏僻的成都，一所大学就有如此众多的外国人任教，对保守的四川无疑是一个不小的冲击，在西南边陲也是一件不寻常的事。经过张澜的努力，成都大学成立的第三年，就组建起一个群贤毕至、各方人才汇聚的高水平教师队伍，有正、副教授 83 人，讲师 56 人，居四川高校之首，在当时教育部立案的 21 所国立大学里排名第 7。广揽人才的措施使国立成都大学构建起阵容整齐、人才荟萃的教师队伍，其中不乏在学术上造诣颇深的专家学者，也培养了不少杰出人才，在当时享有盛誉。与此同时，张澜充分发挥教学才能，推行民主办学，主持制定了《国立成都大学组织大纲》《教职员薪俸规程》和《教员延聘细则》。根据各科系的特点，制定了文理法科通则。在张澜的努力下，成都大学在民主办校精神的指导下，完整的管理制度得以建立，并贯彻实施，保障了学校在有效管理体系下的发展。

教育的根本目的在于育人。张澜力主对学科体系和课程设置进行了大胆改革，扩大招生规模，并开始招收女生。本科生由建校时的 96 人，增加到 1929 年的 1344 人，其中，女生由 3 人增加到 96 人。随着学校规模的扩大，张澜认为办学空间也应随之扩展。在他的努力下，成都大学除保持"皇城"校地外，1928 年在成都南较场原四川官立高等学堂旧址设成都大学理学院及理预科。1929 年下半年，学校由"皇城"全部迁至南较场新校址，分设文、理、法三院及文、理预科，成为当时四川校地规模最大的大学。张澜认为：大学为最高学府，包罗万象，学生对各种主义之学说均可尽量研究，以求真理之所在。他倡导持有不同思想观点的学生进行自由论辩的学风，并形成了以追求真理为目的的自由民主的氛围。他还支持学生组织学术团体、出版专业刊物。

● **郭沫若**

郭沫若先生是我国著名的文学家、历史学家、新诗奠基人之一，1912 年随四川高等学堂分设中学丙丁两班并入石室中学前身成都府中学堂。初入府

郭沫若（1892—1978年），原名郭开贞，四川乐山人，曾任政务院副总理、中国科学院院长、中国文联主席、全国人大常委会副委员长

中学堂的 1912 年，正值辛亥革命胜利，清王朝宣告土崩瓦解，年轻的郭沫若怀着激动的心情写下《咏牡丹》：绝代豪华富贵身，艳色娇姿自可人。花国于今非帝制，花王名号应图新。将对祖国弃旧图新的欣喜心情表达得淋漓尽致。

从府中学堂毕业后，郭沫若先生赴日留学，学习医学。在日本留学期间，郭沫若受十月革命和五四运动的影响，思想不断进步，他联合在日的成仿吾、郁达夫等人成立救国文学团体"夏社"和"创造社"，创作出歌颂无产阶级革命的诗篇《凤凰涅槃》和他的第一本新诗集《女神》。学成归国后的郭沫若深感"医生至多不过是医治少数患者的肉体上的疾病，要使祖国早日觉醒站起来斗争，无论如何

郭沫若（二排左二）与中学同学合影，二排右二为李劼人（图片来自百度百科）

1958年，郭沫若补书楹联横额"求实务虚"赠予母校（图片来自成都石室中学）

必须创立新文学。"于是弃刀从文，投身于新文化运动，成为新文化运动的重要人物。1926年，郭沫若弃笔从戎，参加北伐，并在周恩来和李一氓的介绍下于次年成为光荣的中国共产党党员。抗日战争全面爆发以后，郭沫若同夏衍一起主编《救亡日报》，活跃在抗日救亡宣传工作的第一线。国内战争时期，他又投入到争民主、争自由、反独裁、反内战的斗争当中。

很少有人知道，郭沫若在17岁时因一场大病使他得的听力受损，35岁时，又是一场大病让他几乎失聪。就是这样一个半残疾的人，凭借着坚定的意志和对国家、对民族的责任感，在现代文学、历史学、考古学以及翻译学领域为中华文化的复兴和传承做出了卓越的贡献。

● **王光祈**

辛亥革命后，民主思想的广泛传播激发了青年学生的爱国热情和历史使命感，石室学子追求思想自由、精神独立，在民族危亡关头，加入各种进步组织，投身于轰轰烈烈的革命斗争洪流。同为1912年并入石室中学前身成都府中学堂的同学少年，王光祈与李劼人、周太玄等同学共同参与了中国现代史上的一场社会政治大运动——五四运动。

259

　　王光祈，字润玙，四川省成都市温江区人，笔名若愚，音乐学家、社会活动家。1914 年，他考入中国大学专门部法律本科。1916—1918 年，经同学李劼人、周太玄等推荐，先后兼任四川《群报》《川报》驻京记者，《京华日报》编辑。1917 年，王光祈结识《晨钟报》主编李大钊，成为李大钊和陈独秀创办的《每周评论》的主要撰稿人之一。

　　1918 年，石室同学王光祈、周太玄、李劼人、曾琦、魏时珍等人与李大钊等在北京发起以革新国家面貌为宗旨的"少年中国学会"。用王光祈的话说，这个学会就是要把思想启蒙和文化事业作为重点，"联合同辈，杀出一条道路，把这个古老腐朽、呻吟垂绝的被压迫、被剥削的国家，改变成为一个青春年少、独立富强的国家"。李劼人会同丙班的另一位同学胡助，还有周太玄的哥哥周晓和等人成立"少年中国学会成都分会"，与《新青年》《每周评论》遥相呼应，在成都大力宣传新思想新文化。

　　第一次世界大战结束后，巴黎和会召开。在巴黎和会上，帝国主义不仅否决了中国代表团提出的取消"二十一条"和列强在华特权的要求，还妄图进一步瓜分作为战胜国的中国，身处法国的周太玄将消息从巴黎传回北京，并由王光祈写成通讯稿发表在李颉人主办的《川报》上。

王光祈（1892—1936 年），四川省成都市温江区人，音乐学家和社会活动家，少年中国学会重要成员，波恩大学音乐学博士，成为中国最早在欧洲为祖国争得荣誉的音乐学家

　　1919 年 5 月 4 日，北京学生云集天安门广场，示威游行，要求惩办曹汝霖等卖国贼。王光祈高喊"外争国权，内惩国贼""还我青岛"的口号，走在游行队伍中。之后，王光祈将北京如火如荼的斗争风云以专电或通讯的形式发回成都。5 月 7 日，王光祈从北京发出的五四运动消息专电，最先在四川的《川报》刊发出来。对于这一举动，李劼人后来在《五四追忆王光祈》一文中写道：

　　五四那天，他从贾家楼一出来，先就拍了一通新闻电到成都。那时没有无线电，而新闻电照例比官电比商电慢，电费也比官电贵，比商电便宜不到好多，所以这重要而又简单的消息，在《川报》上用大字登出时，已经是五（月）七（日）。

位于四川音乐学院的王光祈纪念亭（图片来自百度百科）

文中还道：

又因为我们对于巴黎的中国留学生们反对中国代表在和约上签字的情形，早已知道了一个轮廓，这是我的另一中学同学周太玄先生所办的巴黎通信（讯）社供给我们的资料。

此后，《川报》连续刊发王光祈的50多篇文章，李劼人写下长篇按语，刊发在头版头条，激起家乡民众的爱国热潮。

五四运动后，王光祈赴德国留学，研习政治经济学，1923年转学音乐。1927年入柏林大学专攻音乐学，1934获博士学位，代表作有《东方民族之音乐》《欧洲音乐进化论》《论中国古典歌剧》等。

● **李劼人**

同为成都府中学堂同学的还有李劼人。

李劼人1912年毕业于成都府中学堂（今石室中学第八班），1919年赴法勤工俭学，是中国现代具有世界影响力的文学大家，同时也是重要的法国文学翻译家、知名社会活动家、实业家。

作为作家，李劼人最旺盛的写作时期一是从法国归来不久的几年，是最早将福楼拜、左拉、都德、罗曼·罗兰、莫泊桑等法国作家的名著译介绍给中国读者的先行者之一。二是 1935 年到 1937 年之间，创作了被郭沫若称为"大河三部曲"的长篇小说《死水微澜》《暴风雨前》《大波》，巴金评价他的小说"只有他才是成都的历史家，过去的成都活在他的笔下"。

作为社会活动家，五四运动前一年即 1918 年，成都昌福印刷公司的老板樊孔周约请李劼人等创办《川报》，李劼人任总编辑和发行人。同时，李劼人就在成都积极响应王光祈、曾琦、周太玄等同学在北京发起的"少年中国学会"，成立了"少年中国学会成都分会"，任书记兼保管员。李劼人聘任同学王光祈做北京记者，在成都密切关注着巴黎和会和五四运动的进展，第一时间将五四运动在北京发生的情况传到内陆西南一隅的成都。对此，李劼人后来评价说：

> 那时，成都真是全中国新文化运动的三个重点之一（其余两个自然是北京和上海，北京比如是中枢神经，上海与成都恰像两只最能起反映作用的眼睛），其所以致此的原因当然很多，自不能完全归功到某一二人，不过因为某一二人的努力，而发生引头作用，因而蔚然成一般风气，这倒是不可磨灭的。

李劼人（1891—1962年），原名李家祥，四川成都人，著名作家、翻译家、知名社会活动家，曾任成都市副市长

作为实业家，李劼人主持了位于原乐山市中区的嘉乐造纸厂的创办和早期生产经营。当时，由于四川大部分用纸都是靠海外或沿海一带供应，质劣价昂，要自己办报办刊确实艰难，于是李劼人先生便与几位留法留德知友相约，拟另起炉灶，决定"先办纸厂，后办报馆"。

1926 年春，考虑到乐山地处岷江、大渡河、青衣江三江汇流处，交通方便，水源充足，物产富饶，稻草、麦草、竹子等造纸原料更是十分丰富，厂址便选定在乐山城北岷江河畔。1927 年纸厂建成并开工，正式定名为"嘉乐造纸厂"，是当时四川省第一家机制纸厂，结束了四川长期以来依赖沿海与国外进口供纸的历史，揭开了中国造纸史上新的一页。纸厂建成时，厂门两旁用红纸贴有一副对联："数

1987年秋沙汀、张秀熟、巴金、马识途在成都李劼人故居菱窠合影（图片来自红星新闻）

万里学回成功一旦，五六人合伙创业四川。"此联表达了李劼人等一批留法留德爱国知识分子实业救国的理想和愿望。

抗日战争时期，沿海及中南地区大部沦丧，入川纸张断源，四川已成为国民政府的政治经济文化中心，纸张的需求量也在增大，这给嘉乐造纸厂的发展带来了良机。1938年纸厂向省政府经济部正式申请立案，成立嘉乐造纸厂股份有限公司，李劼人为董事长，总公司下设重庆、成都、乐山分公司，李劼人通过董事会招收了重庆民生实业公司和成都树德中学的大宗股金，孙震、宋师度、吴照华等成了股东。"嘉乐纸"纸质柔韧、平整、光洁，行销市场，被社会上荣赞为"上等纸"，纸厂产品满足了抗战期间作为大后方的四川用纸的需要，为抗日战争时期的文化传播立下了功绩，与此同时，由李劼人等人创办的嘉乐造纸厂也随之名扬远方。1952年嘉乐造纸厂被批准公私合营，李劼人才辞去董事长职务，完全脱离了为之付出27年精力的纸厂事务，开始致力于政府的领导工作，先后担任四川省人民政府委员，成都市副市长、四川省政协副主席等职务。

忆同学少年，郭沫若、李劼人、王光祈、周太玄等一批石室同窗，在那个动荡的危难岁月，挺身而出，堪称知识分子的楷模，更是石室英杰中璀璨的群星。

● **贺麟**

贺麟是现代新儒家的早期代表人物之一。贺麟从小就受到儒学熏陶，尤其对宋明理学产生了浓厚的兴趣。1917 年，贺麟考入省立成（都）属联中（今石室中学），1919 年考入清华学堂，受到梁启超的一定影响。1926 年赴美国留学，先在奥柏林学院获学士学位，后又入哈佛大学获硕士学位。1930 年转赴德国柏林大学专攻德国古典哲学。回国后长期任教于北京大学哲学系，并在清华大学兼课。1955 年以后，历任中国科学院哲学所西方哲学史研究室主任、哲学研究所学术委员会副主任，中华全国外国哲学史学会名誉会长，以及中国民主同盟北京市委委员、中国民主同盟中央委员，第三届、第五届全国政协委员，1978 年转任中国社会科学院哲学研究所研究员，并于 1982 年加入中国共产党。

贺麟对西方哲学有很深的造诣，对黑格尔、斯宾诺莎、怀特海等西方近现代哲学家都有深入的研究。就中国哲学和儒家思想而言，他早年主张"心"是"最根本最重要"的。心有二义："一、心理意义的心；二、逻辑意义的心"，在分析了作为本体论意义上的"逻辑的心"之后，贺麟认为"不可离心而言物"，归根到底自然之物和文化之物都是"精神之表现"。贺麟在 20 世纪 30 年代曾创立了与冯友兰"新理学"相对的"新心学"体系，成为现代新儒家的倡导者之一。他认为以孔子、孟子、《诗》教、《礼》教、宋明理学为代表的儒学，是中国文化的优良传统，提出应该从哲学化、宗教化、艺术化三条途径出发，吸收西方思想文化的长处，来改造、补充和发挥儒家学说，以谋求"儒家思想的新发展"。"中国文化自宋儒起，可以说是划一新时代，加一新烙印，走一新方向"，宋儒的思想虽有偏蔽，但其"哲学富有爱民族，爱民族文化的思想"，宋儒的"格物穷理"，"似虚玄空疏，而实有大用"。在认识论上，他主张理性直觉论，认为"直觉是一种经验，复是一种方法"，强调直觉产生的偶然性和突发性，

贺麟（1902—1992年），四川金堂人，中国著名哲学家、哲学史家、黑格尔研究专家、教育家、翻译家，曾任中国科学院哲学所西方哲学史研究室主任，北京大学哲学系教授，中国社会科学院哲学研究所研究员

1924年贺麟同《清华周刊》编辑部成员合影（图片来自1924年《清华周刊》）

并认为直觉与理智"各有其用而不相背"，"近代哲学以及现代哲学的趋势，乃在于直觉方法与理智方法之综贯"。贺麟还重新解释了王守仁的"知行合一论"，认为"知行合一论"分为"自然的知行合一论"和"价值的知行合一论"两种。通过对知行定义的深化，贺麟将知行问题深入到了心理和生理的层面，从而将知行问题引入了科学认识论的研究范畴。

1949 年以后，在马克思主义的影响下，贺麟放弃了自己的唯心论哲学，逐步思考转向辩证唯物论和历史唯物论，并且集中精力研究西方哲学和翻译西方哲学名著，如黑格尔的《小逻辑》《法哲学原理》《精神现象学》《哲学史讲演录》，斯宾诺莎的《致知篇》《伦理学》等译本，都出自其手。

贺麟的著作主要有《近代唯心主义简释》《文化与人生》《当代中国哲学》《现代西方哲学讲演集》等；主要译作有《小逻辑》《黑格尔》《黑格尔学述》（J. Royce 著）《哲学史讲演录》（与王太庆合译，1978 年由商务印书馆出版）、《精神现象学》（与王玖兴合译，1979 年由商务印书馆出版）；主要论文有《朱熹与黑格尔太极说之比较观》《知行合一新论》《宋儒的思想方法》《黑格尔关于辩证逻辑与形式逻辑的关系的理论》《黑格尔的早期思想》《费希特的唯心主义和辩证法思想述评》《斯宾诺莎哲学的宗教方面》等。商务印书馆于 1990 年出版的《哲学与哲学史论文集》。

【石室名师】

作为一所地方官办学府，文翁石室得到历代地方政府的高度重视，除却财力的投入，更体现在对石室师资的高度重视。自西汉石室创办之始，千百年来，历任校长均为德高望重的饱学之士，且延请名师执教的宝贵传统也延续至今。文翁石室一直是名师硕彦的向往之地，卢照邻、岑参、王维、杜甫、陆游等大诗人都曾在石室留下诗篇。在清代，著名教育家姜锡嘏，"清代蜀中三才子"中的彭端淑、李调元都曾执教于此。民国时期，石室中学好多老师都是大学教授。直到当代，成都石室中学也是名师云集，高徒辈出。

● 伍肇龄

伍肇龄历任邛崃书院、成都锦江书院、尊经书院山长，将一生所学倾授学生，人们都叫他"伍山长"。伍肇龄在成都书院主持讲学 30 年，兢兢业业。李鸿章与伍肇龄交谊甚厚，十分佩服他的为人，专门致电成都总督，写

民国时期的物理实验室（图片来自蒲江文博公众号）

民国时期的学生宿舍（图片来自蒲江文博公众号）

到"老友嵩生，品高望重，齿暮家贫，诸冀垂青"，并亲笔为锦江书院题写下"天下翰林皆后进，蜀中佳士半门生"的门联。

伍肇龄，字嵩生，清代道光九年（1829年）出生于四川大邑县，故于民国四年（1915年）。伍肇龄自幼聪敏好学，尤善书法，有神童之誉。他12岁中秀才，14岁中举，18岁丁未科进士及第。

相传在道光二十七年（1847年）的科举考试中，当时的首席大学士名叫卓秉恬，是四川人，他看中了跟他同乡的一个考生，名叫伍肇龄。小伙子仪表堂堂，才华出众，尤其是书法，非常了得。卓秉恬认为他非常有希望成为状元。实际上，这一年（1847年）的考试中真的出了非常多的牛人，比如李鸿章、沈葆桢、郭嵩焘，难怪这一年被称为"大清第一名榜"。

没能成为状元的伍肇龄，在翰林院做了个小小的编修。清咸丰十一年（1861年），慈禧太后联合慈安太后、恭亲王奕䜣发动辛酉政变，实行垂帘听政，遭到众大臣的反对，慈禧大怒，伍肇龄也遭到株连，被罢黜削职为民，遣返故乡。回到四川后，伍肇龄干起了教育工作。他在成都办学很有成就，受到社会各界尊重。讲学30年后，按照清代制例规定，伍肇龄后来又回到了朝廷任编修，1907年升为侍讲大学士。后来他主动申请辞职回乡养老，批准后定居于成都。

伍肇龄定居成都后，有一天，他散步到九眼桥，沿着锦江往下闲游，偶然来到了唐代女诗人薛涛遗址吟诗楼旁。彼时旧楼已废，遍地断瓦残垣，荒草野竹丛生，满目凄凉，伍肇龄心有戚戚焉。于是，他急写了一份奏章呈报朝廷，要求修复成都名胜古迹——望江楼。奏章批准后，他领衔修复了崇丽阁（即望江楼）、濯锦楼、吟诗楼等。公园颇为壮丽，宝顶直刺苍穹，角檐高啄凌空，很有气势。直到今天，望江公园也是成都人民钟爱的休闲之地。

宣统三年，成都保路运动爆发，作为"成都五老七贤"之一、已是耄耋老人的伍肇龄，顶着满头白发，走在去制台衙门请愿队伍的最前列。作家李劼人在他的成名作《大波》中就曾生动地描述过这一场景：一大群气派十足的绅士缓缓走出……

● 刘行道

刘行道，字士志，四川达县人，教育家，同盟会会员，反清斗士，辛亥革命的先驱。1905年应四川高等学堂首任校长、翰林编修胡峻的邀请，出任四川高等学堂经史教习兼附属中学校长。

刘行道在成都高等学堂附属中学任校长时，在办学上多有建树，深受学生欢迎，一时该校成为巴蜀学子的首选。

刘行道主政成都高等学堂附属中学期间主张因材施教，一视同仁。他认为：人性本恶，而教师之责，就在于如何使其去恶迁善。当时有两个年轻的学生，犯了小孩子在一起时难免的错误。丙班有三个学生认为太不道德，太有伤风化了，并且认为刘先生的处理不当，刘先生说："小孩子不知道利害的糊涂行为，应该予以教训，使其明白这是不好的，并且有损于他们自己。但先要保存他们的耻，然后他们才能革。我们决不能因一点小过而火上浇油，弄到犯过者虽欲悔改而不能。至于两人的过失，尚未如你们所说的之甚，不过行为有其可疑之点而已。我们只能好好地指教之，连挂牌记过都说不上，何能即便指实，从而渲染，将人置于不可复生的死地呢？"

他主张严格教学管理，坚决执行奖惩制度、升留级制度。早晨按时起床点名，洗漱后不能再进寝室；晚上下晚自习后，才能入寝室；灭灯之后，强迫睡觉；就餐时整队入堂；星期日薄暮回校，迟到记过。

刘行道培育出的学生有李劼人、郭沫若、魏时珍、蒙文通、周太玄、王光祈、杨古甫、涂在潜、曾琦等革命志士和精英。周太玄回忆石室中学时谈道："我们关于国学方面的教习都是一时之选，同时也含有人格感化的作用。其中尤以我们同学至今同声感念的校长兼历史教员刘大志（行道）先生最好。他待我们如子弟，与他相处如家人，他赏罚不拘形式，教导注重感化。他是一个富有民族思想的人，在他的庇护下，当时学校中颇能读到许多海外寄来的革命刊物。"李劼人先生对刘先生也深怀敬意，他说，"先生教我以正道，以勇进；而刘豫波先生，教我以淡泊，以宁静，以爱人。"

刘行道为四川的教育事业拓荒、奠基、育人，功不可没。1910年，刘行道因策划刺杀摄政王失败后，被清廷逼其"吞金而逝"。他死后，四川保路运动领袖蒲殿俊曾曰："刘君死，川东正气消亡矣！"

石室中学全面延续了锦江书院的精神，注重讲学自由，重视聘请名师。五四运动以来，大学教授到中学任教成为一种风气。只要学校有足够的名气，并能保障教师的待遇，那么，包括大学教授在内的优秀师资是很愿意到中学来兼任课程的。据资料记载，廖平、庞石帚、林山腴、赵少咸、何其芳等都曾在石室中学工作过。

大学教授在中学任教，对学生的影响是显而易见的。首先从学生的终身发展来看，作为知识与道德榜样的大学教授，他们把思想自由、学术自由的大学精神带到中学来，将他们在知识领域的探索方式和研究方法融入到日常的教学中，使学生们在学习生涯的早期就能意识到兴趣、学科以及知识的探索研究

学生课间活动（照片来自石室中学高78届毕业生马强）

20世纪70年代成都四中学生毕业照（图片来自成都石室中学）

是一个紧密联系的有机体，开阔了眼界，日后无论是升学还是就业都受益无穷。同时，一部分优秀学生受到老师的启发，立志投身于科学与文化事业，激发出巨大的潜力，这对科学文化的传承与更新也有着非凡的意义。

其次，从中学的教学与教材变革来讲。大学教授们在中学授课时，对教材的选择极为灵活。教授英文的宋诚之先生将大学英文的原版教材带进中学课堂；祝屺怀先生讲授中国历史时，使用的是自编的《国史》讲义；而何其芳先生，用鲁迅先生的《娜拉走后怎样》为学生们做了新文学的启蒙，他改变了用文言文作文的陈规，指导学生大胆地用白话作文。新颖的教材，精彩的讲解，深受学生的喜爱。

除了灵活的教材选择，先生们的教学也是风格各异。比如同是教授国文，被大家亲切称为"黑白二将军"的文百川和陶亮生两位先生。"黑将军"文百川先生主张开放式思维，注重探讨。他自选名家名作编辑成册，由学生们抄写，文先生的课堂气氛活跃，在他的课上，学生们可以各抒己见，甚至可以对命题提出异议，师生双方可自由辩论。"白将军"陶亮生先生，学识渊博，讲课时旁征博引，滔滔不绝，而且，他善于借助情景激励学生奋发向上，但有一点，在陶先生的课堂上，学生不得随便发问。虽然两位先生的教学方式不同，但都能满足学生的求知欲，风格迥异却殊途同归，也从侧面体现了石室中学深厚的人文底蕴。

正所谓名师出高徒，郭沫若、李劼人、王光祈、周太玄、魏时珍、蒙文通等石室中学引以为傲的学生，在不同的领域为国家做出了不可磨灭的贡献。

开教育风气的文翁石室，从汉代一路走来，历经二千多个春秋，纵然时局艰难，社会动荡，时移世易，但这所"千年名校"弦歌不辍，薪火相传，生生不息，堪称中国教育史上的奇迹。巍巍岷山，绵延起伏，濯锦江水，浩浩东流。穿越千年历史风云的石室学宫必将谱写出更加辉煌壮丽的篇章！

天府文化　百年成都

Tianfu Culture, A Century-old Chengdu

Chengdu
100 Year School

成都百年学校

成都七中

弦歌不辍 墨池飘香
——成都七中

　　成都众多名校的久远历史，得益于成都重视文章教化的深厚渊源，清末民初由墨池书院和芙蓉书院合并而来的成都七中也不例外。自1905年建校至今，历经百年的成都七中，在厚重的天府文化滋养中，革故鼎新、卓越发展。学圣扬雄的文化基因和蜀学文脉延续至今，生生不息。

【源远流长】

　　墨池书院得名于"儒者陵夷此道穷，千秋止有一扬雄"的西汉儒学大家扬雄。古语有云"南阳诸葛庐，西蜀子云亭"。位于今日青龙街的墨池，当年是扬雄为文作赋时的洗笔处，子云亭建于其侧。

　　自汉代文翁首创地方学宫以来，蜀人极其重视教育，热衷于兴建书院、弘扬国学。西汉末年，扬雄洗笔子云亭侧的墨池，成为以教化全川为己任的明蜀惠王笔下的锦城十景之一——"扬雄池上鱼吞墨"。怀着对扬雄的敬仰，重文尊贤的成都人自宋代开始，即在其龙堤池畔的故居旧址兴建学堂。千百年来，屡坏屡建。明朝时，这里成为墨池书院，蜀王在这里先建堂，后建楼，置书万卷于楼中。

清道光年间，四川学政聂铣敏有志"继文翁之兴学，复子云之遗迹"，捐出俸禄白银约一万两，买下湮没于明末战火、后改为民房的郑氏私宅院落及空地数亩，在原址重建墨池书院。建成后共有中间书院、左侧东园、右侧廉泉精舍三大部分，计房舍 200 余间，青龙街上琅琅书声再起。墨池书院与芙蓉书院、锦江书院（尊经书院前身）、潜溪书院并称成都四大书院。

至近代，为扶大厦之将倾，有识之士秉承"中学为体，西学为用"之原则，大力改革现有的教育制度。清光绪二十七年（1901 年），清政府通令各地：省书院改制为高等学堂，府书院改制为中学堂，县书院改制为小学堂。1905 年，清政府谕令自明年起，乡试、会试、科举一律停止。源于隋朝的科举制，历经 1300 多年的春秋，从繁荣走向灭亡。同年，成都县以龚藩侯为首的一批缙绅学者、社会贤达，将墨池书院、芙蓉书院一部分改建成为"成都县立高等小学堂"，成都七中由此发端。

1907 年，学校升为 4 年制中学，正式定名为"成都县中学堂"（简称成县中）。缙绅们热心办学，捐钱、捐田产乃至自己的私藏古籍。一大批志向高远的硕儒也纷纷加盟。"成都县中学堂"的校长教师们，或是前清举人、进士、翰林、国学大师，或是学成归来的留学生们。这是一群既崇尚孔孟大同理想和"民贵君轻"思想，又深谙张之洞等人"忍辱负重"向西方学

1933年扬雄洗墨池老照片（图片来自成都七中校友曹经）

275

1927年成县中初十七班学生毕业合影（图片来自成都七中）

习的精神真谛而赞同变法维新、信奉科教救国的有识之士。他们长期执教于成县中，制定了影响深远的办学方针以及求学施教的共同宗旨，完成了历史赋予的"兴教"任务，也为学校的发展奠定了坚实的基础。从传统书院变身现代学堂，对于成都乃至四川的教育事业都具有划时代意义。教学内容不再只是"四书""五经"等儒家经典，而变为以现代科学文化知识为主，甚至一建校就开设了日文课，教育水准力求同世界接轨。

五四运动以后，一代新型知识分子成长起来。他们自幼饱读经史，深受传统文化的滋养，同时深受近现代中国西学东渐的影响，知识结构从封闭转向开放，真切地感受到西方先进科学和民主自由思想的魅力。他们既有民族情感之根，饱含爱国主义的良知和激情，又饱尝强权政治的屈辱；他们笃信"民为邦本"，敢于抵制封建强权，把《国耻小史》作为第一本推荐给学生们的课外读本，以廉洁敬业、清贫自守的"身教"引导学生勤学、求知、务实。

1931年，在时任校长吴照华崇尚科学、实业救国的倡导下，学校重视理工科基础，决定招收高中理科一班，第二年又招收了理科第二班，并派人赴上海购置了整套理化仪器、博物标本及图书。理工科基础受到重视，成为学校建校至今的传统和特点，同时也得到社会各界的认可和赞许，不久又开办了高中女生部。至此，成都县中已是一所拥有初、高中，学制各为三年的新学制的完全中学，并改名为"成都县立中学校"。学校的课程教学内容开始向国际方向发展，如外语增设了英文文法、英语会话、英文图解、英文修辞及法文和德文等课程；数学、物理、化学等学科则常选用国外原文教材的影印件。大批学界名流、德才兼备的卓越大家长期执教于成都县中。1940 年 6 月，时任教育部部长的陈立夫签署教育部训令，题颁"启迪有方"四字斗方，以资激励。"启迪有方"四个字，从此成为成都中学（七中）的校训。

抗日战争爆发后，学校为避免日寇轰炸，曾三次迁往临时校舍办学。虽然学习生活条件艰苦，但在民族危亡之时，师生们始终以天下为己任，追求着民主、科学与自由。在周子高、吴照华、周开培等杰出校长们的管理下，在周太玄、陶亮生等优秀教师的"传道、授业、解惑"中，成都县中在那个连年混战、民生凋敝的动荡时局中坚守着"启迪有方、治学严谨、爱生育人"的办学传统，不断发展，扩大规模，提升水平。在遭遇三次重大火灾，学校建筑、图书几乎荡然无存的境地中迅速重新崛起，使学生在"做人"和"为学"方面都取得了傲人的成绩，成为成都地区当之无愧的名校之一。期间，学校多次迁移校址，先后搬至外西茶店子、外西雍家渡叶家大院、太平坊银桂桥等处，1946 年迁至青龙街。

20世纪60至70年代的成都七中校门（图片来自成都七中）

1949 年年底，成都和平解放，成都县立中学也步入新的发展阶段，与成都县立女子中学合并，组成新的成都县立中学校。1952 年，成都县立中学校更名为四川省成都市第七中学校，并被确定为省重点中学之一。两年后，学校迁至磨子桥，即今日之成都七中林荫校区。

从新中国成立到改革开放前的三十年间，学校秉承"为学，要博雅而严谨；为人，要把持住义利之辩；归到品格，则力戒浮躁、极反媚俗"的价值观，以培养"身体好、功课好、品行好、成为社会主义全面发展的成员"为目标，以"依靠教师办好学校"为指导思想，大力鼓励教师投身于教学工作，进取成才，成为专家学者型教师。

1997 年成都市教育局决定"以公办民助"的形式，依托成都七中联合办学，成都七中与成都第三十五中共同承办"四川省成都市七中育才学校"。成都七中不仅向七中育才输送领导班子、教师骨干队伍，还聘请已退休的专家承担起育才学校青年教师的培训和研修工作。成都七中的领导班子多次带领教研组长、特级教师、学科带头人深入育才学校听课、评课，传授经验。短短几年时间内，学校成绩斐然，面貌焕然一新。2009 年，"成都七中教育集团"成立。多年来，七中人不断探索，付出的"不仅是一个闪亮夺目的招牌，它真正的价值还在于它那蕴含于内而又能实实在在发挥于外的深刻而丰富的内涵"。

【校长轶事】

著名教育家陶行知先生说过："校长是一所学校的灵魂，要想评论一所学校，先要评论它的校长。"一位好校长就代表一所好学校，如蔡元培之于北大、梅贻琦之于清华、竺可桢之于浙大。在成都七中一百多年的历史中，有着星耀巴蜀、毁家纾难、矢志教育、开办新学的首任校长龚藩侯；抗战烽烟中高举救亡图存大旗的校长吴照华；为七中铸魂的校长解子光；为学校发展做出巨大贡献的杨礼校长、戴高龄校长、王志坚校长……他们呕心沥血，不辍耕耘。

● 龚藩侯

身为晚清进士的龚藩侯，祖籍浙江会稽，"家牒传承，蔚为士族"，是十足的书香世家。八世祖德（号"湘浦公"）应招入幕，来成都定居。龚藩侯深受儒家传统文化影响，却清醒地认识到旧学的弊端。二十世纪初，内忧

1932年成县中高中第三班学生毕业合影（图片来自成都七中官微）

外患的封建王朝颁布昭令废除科举，试图通过改革教育来挽救国运。1905 年，龚藩侯带领一批社会贤达，将芙蓉书院和墨池书院的一部分改建为具有"新学"意义的五年制高等小学堂——"成都县立高等小学堂"，从此走上"教育育民"和"教育兴国"这条艰苦卓绝的道路。"成都县立高等小学堂"是成都七中历史上的第一个名字，龚藩侯成了成都七中第一任校长，在当时叫作"总理"。

为改善教学环境，龚校长倡导集资办学，把学校改造成了一所面积近30 亩的园林式学堂。学堂里墨池碧水荡漾，池边古木环绕，果木成林，池中拱桥横跨，墨池边的东园，花香怡人。

成都县立高等小学堂在龚校长的领导下，校风民主、开放。龚校长认识到旧有的教学科目无法适应时代的需求。所以在学校创办初期，其教学内容就以现代科学文化知识为主，课程设置包含天文、地舆（地理学的旧名）、外交、商务、测算等。龚校长在任时间虽然仅有短短的一年，但他制定的办学方针、课程体系为学校今后的发展奠定了坚实的基础。

龚藩侯之后的龚氏家族也都与成都七中渊源深厚，长子龚道耕曾任成都七中第四任校长。清廷明令废科举、兴学校后，龚道耕襄助其父创办成都县立高等小学堂。民国成立后，先后任过四川省立第一师范学校、眉山县立中学、成都县立中学等校校长，成都高等师范学校、成都师范大学代理校长，期间，军阀割据，社会极不安定，学校经费特别困难，他带头降低每月薪俸，后因学校债务牵连几乎破产，但他仍不曾有过倦退之念。1929年卸任师大代理校长职后，主要在四川大学、华西协合大学担任文科教授，同时在成都一些中学执教，他"提倡学术，广购图书"，将五四运动倡导的民主与科学思想引入学校，教育学生将个人与国家命运紧密相连，成为对社会有用的人。

长达百年的几代人中，龚氏家族先后有8人在成都七中执教、管理，超过10人在成都七中就读。

● **解子光**

解子光担任七中校长长达26年之久，任校长期间，七中走出了5名院士。他无疑是成都七中历史上浓墨重彩的一笔。

解子光校长毕业于武汉大学哲学系，曾就读于成都县立中学初四十班、高九班。解校长睿智幽默，博学多才。他的大学校友这样描述他："解子光，一个个性十足的老人，桀骜不驯的头发，高度近视却锐利有神的眼睛，谈话之中不时爆出爽朗的笑声。顽固而友善，睿智而从容。"关于解校长，

解子光（1922—2010年），四川成都人，毕业于武汉大学哲学系，曾任成都石室中学副校长、成都第七中学校长、成都市教育局局长

还有一个"神奇故事"流传于成都七中师生之间。那就是，学校如果有老师请假，只要不是体育课，解子光都可以立马顶上。政治、历史、地理、语文、英语、数学、物理、化学、音乐课，他都能上。

解校长做事严谨，甚至有那么一点点"固执"。毕业于七中又任教于七中的吴晓鸣老师因为编写成都七中百年校志，与解校长近距离接触了将近2年。她这样回忆道：

就拿解校长的顽固来说，每次校志编写组的同事将一摞摞稿件送给他老人家审阅时，解校长总是会表示出他对打印纸和复印纸的抵触。他若干次气愤地说，"简直是浪费，浪费！我们以前用的纸比这种纸薄多了，还要两面写。你们这是接受的现代垃圾文化，现代化的纸'梆重'，浪

五十年代毕业生在青龙街七中会议室前与老师合影（二排左六为解子光）
（图片来自成都七中）

费能源，浪费森林，你们把树子砍光了，把人家印度尼西亚的树子都砍光了。"不论如何解释电脑打印只能用这种A4的纸，解校长都不放弃他的气愤和抵触。除了固执，解校长"悲观主义者"和"乐观主义者"的二元性格也让我们领略了他的"辩证法"。当我们意气高涨，不知拦路虎在哪里时，解校长就会"打击"我们说："对于按期写出《成都七中百年校志》，我只抱百分之四十的希望。"当我们束手无策完全没有自信时，解校长又会鼓励我们："写得不错，你们都不是搞史志学的，都是外行，能迅速进入角色，很好！"在我的打印稿上，解校长不但用蝇头小楷洋洋洒洒批上历史背景、意义、经过，还细致到告知正文与附录的字号要有区别，附录要退后两格打印，某位老师的名字写错了，等等。这时候，你只会感觉到这是一位严谨得一丝不苟的专业编辑。

在解校长逝世一周年的追思会上，时任四川工商学院党委书记的侯德础教授提到，他在组织编辑百年校庆文集时曾收到解老的亲笔信，更正收入文集的他十年前所写文章中的错别字，且落款为"校友解子光"。解老的谦恭、严谨可见一斑。

解子光校长擅长演讲，逻辑缜密，旁征博引。每每解老作报告，会场总是座无虚席，鸦雀无声。相传好几次都有学生因为想要完整地听报告，舍不

2005年成都七中百年校庆合影（前排左五为解子光）（图片来自成都七中）

得上厕所，憋得尿了裤子。在我国著名经济学家、七中校友李稻葵心中，一直把解校长当作成都七中的灵魂缔造者。解老的两次演讲亦让他刻骨铭心：

有一天下午，我们正在上课，学校突然紧急召集全体学生开会，像军事演习一样，我们面面相觑，不知发生了什么大事。原来是解校长发火了，事情的起因是有个别同学在食堂吃饭时将米饭丢到了水沟里。那个时候的食堂，蒸米饭用的是铝制的方形大盆，半米见方，只有5厘米厚，搁上米再加上水，放在笼子里蒸。蒸熟的米饭，在空气中稍微停留会儿，表面就会形成一层硬邦邦的米壳子，口感不佳，于是有些学生就把最上层的米壳子刮出来扔掉。那一天被解校长发现了，于是紧急召集大会。大会上，解校长心情沉重，他声情并茂地教育我们："粮食是人类生存的必需品，尽管在和平年代体会不到饥饿的痛苦，但是我们一定要记住节约粮食，最平凡的东西在一定条件下会变为最珍贵的。生产粮食是人类最基本的劳动，也往往是人类最辛苦的劳动，所以，珍惜粮食既是对劳动的尊重，更是一种居安思危的最基本的人类意识。"从那次演讲之后，再也没有谁浪费粮食了。

如果说这一次演讲是解校长紧急召集的，那么另一次则是他精心准备的。记得快要毕业前，已经担任教育局局长的解校长回到七中，给我们做了一次演说。他说，同学们马上就要毕业了，在这里，我要给你们一生的嘱咐："你们毕业以后，还有三门功课一辈子都要反复攻读。第一，一定要多读点文学作品。文学是品味人生最好的窗口。文学让我们不断地了解自己、理解人生。第二，一定要多读点历史。历史是我们的过去，是理解当今社会的窗口。读历史，让人豁达，让人心胸开阔。第三，一定要多读点哲学。哲学是最深刻地认识世界的窗口，在人生的每一个阶段读哲学都有不同的体验。"

解子光校长一生从事教育事业，他系统地学习过赫尔巴特、杜威、蔡元培等人的教育理论，结合自己所接受的哲学、心理学专业训练，在工作中辩证地开展理论学习和教学方法研究，践行并发扬了"教学相长""因材施教""教育中无小事"等教育思想。他极具远见卓识，在任何情况下都坚持建设教师队伍，抓师德，抓教师培养，抓教学研究，以高标准、严要求引导学生。正因为他的坚持，即使在艰难时期，整个七中的教师团队始终保持团结，怀着"不当教书匠，要做教育家"，"要以陶行知为楷模去现身"的志向，敬业自律，艰苦奋斗。因此，成都七中在教育质量上，始终是不断提升的。

1977 年高考恢复，成都七中被省教育厅确定为"首批要办好的重点中学"。解校长撰写了长达万言的《思考》，思考如何抓住机遇，集中大家的智慧，共同去面对这"问题成堆，百端待理"的局面。他制订了学校发展的三年计划，以求把每一个设想都落到实处。在以他为核心的领导班子的带领

1984年成都七中第一届教职工代表大会合影（图片来自成都七中）

下，成都七中的师生们共同践行"为学，要博学而严谨；为人，要保持住义利之辩"，"归到品格，则力戒浮躁，极反媚俗"，使七中的教育教学工作快速步入正轨，科学有序地向前发展。

解子光1979年离开七中后，先后担任成都市教育局局长、中国教育学会理事等职，他把一生都献给了教育事业。解校长曾在《成都市教育志》封三上写下这样一段文字，以他一生经历道出了自己的人生哲学和人生归宿：

本志在当"书虫"、作"学者"、搞哲学，其结果是一生都在"教育"！教一辈子书，在"教育"中游，却无一"教师职称"！悲夫！我的"魂"，何所归？这里，有我"生命之流"的"魂"。20世纪20年代末，入成都县立第一小学校；1942年始离开成都县立中学（即今七中）去武汉大学；1947年起又回成都，先后在四所中学做教师；1950年至1980年，除有一年半在华西大学兼课外，一直在华阳县中、石室中学、母校七中作学校领导并兼教师。特别是在母校（成都县中）生活了整整25年。1979年至1983年在机关工作，还是"教育"；1983年至1990年在几个教育学院教"逻辑学"与"教育原理"等课，做教师，还是"教育"；20世纪80年代至90年代参与省、市教育学会之"编辑"之类的事，又是"教育"（省学会学术专职副会长）；1984年至1994年参与编、写、纂《教育志》书，还是"教育"。悲夫，我的"魂"始终在"教育"，且就在这"成都"地方的"教育"中游！"魂"兮，归来乎？

成都七中办公楼（图片来自成都七中）

【桃李成蹊】

古往今来，名师、名校、名生这三者都是天然联系在一起的。名校必有名师，名校孕育名师，一代又一代的名师传承着名校的精神与传统。在成都七中这所百年名校，更是名师云集，群英荟萃。建校之初，便有学兼汉宋的教育家龚向农，汉语音韵学家赵少咸，古典文学家林思进等硕儒的加盟。五四运动后，集结了一代通才周太玄，对古典文学批评具有卓识的庞石帚，一生向往光明的作家林如稷等大批名士。据《七中校志》记载，1930 至 1949 年，执教于成都县中的名师就多达 77 人。俗话说名师出高徒，在这些博学严谨、心怀家国的名师的言传身教下，成都七中的学子们既有投身革命、以身救国的革命者；也有投身学术，科学救国、实业救国的专家学者，如陈家镛、李荫远、沙国河、唐明述、蒲富恪都是成都七中走出的院士；还有新世纪成长起来的网络弄潮儿。他们都在七中度过人生最美好的青春时代，在七中奠定了事业发展的基础和翱翔人生的翅膀，为民族的复兴、为国家的发展做出了不可磨灭的贡献。

● **田家英**

田家英，原名曾正昌，田家英为其笔名。他出生于成都双流县的一个贫困家庭，父亲在他年幼时就病逝了。田家英 6 岁蒙学，同伴的父亲徐昌文爱才，见他喜好读书，聪颖过人，又有做作家的宏愿，便常约他至家，为他展示《生活周刊》和鲁迅、郭沫若的文章，并为他讲解名家名作，带他接受新文学的影响。田家英刻苦自励，一边在兄长药铺做学徒，一边如饥似渴地读完了《东周列国志》和《三国演义》《水浒传》《红楼梦》等大量古典小说，积淀了深厚的文学素养。12 岁的田家英便开始在报刊上发表文章，他的散文《春》《灯》《路》《街》《帘》《井》

田家英（1922—1966年），本名曾正昌，四川双流人，1948—1966年任毛泽东秘书，1954年后兼任国家主席办公厅、中共中央政治研究室、中共中央办公厅副主任

毛泽东主席与田家英在一起

等，从不同方面、不同角度诉说着对人生的感受。

田家英 1936 年以第一名的成绩考入成都县立中学，以报刊撰稿获取低微稿酬维持学业。虽然时局动荡，民生凋敝，成都七中从高立法，以严执行，"紧抓教育这条主线"，对学生提出了"为学""做人"的高要求。在这样的教育熏陶下，田家英开始放眼现实，关注民生，思考家国命运，"铁肩担道义，妙手著文章"，加入共产党领导的进步团体——中华民族解放先锋队和"海燕社"。在进步青年组织中，田家英开始接触马克思列宁主义。《共产党宣言》等讲述的新鲜道理、新的世界，使田家英大受启发。经过阅读和结合现实思索，明白了要建立平等、富裕、幸福的社会，只有走《共产党宣言》指引的道路。到延安去，做一名共产党人，成为田家英心底的向往。

田家英与志同道合的朋友筹钱创办进步文学刊物——《激光》，他在创刊号上发表散文《怀念》《手》等，文章写道，"自己生活在泥泞里，我在不断挣扎着"，"有两只黑手，一只紧紧掐着我的喉咙，另一只蒙着我的眼睛。不让我看到光明，斗争再次失败了。我要贮蓄我的生命力，准备做第三次斗争"，表现了那个时代的青年追求光明的渴望和对黑暗的控诉。

西安事变后，较为封闭的成都县立一中校风为之一转，鲁迅、茅盾、巴金、叶圣陶、朱自清等人的作品在校园里辗转传阅，田家英如饥似渴地阅读着。巴金的《家》《春》《秋》《雨》《电》，对田家英的影响最深。田家英在题为《巴金的〈家〉》的读后感中写道："我读了《家》，呈现在我眼前的是一些青年的愤，是青年的奋力拼扎，想突破这狭的笼，飞向阔的天边去。""所以我爱觉慧，他勇敢地走着一条光明的路。"

卢沟桥事变以后，田家英义无反顾奔赴延安，投身抗日救国运动，随后在巴蜀文艺协会机关刊物《金箭月刊》第2期发表了他在成都写下的最后一篇文章《去路》：

我的话像是从心里说出来的，我感到我的全个心都在说话了。是的，我应当走了。我为什么要远远地离开自己的一群呢？我为什么要看着他们的活动，看着他们的血一滴一滴地流呢？我要去，为了友人，为了自己，我应当把声音变成行动，是我应当交出一切的时候了，我去交出我的生命……

这是田家英投身革命的自白，是他在向成都的友人们告别。田家英来到延安后进入陕北公学学习，同年加入中国共产党，历任延安马列学院教员、中共中央政治研究室研究员、中共中央宣传部历史组组员。经胡乔木介绍，田家英来到毛泽东身边，担任了毛泽东的兼职秘书整整十八年，其后兼任国家主席办公厅、中共中央政治研究室、中共中央办公厅副主任，中共八大代表、第三届全国人大代表。

1959年田家英（二排左四）与大丰公社干部合影（图片来自四川省情网）

287

田家英好学敏思、忧国忧民、洁身自爱、不慕名利、以天下为己任，以苍生为感念，为中国的抗日救亡事业做出了巨大贡献，在中国抗日救亡史上谱写出了不可磨灭的光辉篇章。其笃学求真之精神，亦成为成都七中学子学习的榜样。

● 陈家镛

2019 年，19 位为我国科技事业做出卓越贡献的中国科学院院士相继离世，其中享年 97 岁的中国科学院院士陈家镛是我国著名湿法冶金学家、化学工程学家，促使我国湿法冶金在很多方面达到世界先进水平，亦是从成都七中走出的五位院士之一。

陈家镛 1922 年出生于四川成都金堂的一个知识分子家庭，父亲陈松谱早年曾开办私塾，祖上还留有一些薄田，够维持一家人的日常生活。陈家镛是家中的长子，父母对他寄予了很高的期望。1925 年为了躲避战乱，陈松谱举家搬至成都市区青龙街的祖屋居住，陈家镛在离家不远的成都县立高等小学和成都县立中学校（现成都七中）度过了十二载光阴。能够在战火纷飞的年代入读成都当时最好的学校，陈家镛倍加珍惜来之不易的学习机会，他学习勤奋刻苦，待人热情诚恳，在学业和操行方面都出类拔萃。

1939 年高中毕业后，陈家镛考取了名师荟萃的国立中央大学化学工程系。凭借学业上的过人天赋和勤奋刻苦，陈家镛赢得了老师们的称赞，毕业后得到了留校任教的机会。在恩师高济宇的指导下，陈家镛成功试制了被国外垄断的农药滴滴涕（DDT），破除了国外的技术垄断。他的科研水平和创新能力使师生刮目相看，在高济宇、李景晟等教授的推荐下，陈家镛 1947 年申请赴美国伊利诺伊大学留学深造的机会，并获得化学工程专业硕士和博士学位。

陈家镛（1922—2019 年），四川金堂人，湿法冶金学家、化学工程学家，中国科学院院士、中国科学院过程工程研究所研究员、博士生导师

　　陈家镛不断积累知识和技能，时刻等待新中国的召唤，报效祖国。1956 年，中美两国政府达成相关协议，中国留学生的归国之路重新开启，与此同时，周恩来总理又代表党中央发出了希望海外学者归国的号召。陈家镛夫妇带着两个女儿回到阔别已久的祖国。

　　彼时，面对国家有色金属的重大战略急需和著名冶金学家叶渚沛院士的邀请，陈家镛的研究方向从化工领域"转行"到了冶金领域，参与中国科学院化工冶金研究所的筹建工作，担任湿法冶金室负责人，开始湿法冶金的研究工作。

　　传统的火法冶金有很大局限性，对于复杂、难选、低品位矿石基本束手无策，资源无法充分利用。湿法冶金作为一个独立的学科和技术的迅速发展，主要是从二次世界大战时期，化学工程师解决铀的湿法冶金开始的。通过浸取，将矿物中的有色金属元素溶入溶液，然后用萃取方法分离金属，特别适合处理各类难选冶矿物，而且耗能低、污染少，是一种环境友好的清洁生产技术。陈家镛领导的这个实验室是国内第一个以化学工程观点从事湿法冶金的实验室，为以后冶金新过程的开发，新型材料的研制，多相反应器的研究，以及加温加压湿法冶金反应动力学等的研究奠定了基础。

　　20 世纪 60 年代初，陈家镛去到云南东川，开始对这里含铜约为 0.44% 的东川尾矿回收铜进行技术攻关，从事难选氧化铜矿等矿产资源的湿法冶金研究。他开发了一批技术上先进的湿法冶金新工艺及新流程，并为化工冶金所及全国的一些研究单位及厂矿企业培养了大批这方面的技术骨干。东川生产的铜源源不断地输出，从东川成立矿区政府到 1958 年成立地级东川市，再到 1999 年撤销地级市设立县级东川区划归昆明市管辖，东川为共和国生产精矿含铜 40 多万吨，贡献了价值 50 亿人民币的铜、金、银等有色金属，为国家的经济建设和国防建设提供了强有力的支撑。时至今日东川矿务局的许多老同志仍清晰记得与陈家镛等化工冶金所同仁们一起在东川技术攻坚度过的日日夜夜。

　　与此同时，针对我国甘肃金川、四川攀枝花等共生矿中有色金属难于分离的特点，湿法冶金室推动了系列经常伴生的金属如钒和铬、钨和钼、铜和铼等之间的分离，以及砷、磷、硅与钨、钼分离的新工艺，在回收金、银、铜、镍、钴等有色金属方面为国家创造了巨大财富。20 世纪 80 年代末期，面对国家重大战略需求，陈家镛开展抗生素新萃取体系和生物产品分离强化方面的研究，在青霉素、林可霉素、去甲基金霉素等抗生素的提取分离方面发现若干卓有成效的混合溶剂体系，在生物医药产品的提取分离方面已经取得可观的进展。

20世纪60年代初，陈家镛（中）与湿法冶金室派驻东川进行中间试验的部分人员合影（图片来自凤凰网）

正如他自小立下的誓言，陈家镛为国家的强盛发展贡献了一生。"我上小学五年级时，国家正值日本侵华战争和工业品倾销，那时我立志要为中华民族的强盛而努力奋斗，往后人生的每一步都要努力实践自己的诺言。"

在七中"酌古准今，阐扬学界；明体达用，陶铸国民"的办学宗旨下，百年来像陈家镛这样心系家国的优秀学子还有很多。无论是中国首席减灾专家王昂生，还是手写蓝天，情系家国的徐荣凯，都向我们展示了道德高尚、执着追求理想的知识分子形象。正如著名作家林文洵为母校撰写的《墨池赋》中所写的那样："千秋经脉潺湲，源承非止墨池扬雄；百年大树峥嵘，彪炳是乃芙蓉七中。繁花生树，雏鹰唳天，碧水映苍穹。看一池涟漪，如诗如画，潜蛟卧龙。"

● 王小川

2021年10月15日，在腾讯发出收购邀请的383天后，王小川卸任搜狗CEO，与搜狐、搜狗并肩前行，激情奋斗的21年划为句号。以"输入法＋浏览器＋搜索"为主导的搜狗，仍然是互联网用户桌面最为活跃的标识之一。

作为成都七中的杰出校友，王小川一路开挂的求学经历曾被他自己用"极致的优秀"来形容。王小川小学二年级就表现出对计算机的浓厚兴趣和惊人天赋。1990 年以入学考试第一名的成绩考入 1990 级成都七中数学实验班，他的同班同学都是从当年成都 1700 名考生中，数学 95 分以上的人里面选出来的。1993 年获得全国数学联赛一等奖被保送至成都七中高中，1996 年获得国际奥林匹克信息学竞赛金牌被特招入清华大学计算机系。

王小川在七中的六年遇到了恩师谢晋超，这位在教学中鼓励并倡导计算机发挥作用的名师是成都七中 1990 数学综合实验班的张罗者和数学老师。谢晋超结识后来的中科院院士张景中，并从他的手里获得在计算机中用吴文俊消元法实现初等几何定理的全部机器证明工作，年仅 16 岁王小川得到了极佳的学习机会，也因此获得了由杨振宁倡导的亿利达青少年发明奖。与此同时，信息奥赛刚刚开始兴起，中国学生在此竞赛领域还未获得成绩，对计算机的痴迷和信息奥赛的激励都极大影响了王小川日后的职业选择。

不止王小川，1993 年的七中高中，同班中还走出了哔哩哔哩创办人陈睿、让《王者荣耀》成为国内如雷贯耳手游的腾讯任宇昕、前蔚来软件发展副总裁庄莉、前滴滴高级副总裁何晓飞等当今互联网界赫赫有名的人物。他们都曾在成都七中的计算机实验室里，接受过老师的悉心指导。当时，七中一般学生一周能上机 4 小时。天资聪颖又勤奋努力的学生，如王小川，便能随时上机，这在当时看来是近乎奢侈的优厚待遇。这些设备，都是当年王小川的数学竞赛指导老师谢晋超，从省上专门申请的科研经费里，硬生生为这些天赋异禀的孩子们挤出来的。不得不说，当时成都七中的老师和校领导，展示出卓绝的智慧和超前的眼光。

时任校长戴高龄，1991 年调入成都七中，他延续了成都七中一贯重视教育科研和教师队伍建设的传统，进一步巩固规范了教研组、年级组建设

王小川，四川成都人，清华大学计算机科学与技术专业博士，百川智能创始人兼首席执行官，曾任搜狗公司 CEO、董事，搜狐高级副总裁兼 CTO

王小川给视察成都七中的国务院副总理李岚清进行电脑演示（图片来自中国财富网）

制度，形成了一套相对完善的提高教师水平、保证高规格常规教育质量的工作机制。在此基础上，他归纳提炼出"着眼整体发展，立足个体成才，充分发挥学生主体作用"的"三体"教育思想，赋予了七中鲜明的办学特色。七中的教改团队依托"建设适应学生差异发展教学体系的实践和研究"课题，开创性地将课程结构划分为必修课、选修课、课外活动三大版块。其中选修课又细分为与必修课相关的课程、与必修课无关的知识类课程以及操作性课程，旨在拓展学科深度，拓宽综合素养，激发学生的兴趣爱好。课外活动则囊括科技活动、艺体活动、社团活动、社会实践活动等。学生在实践和研究的基础上，在教师的指导下，开展创造性的主题研究，在研究的过程中主动获取知识、应用知识，充分地调动学生的积极性。这些理念在 20 世纪 90 年代着实可谓领先和开拓性的尝试。

如果说王小川显得过于"天才少年"，其经历不具有可复制性，那么从哔哩哔哩创始人陈睿在知乎上关于"成都七中是一所怎样的学校"的回答里，也一定能看出成都七中教育对学子兴趣乃至人生方向的深刻影响。

"我高中就读于成都七中。回忆起来，七中对我的影响是很大的，比如我走向互联网之路就是七中的缘故。本来我更喜爱文科，但是进入七中后迷上了计算机，于是成为一名理科生。

　　我进入七中是1993年，七中在高一就开设了计算机编程课程。不仅如此，在我的班级，还有一批同学在初中就擅长编程，比如王小川。高中三年，计算机知识一直是班上同学们的热门话题。那时没有互联网，计算机书籍也很少，如果不是在七中，我是无法接触到计算机知识的。

　　……　……

　　在这种氛围的影响下，不少同学在后来都走向了IT和互联网行业。

　　那时还没有素质教育一说，但是七中一直鼓励学生发展各种课余爱好，而不是只应付考试。"

成都七中步韵廊（图片来自成都七中）

天府文化　百年成都

Tianfu Culture, A Century-old Chengdu

树德树人 卓育英才

——成都树德中学

　　九月的成都，暖阳普照，秋高气爽。在给2018级新生的开学典礼致辞中，老校长陈东永向在座的莘莘学子提出了一个引人深思的问题："为什么要上学？"这是一个没有标准答案的问题，但在陈校长看来，他希冀着树德中学的孩子们能够努力成为一个更好的人。更好的人，首先是一个有生命感的人，同时也是一个有广泛知识和文化修养的人，更是要成为一个有责任感的人。

　　2019年，树德中学迎来了九十周年校庆。遥想当年，转望如今，树德中学凝练中华文明五千年之精髓，以"德"泽被于世，以"德"化而育人。从建校之初"忠""勇""勤"的校箴，"树德树人"的办学宗旨，再到"树德广才"办学思想的发展，直至今日在办学与教育实践中丰富完善的"树德树人，卓育英才"教育思想，激励着树德中学走过九十载峥嵘岁月。

【沧海桑田】

　　树德中学的兴起，应该说是一部感人的孙氏创校史。孙氏，即孙震，字德操，时任国民革命军二十九军副军长、抗日战争时期任二十二集团军总司令。1928年，友人任沧鹏及其部队同事，趁孙震去上海治病之机，凑集资金为其购买田地一千亩。1929年孙德操将军返回四川，得悉此事，极力反对，敦促经办人将所购田地卖出，计款十万元，以此为基金，在自家家祠开办了一所学校，以祖辈的"树德堂"为名，取名为树德义务学堂，后又陆续兴办了一些以"树德"命名的学校。包括成都市外东赖家店办起的第一所"私立树德第一义务小学"，以及陆续在多宝寺、宁夏街、簸箕街办起的树德第二、第三、第四义务小学。鉴于赖家店一带多山地，民尤贫，孙将军对在赖家店小学读书学生实行全部免费。1931年，孙德操先生向川军将领田颂尧请辞副军长职务，田氏送他10万元大洋，他即以此款在宁夏街西来寺办起了树德中学。

孙震（1892—1985年），四川成都人，成都树德中学创始人，早年入读成都陆军小学、西安陆军中学，1906年加入中国同盟会，后参加辛亥革命

树德中学老校门（图片来自成都树德中学）

树德中学大礼堂（图片来自成都树德中学，拍摄于1940年3月）

树德中学创办后，孙将军聘请他的好友，同时也是著名的教育家吴照华先生为校长，一切校务悉由吴校长全权处理。树德中学以师资雄厚，治学严谨，驰誉成都。1937年秋，树德中学增设高中，并设置校董事会，著名文学家李劼人先生被孙将军请来出任树德中学董事。至此，树德中学成为男女兼收、初高中兼备的完全中学。自开办高中以来，高中毕业生考入大学的比率一直保持在90%以上。

20世纪40年代，树德中学以勤学、强身、简朴之风饮誉其时，以一流的师资、完善的设备、出色的办学成绩赢得了时人"北有南开，西有树德"的美誉。1943年李宗仁到成都时，听闻树德中学声名卓著，曾前去视察。建校十周年纪念时，学生刘荣增在纪念文章中写道："我校同学咸尚俭朴，衣必布褐，食必粗粝，动必步行。"学生汪玉冰写道："这儿气象是整齐严肃，因为教师所要求于学生的，也就是缄默用功，一切踏实。"当时国民党党政要员纷纷题词祝贺，贺词如"养正储才继续努力""作育英才""树德务滋因材而笃""成德达材""树德树人"。是时，成都树德中学被称为与天津南开中学齐名的全国办得最好的六所私立中学之一，为国家培养了一大批德才兼备的人才。

新中国成立以后，树德中学经成都军管会接管，由著名教育家、川西文教厅厅长张秀熟兼任校长。1952年，树德中学改为公办学校，改名为成都

市第九中学。1958 年被确定为四川省归国华侨子女集中就读学校，1959 年
被定为四川省高级干部子女集中就读学校。20 世纪 80 年代，树德中学在党
和政府的领导与关怀下，经列为四川省首批办好的重点中学之一。1988 年
6 月，学校创办人孙震将军的长子孙静山先生从台湾返成都探亲，向省、市
教委申请恢复原校名，以慰创办人当年倾资办学之苦心，并鼓励兴学之风。
1988 年 12 月，省教委正式批准恢复原校名，国内外树德校友，无比兴奋，
表示愿意为母校的发展贡献自己的一份力量。

　　1989 年，在树德中学六十周年纪念之际，恢复原校名并沿用至今。自
此，树德中学秉承着"树德树人"的兴校理念，在发展教育的道路上砥砺前
行。1996 年，为发挥示范性高中的辐射作用，扶持薄弱学校，树德与成都
一中共同举办树德实验中学，开创了成都市乃至四川省办学体制改革之先
河。2000 年，树德中学被评为四川省首批国家级示范高中。2004 年，树德
成为四川省第一所引进国际高中课程（VCE）的学校。2007 — 2010 年，树
德实施名校扩建，形成"一校三区"的办学格局。2009 年，组建树德中学
教育集团，引领帮扶 13 所成员学校，促进教育优质均衡。2010 年，树德中
学被确定为教育部在四川省的首批探索拔尖创新人才早期培养的试点学校。
2013 年，树德被评为四川省首批一级示范性高中。树德中学致力于建设
"学术思想领先、教育品质一流，以研究和创新为显著特征的现代卓越学

1985 年 4 月，树德中学初 85 级一班的毕业留影（图片来自成都树德中学）

校"，追求"为高校输送基础宽厚、品性卓越、具有创新潜质的杰出学生，为培养未来社会的优秀公民，专门人才和领军人物奠定坚实基础"的教育使命，教育教学质量一直位居全省顶尖水平，多项教育改革走在最前列。

【星光熠熠】

九十余年的兴校历程如白驹过隙。树德中学虽有过举步维艰之时，也经历过许多磨难，但却始终以一份赤子之心传承着教育的炎炎火种，以一份矢志不渝的精神锻造出卓越的办学水平，以一份从容之心坚守着享誉巴蜀的赫赫声名。这一切离不开树德人的同舟共济，勠力同心，树德树人，星光熠熠。

● **孙震**

孙震，字德操，1891 年出生于四川绵竹县。他的父亲孙芷卿由浙江宦游至绵竹定居。绵竹是一个人文荟萃、文风鼎盛之地，三国时诸葛瞻父子战死此地，南宋抗金名将张浚及其子张栻（文学家）也是绵竹人。孙芷卿先生经常以此教育其子，要常存报国大志。

光绪三十一年（1905 年），孙震进入由墨池书院和隔壁的芙蓉书院合并成立的成都县立高等小学，成为成都七中的第一届学子。秉承"以天下为己任"的责任感和使命感，怀着教育兴邦，匡世济民的宏愿，学校在办学过程中坚持"中体西用"，"以中学经史之学为基，以西学瀹（渗透）其知识、艺能"的教育主张。因此，孙震在学校学习时，既学习了现代知识、科学技能，又受到中国传统文化的熏陶。13 岁的孙震最深的感受是，不会再受到读私塾时视为天经地义的体罚了，也不会再整本地背诵《诗经》《尚书》《春秋》《论语》等玄奥古文，只是有时会默写课文中的某章某段。学生也不只是再整天"宅"在教室里，只重读书而不重身体，而是有了体操课，开始摆脱旧式文人"好静恶动"的习气。老师也不全是着长袍、蓄长辫白胡的硕儒，比如说体操老师刘斌则是毕业于湖广总督张之洞在武昌所办自强军中的"武秀才"。这种既注重科学的经世致用，也注重道德文化渐染熏陶的教育，使孙震明白：要想使国家变得强大，首先要立足社会需要，"学以致用"，同时也必须以崇高的文化道德陶冶情操，启迪民智。

1949 年以前的树德中学老校门及部分学生留影（图片来自成都树德中学）

孙震于 1909 年考入西安陆军第二中学堂，后加入陕西辛亥革命起义，走上了救亡图存的革命道路。他加入川军，经历了讨袁护国战争，娘子关、台儿庄等著名抗日战役，历任国民革命军第 29 军副军长，国民革命军 41 军军长，成为抗日名将。在军事领域取得成功的孙震始终不忘发展教育，留下了捐资兴学、尊重道、嘉惠士林、造福桑梓的感人事迹。

他热心于教育兴学，立志要让广大贫寒子弟有接受良好教育的机会。他兴办了一系列以"树德"命名的学校。孙将军先后捐出银元 40 万元（分别存入聚兴诚银行 21 万元、中国银行 19 万元）和乐山嘉乐纸厂股本 10 万元，以及他在本市簸箕街、宁夏街、三圣街等处的十几院公馆、百余间铺房，以收取利息和房租收入作为学校日常经费。抗战时期，法币贬值，存入银行的办学基金几乎为零，他又将郫县四百亩良田划给学校，以取利息、房租、地租收入作为学校经费。在捐赠契约的文书上，他特别注明此等财产概属树德堂所有，孙氏后人无权参与。为鼓励学生勤奋学习，孙震设立了丰厚的"德操奖学、助学金"纪念其母亲申太夫人。其中"申太夫人奖学金"分甲乙两种，凡家境贫寒，成绩列入"三甲"（学业、操行、体育均列甲等）的学生，可申请申太夫人甲种奖学金 40 大洋，学杂费和伙食费全免；凡考入国内外有名大学但经费困难者，无论是否树德中学毕业，均可申请申太夫人乙种奖学金，每人每年奖励 100~200 大洋。这个金额在当时是非常可观的。

为了争取更加充足的办学经费和多方面支持，孙震还先后聘请川军将领田颂尧、董长安、王思中、曾南夫、邓锡侯为名誉董事长，知名人士李劼人、熊子骏、马瑶生、廖仲和、杨俊清、任沧鹏、吴照华等为董事。虽也效仿其他学校开始征收部分学费，但顾念清寒学生无力负担，即实行奖学金及助学金制度，对高中毕业升入大学但无力筹措学费的优秀学生也予以奖学金，直至大学毕业。他捐助的私产，都以树德堂名义入账，交由树德中学董事会保管。孙先生常向学生们讲话说："树德中学不是我孙震的，而是国家的。"

孙震对兴办教育情有独钟，对助学无畛域之见，无求名之想，目的只有一个，就是"为国家培养人才"。当时成都的南薰中学、浙蓉中学都受过他的捐助。1943 年他的侄女孙琪华被派到资阳简易师范当校长，当时抗战正紧，法币贬值，物价上涨，简易师范学生又是公费，学生伙食无法维系，困难甚大。孙先生知道孙琪华不想去资阳的原因后，马上答应给两亿法币，要她去资阳办好学校。孙琪华以此两亿法币，在成都聘教师，尽力改善教师待遇，改善学生生活，使陷入困境的资阳简易师范一跃成为教学质量高、学生成绩优良的学校。

孙震对母校成都县立高等小学也慷慨回馈。1928 年他捐款一万元，在青龙街校址建立一幢图书馆，命名为"墨池图书馆"，并另集资修建了教学

树德中学原学生宿舍（图片来自成都树德中学）

楼，使学生们在窗明几净中读书，使母校成为全川乃至全国教学质量很高的中学。1930年秋，母校毁于大火，办学维艰之际，他又第一时间慨然独斥私财5千元，并四方筹措，募集社会捐款5千元，积极与政府、军队联络，争取官府拨银两万元，29军驻区事务处拨银1万元，以为重葺之资，很快重建了一座"设计合理、布局严整、建筑坚固、环境优美"的新校园，学校得以在困境中崛起，薪火相传。

1940年5月，日寇调集重兵，发动对枣阳及襄阳的攻势，二十二集团军部队配合十一集团军黄琪翔部、三十三集团军张自忠部阻击沿襄河两岸之敌。敌人强渡襄河，河防失守，襄阳被敌侵入，城内焚于战火。收复襄樊后，许多难民无家可归，孙震当即捐款五万元赈济难民。由于战火中失学儿童很多，孙震命政工人员创办"中山民校"，收容战地失学儿童，后改名为"随营小学"。学生共有四个班，衣食住行全部由学校负责，总部调副官一人负责学生伙食，调医官一人负责学生的医疗卫生工作。每班有一个小黑板，可以挂在墙上或树上，每个学生发一个小木凳和一个放在膝盖上的小木板，便于行军携带，可以随时随地上课。教师由总部官佐中有文化的眷属担任，分年级授课，选用小学教材。学生的课本、作业本、文具都由学校统一发放。战况发生，随营小学随总部转移。抗战胜利后，二十二集团军奉派到河南，随营小学解散，儿童回到自己家中。

孙震对教育的热心还体现在尊师重教的人生信条。为了聘请吴照华先生为树德中学校长，孙震亲自登门礼聘，付托以财务及用人行政全权。在财权方面，日常开支由吴先生自主处理，即使是扩建校舍，教师工薪开支，只要校长提出，孙震无不照办。人事方面，孙震从不推荐任何人，以维护校长的绝对权威。抗战过程中法币贬值，教师工薪收入不足以维持生活，孙震当即拨出巨款购买大米，按月用大米折成实物发给学校教师，使教师生活得到保障。

此外，孙震登门拜识刘明扬先生也被传为一段佳话。刘明扬先生是20世纪40年代成都文化教育界的知名人士，每天慕名前往请教的人络绎不绝，真可谓"座上客常满"。孙震的侄女当时任职成都县女中校长，也经常到刘处做客，刘及其夫人李久芸女士很器重她，闲谈中谈及叔父捐资兴学的事，刘很敬仰，表示要结识孙先生。侄女回家将刘先生的愿望告诉孙先生后，孙先生说："刘先生是一位有名的知识分子，现又成为你的老师，只有我先登门拜访，才是尊师重贤之道。"果然第二天孙先生就亲自去拜访了刘明扬先生，当面定交。孙震以抗日战争二十二集团军总司令的身份，屈尊就

1989年更名后的树德中学校门（图片来自成都树德中学）

教实属难能可贵。

孙震不仅重视教育，也珍惜人才。魏时珍先生是国际闻名的数学博士，四川蓬安人，经汤万宇介绍后与孙震相识。1939年魏时珍任国立四川大学理学院院长，因反对程天放接掌川大，愤然离职失去薪俸。孙震得知后，送去不低于教授收入的礼金，魏时珍婉拒不收，孙震亲自登门对他说："朋友有通财之谊，先生达人，何必拒我，我此举也不过助先生养清德罢了，先生何必挂怀？"鉴于孙震的真诚，魏时珍才收下了礼金。这礼金按月照送，直至魏时珍担任川康农工学院院长后才停止馈送。

孙震与著名文学家李劼人先生也有一段故事。他与李劼人相识，也是在汤万宇的家里经魏时珍介绍。对李劼人的文章，孙先生读后很是佩服，两人便成了朋友。李劼人离开成都大学后在其指挥街住地附近开了一个"小雅"面食店，夫妻二人掌勺，一个学生跑堂。孙先生在绵阳闻知后，当即给李劼人写信，劝他继续从事文学写作，愿聘请他为顾问，按月致送生活费用，店里的学生可资助其继续求学。李劼人当即复信谦辞顾问，并称从事文学翻译还可应对生活，对店里的学生，李劼人表示愿意让其继续求学深造。孙先生随即将资助学生的学费寄到李劼人家中，由李劼人分期寄交省外，直至学生大学毕业。李劼人受聘树德中学董事会董事，常向孙震推介有志深造却无力求学的青年，后来在川大任教的王介平就是经李劼人介绍接受孙震资助的其中一员。孙德操先生一生无私蓄，慷慨解囊，广助青年求学，受孙震资助上大学的有十多人。如著名文学家、山东大学教授殷孟伦，川大教授陈鹤声，在学术上颇有建树的吴祖楠等专家学者都受过孙先生的资助。李劼人基于发展文化事业的需要，创办了嘉乐造纸厂，孙震也是极力支持，先后入股投资40万元。

孙震一生捐资助学，造福乡梓，尊师重教，为人楷模。他个人生活俭朴，不聚财营私，离开大陆后寓居台湾仍孑然一身，囊中羞涩。他在成都仅有的一处西马棚街住房，已成为幼儿园的校址，以致其子孙静山数度返蓉，均借住友人步元凯家中。1940年，孙震将军写在《成都树德学校十周年纪念刊》的发刊词，吐露了其创办树德学校的肺腑之言：

震少孤，家贫，先母申太夫人，勤苦操作，以所得微资，供震膏火，课读甚严，惜童时荒嬉，不知奋勉，于学问之道，未窥门径。初肄业成都县中学，以饘粥不继，而又有感当时强兵富国之论，乃转考入官费之陆军小学，旋升中学，及军官学校。但以学问修养，均乏基础，故虽治军三十余年，毫无建树，靖献国家，每忆吾母期望之殷，深憾贫寒未竟所学，爰斥历年俸公，及长官所予者，约集热心教育之各同志，共同创办树德学校。小学初中高中，次第成立，征费较轻，管理较严，聘师极慎，取士必端，所有优待及奖学诸办法，均详定章则，凡可为勤苦学子谋者，靡不殚竭心力以赴。诚以处此时艰，寒峻读书，绝非易事，而建国之际，国家社会，需才又极急迫，不能因其无力深造，致使楩楠杞梓，委于岩壑以老，是以珍重护惜，加之规矩准绳，俾皆呈材奏能，蔚为国用，树木树人之喻，亦即震之素志也。岁月易逝，开校迄今，匆匆十年矣。英髦俊彦，分途进展，菁菁者莪，载欣载颂。因思胡广累世农夫，致位卿相；黄宪牛医之子，名动京师。余如吕文穆范文正，类多起自寒素，而皆能利国福民，勋业灿然，所望莘莘学子，不以现处困乏，而易远大之志，潜修迈进，达才成德，庶贤俊辈出，略有功于建设大计，自可卜校誉日隆，由十年乃至百年，永维斯校于不敝，匪特足补震少年时无力求学之憾，而同事诸君之苦心共济，相与乐观厥成，式符树德务滋之意，庶几为德不孤也夫。成都孙震弁首。

孙震在台湾所写的《愗园随笔》及《六十年来的国事及川事》均成为历史见证。孙震虽已离世，但他"树德树人"的精神信念和对树德学校十年、乃至百年的希冀，伴随树德中学的成长传承流芳。

● 吴照华

吴照华原名吴炜，1892年生于成都，祖籍为浙江山阴县，1978年病逝于乐山。祖父幕游入川，父亲吴绍庭在成都入籍考取秀才，先后在宜宾、洪雅、成都等地设馆教书，吴先生从小随侍其父读书。他的少年时期正值辛亥革命前后，清廷腐败，帝国主义入侵，国家贫穷落后，民不聊生，爱国志士皆奋发图强，寻求救国救民之道。吴照华深受"读书救国""科学救国"思想的影响，在成都县立中学第一班读书，勤奋异常，成绩优异，名列前茅，颇受老师们的嘉许。毕业后，以优异的成绩考入四川省高等学堂理科。他深知理科的许多知识来自国外，要学好理科必须通达英文，因此钻研英文尤甚。当时在校师生懂英文者甚少，"洋人"教学所需翻译亦觉不够。吴先生一面读书，一面当翻译，成为半工半读的刻苦学生，受到全校师生的赞扬。

吴照华与成都七中和树德中学都有颇为深厚的渊源。1912年，吴照华在四川省高等学堂第一班毕业后，正逢成都县立中学、华阳县立中学、石室中学等校缺乏英文教师，吴照华同时在三校授课，长达二十余年。吴照华任教严肃认真，讲求实效，深受学生欢迎。1922年受任为成都联中（后名石室中学）教务主任，1928年接任成都县立中学校长，1932年8月，受孙德操委托创办私立树德中学，1935年又任四川省立女子中学校长，并先后担任私立华西大学英文讲师和成华大学教授兼训导长。吴先生在成都从事教育工作三十余年，为国家培养了大量人才，从其在树德中学的工作就可见一斑。

吴照华（1892—1978年），本名吴炜，四川成都人，曾任树德中学校长

树德学校是由小学到初中再到高中逐步发展起来的。私立树德义务小学第一班毕业之际，即1932年，为贫苦子弟能升中学，孙震又开办树德初级中学，分男女生部，男生部在宁夏街树德里，女生部在宁夏街树德巷，仍然不收学费和伙食费，而且还把期末的伙食结余发给学生。在初中第三班毕业的1937年秋，又开办了高中，遂成为男女兼收、初高中齐备的完全中学。

当时，很多经济困难而又勤奋好学的学生都涌向树德，入学人数逐年增多，招生质量不断提高。每年秋季招生逐步改为春秋两

20世纪40年代树德学生考试（图片来自成都树德中学）

季招生，各年级班次也随之增加，学校支出亦相应扩大。为了不断充实学校经费，吴照华费尽心血，四处募集，除了呼吁董事长和董事慷慨捐助外，还争取到不少热心教育人士的大量捐赠，不仅维持了学校的逐步发展，还把每个学生每学期的学费从10元减到6元，并增设了奖学金，凡成绩优良，家境清贫者，均能申请。

要办好一个学校，除了必要的经费，教师质量的高低也是关键。吴照华选聘第一流的教师来校教学，初聘的有陶亮生、郑匡仲、张采芹、胡卫予、谭少闻、王伯宜、肖晓田、饶德滋、赖云江等，后聘的有庞石帚、罗孔昭、罗孟桢、汪德嘉、杨俊明、周守廉、何子钦、魏炳若、徐庶聪、郑实夫等。他对选中的教师非常尊重，必亲自手捧大红聘书，登门聘请，有时不惜三顾茅庐，直到老师同意应聘方休。成都县立中学校长周子高是成都有名的"三角教师"，深受学生欢迎。当时教育厅对周老师另有任用，选派吴照华先生继任成都县中校长。周子高误以为吴照华排挤他，在吴照华手捧聘书请他继续担任"三角教师"时，竟将聘书怒掷于地。吴照华恭敬拾起，再三礼请，周子高仍倔强拒绝，之后吴照华又数次登门恭请。吴照华虽然屡遭白眼，但求才心切，毫不灰心，约请周子高的至交黄绍阶一同前去疏通。黄绍阶先进去与周子高寒暄，稍久才说外面还有人等着。周子高出来时，见在门外等候多时的竟是吴照华。周子高被吴照华一片诚挚之情所感动，终于答应受聘。又如曾任四川大学中文系主任、时任华西大学中文系主任的庞石帚，也因吴照华的多次叩聘，终于降格相从。罗孟桢、罗孔昭两位名教师虽然是吴照华的学生，但吴照华仍然亲自登门聘请，不耻下拜。汪德嘉老师有感吴照华步行十多千米乡间小路登门礼聘之情，特作诗称赞其任人唯贤、录生唯才的好作风。

秉铎成都四十年，达材成德越三千。堂庑大辟基洛固，桑海齐翻誉六传。不许相如还故里，空教季札结名贤。延陵新草都陈宿，犹念遗风一怅然。树人务德自千秋，聘录师生在拔尤。冀北价增原伯乐，关中名重赖曹邱。万间横舍庇多士，百派春潮逐顺流。寂寂草庐书简散，云山江水雨悠悠。

在树德任教的老师，受到吴照华以诚相待的礼遇和学生的尊敬，都关心学校，热爱学生，安心工作。著名教师罗孔昭、周守廉、郑实夫等，对川大、华大的聘请均未接受，而欣然以树德为家。

在对学生的爱护上，吴照华也体现了他的温暖之心。学生潘超凡嘴上生疮，脸肿病危，吴照华亲自请名医董秉奇诊治，终因病重无法治愈不幸去世，吴校长在学校治丧安葬。后一学生患上类似病症，吴校长怕学校照顾不周，便接回自己家中，安排家人精心照料，并求医来家中医治。

此外，树德中学招生，每年都属成都市第一批。吴照华先生严格招考，事必躬亲，不论学生家庭富贵贫贱，坚持分数面前人人平等，从不徇情。董

1939年树德中学篮球队与国家篮球队在树德中学进行比赛（图片来自成都树德中学）

事任苍鹏是孙震的军部经理处长，负责管理学校经济，又是吴先生的同学，其女婿彭少纯读成公中学，有人便问他怎么不找你岳父介绍去读树德中学？他回答："我岳父知道吴校长办事认真，不徇私情，不愿去说，即使说了，也无济于事。"其实，吴先生对自己的子女也不例外，八个孩子只有两个考进树德中学。由于招生考试严格，教学质量较高，尊师重教蔚然成风，学校声誉蒸蒸日上，省内不少有志求学深造，有理想、有抱负的青年都愿报考树德中学。

校规面前人人平等。一次名誉董事长田颂尧的儿子田明謇犯了校规，照章应该开除。田颂尧是国民革命军第二十九军军长，是孙德操将军的顶头上司，每年捐赠学校大米五十石。吴先生知道一旦开除了田明謇，这五十石米就会落空，但为了维护校规的公平公正，还是毅然把田颂尧的儿子开除了，从此田颂尧也停捐了大米。

吴校长心系民族危亡，救亡图存。"九一八事变"以后，深受新民主主义革命思想的影响，吴照华大力开展爱国宣传，鼓励师生们抗日救亡，并组织起"学生救亡义勇军"，增设军事课程，请教官进行军事教学、操练、野外演习和实弹射击，随时准备上战场，并促成政府在全川各中学正式开设军事课程并派遣教官。吴照华抓住"国难当头"的关键，顺应全校师生的爱国激情，制定了"国难教育纲要"，还向学生提出了"为学"与"做人"的更高要求。教学中，他主张由教师选择适合国难教育的教材，如"对文学课程，要选读培养民族意识、激发爱国思想之文章；选读中外模范人物、爱国志士之言论、传记及爱国尚武诗歌；选读记载我国国耻及近代国权丧失之文字；选择时事方面重要论文、宣言及通电；多作雪耻救国方面文字及应用文等；对历史、地理课程，要阐扬我国民族之精神及美德；注重我国被侵略之历史及丧失之土地；研究不平等条约之内容；注重我国与外国之经济地理的关系；注重国际形势及新兴国家之内情；研究各民族盛衰之原因及其国家强盛之关系等；而音体美课程则要有振奋精神、强健体魄、熏陶爱国激情的内容"。

为了促进学生全面健康发展，吴照华提出对学生要进行多方面的教养。他首先要求教师随时关心学生的身心发展与品行陶冶。在训育方面，注重培养人格，不准打骂，以身作则，共同生活；在管理方面，实行军事化，统一学生服装，严肃整齐，生活俭朴；厉行导师制度，培养学生自治精神。十分重视体育活动，校内有很宽广的操场，运动器械也较齐备，学生除上体育课外，每天早晨均由老师带领出早操，课余安排各种集体运动和自由活动，每年春秋两季还举办校运动会，促进学生健康发展；另外，还鼓励学生组织学术团体，开展课外学术、科研活动。例如成立弘毅学会、树光学会、黎明学会、五育学会等等，各设学术股、讲演股、文体股，或开展学术讨论，或请教师讲演，或组织文体活动；为扩大学生的知识面，还先后邀请知名人士黄炎培、钱穆、李珩、罗玉君、王恩详、蓝天鹤……来学校作学术专题讲演，以开阔学生眼界。寓教于乐的学习生活和朴实钻研的良好学风充溢全校。

● 陶亮生

地处川西咽喉与民族走廊的雅安，人杰地灵、人文荟萃。出生在雅安荥经县的陶亮生是蜚声海内的教育家、诗人和楹联家。书于成都望江楼公园大门的名联正是出于陶亮生先生之手：

少陵茅屋，诸葛祠堂，并此鼎足而三，饰崇丽，荡漪澜，系客垂杨歌小雅；元相诗篇，韦公奏牍，总是关心则一，思贤才，哀茕宽，美人香草续离骚。

陶亮生（1900—1984年），四川荥经人，教育家、国学家、诗人、楹联家，曾任成都师范大学堂、华西协合大学、四川大学教授，成城中学校长，西康省政府秘书长

陶亮生1907年启蒙入塾；1910年就读荥经县高等小学堂，屡次名列第一；1913年，以第一名考入成都四川省立第一中学。求学期间，仍保持第一名，屡受学校褒扬，五年均免交学费。寒暑假期间寄宿于"六先生祠"，该祠环境清幽、藏书颇丰，陶亮生如鱼得水，昼夜攻读。1919年陶亮生以优异成绩考入国立成都高等师范学校，尤以作文深得师辈称道，曾破格得120分。校长吴玉章对陶亮生亦甚器重，举任学长（今学生会主席）。其间，陶亮生与徐子休、赵尧生、尹仲锡、向先桥、林山腴、刘咸荥、曾焕如诸老结为忘年之交，或为诸老之高足弟子，同时被破格举任宾萌中学国文教师。虽初登讲坛，陶亮生教授精湛，艺服诸生，名声始噪。

1924 年高师毕业后，陶亮生执教树德中学等中学，被誉为"白将军"，与其同窗江安文百川雅号"黑将军"先生齐名。据树德中学学生回忆，当年陶先生在树德中学教语文，以曾国藩编的《经史百家杂钞》为教材，另加授中国文学史课程。

抗战期间，陶亮生作词、陈砚方作曲，谱写了树德校歌：

干家桢国树人斯树德，大勇气集义所生，大精神诗书所泽，举目异山河，新亭涕泗多，终童能请长缨，汪踦能卫社稷，匣中宝剑及时磨，东海斩鲸，西山化鸟，复仇填恨止干戈，泱泱大国，弦诵雅声和。

陶亮生先生书法作品

1928 年秋陶亮生受聘执教于四川大学。他治学严谨，授课声音洪亮，板书隽秀，谈吐机趣，深受学生喜爱。教授中国文学史颇有创见，尤其擅长辞章，批改作业也独具一格。因感愤于当局贪污暴敛，他曾命一作文题，"传曰：作法于良，其弊犹贪，作法于贪，弊将安救，试申其义。"以启发学生关心国事。

陶先生著作甚丰，早年坚持写日记，凡数十册，诗文亦数十卷，内有《说毛诗》《说文心雕龙》《五老七贤亲炙记》《联语帚珍》《蜀联偶谈》《名联泛话》《成都街名琐记》《礼义古名今晓》二十卷，《四库馆贤学艺指授纂录》六卷，《数典录》两卷。

● 张采芹

四川画坛自古以来就是群星荟萃，出了许多大家、名家，张采芹与张大千、张善孖齐名，被誉为画界"蜀中三张"。

张采芹是知名的美术教育家。1922年，21岁的张采芹考取了上海美术专科学校，师从刘海粟、王震、江小鹣等大师。1925年，他以第一名的成绩毕业回到四川。在成都，他筹资创办了南虹艺术专科学校，还先后担任树德中学、四川美专、四川艺专、成都高师、四川大学、四川师大、成都女师、南虹艺专等十多所高、中等院校的美术教授，培养了大批艺术人才，桃李满天下。

张采芹亦是知名的画展策划人和组织者。1941年年初，为了宣传抗战救国，张采芹与罗文谟、林君墨等人自筹钱银，在祠堂街成都少城公园旁边成立了"四川美术协会"，设有一两百平方米的展览厅，接纳大批内迁画家，尽显地主之谊，使四川的美术事业出现空前繁荣。张采芹为来川书画家奔波操劳，热热闹闹地举办多场画展，几乎当时全国的绘画名家，在张采芹的筹划与帮助下，都先后在成都举办过个展，其中不少个人画展更是引起轰动。画家张大千、徐悲鸿、吴作人、傅抱石、潘天寿、黄君璧、赵少昂、关山月、马万里、廖冰如、吴一峰、岑学恭等，都先后在这里一显身手办过画展，其中张大千一人就在成都举行了6次大规模展览。

张采芹（1901—1984年），重庆江津人，现代教育活动家、著名国画家，曾任中国美术家协会会员、美协四川分会会员，四川省文史研究馆研究员，曾在树德中学担任美术教授

众多珍贵作品的出现，给蓉城的大街小巷注入一股清新之气，吸引着全国越来越多书画界人士慕名前来。时任中国美术学院院长的徐悲鸿曾写信给张采芹："成都的文化艺术氛围如此浓厚，艺术家们的热情如此高涨，实皆有赖于采芹、文谟二兄的操劳奋斗，弟实为之感佩不已！"刘开

渠先生创作矗立在成都春熙路的《孙中山铜像》和人民公园前的《川军抗日阵亡将士纪念碑》（纪念碑最初于1944年7月7日建成，竖立在成都东门城门洞，即川军出川抗日征程的起点。2007年8月15日，迁到人民公园东门广场），也是在张采芹大力帮持与资助下才完成的，两者现作为成都重要的历史性标志雕塑。

新中国成立后，成都军管会代表在接收四川美协财产时，张采芹再次展现其大公无私。不但将旧美协的所有财产全部献出，更将房舍10多间，家具286件，现大洋100多块，明代大画家陈老莲（洪绶）精美山水册页，张大千、徐悲鸿、齐白石等现代名家等一大批珍贵书画献给了国家。

张采芹先生中国画作品

Chengdu 100 Year School

如今，在人民公园的"艺苑亭"还留有"四川美术协会"旧址的石碑，石碑背面刻的正是徐悲鸿为张采芹所作画像。

● 赵尔宓

1930年1月30日，赵尔宓出生在成都一个满族家庭。赵家可算是医生世家，赵尔宓的父亲赵伯钧当时在家里开着一个名叫"亲仁医院"的西医诊所，赵尔宓的大哥后来也从医，他的父亲对子女的学习要求十分严格。5岁那年，赵尔宓进入当地小学读书，1941年考入成都树德中学。

树德中学的学习生活深刻影响了赵尔宓的人生选择。他在这里遇见了步入生物学大门的引路人——他的生物老师，启发了他对生物学的浓厚兴趣。他也在树德初遇人生伴侣涂茂浏，两人是树德中学校友和华西协合大学校友，在学习和生活中互生爱慕，1953年结婚，相守半个多世纪。

1943年，政府号召青年从军抗战，看着很多同学投笔从戎，未满16岁不能从军的赵尔宓很是郁闷。从1944年秋开始，赵尔宓团结满族、蒙古族青年，先后组建了"同仁学会""进修学会"进步组织，进行宣传抗战、宣传革命的活动。1947年高中毕业前夕，成都地下党领导发动了"反饥饿，反内战"运动。

赵尔宓也参加了运动并承担鼓励同学罢课的任务。不几天，校长召集全校学生到礼堂集合，宣布不准罢课，参加者一律开除。赵尔宓因积极参与宣传罢课，受到了严厉批评。高中毕业后，亲友都以为他会进华西学医，但赵尔宓则另有打算，报考了华西大学的生物系。1951年7月，赵尔宓大学毕业，在重庆集中学习一个月后，被分配到哈尔滨医科大学任助教。1954年5月，赵尔宓调回已更名为四川医学院的母校，跟随徐福均研究胚胎学。1956年，26岁的赵尔宓开始了他的采集生涯。1962年，赵尔宓成为刘承钊的助手，开始了两栖爬行动物分类区系的研究。

赵尔宓（1930—2016年），四川成都人，两栖爬行动物学家，中国科学院院士，曾任中国科学院成都生物研究所副所长、研究员

赵尔宓大半生学术研究的对象是蛇，因此有记者在报道中说他与蛇"缠绵"了半个世纪。1963年，赵尔宓和同事到贵州山区采集标本，偶然听说兴义的一个小山乡分布着罕见的剧毒五步蛇。这种蛇在亚洲相当著名，因舌头酷似三角形的铁犁头，被当地人称之为"犁头匠"。赵尔宓和同事上山搜寻了半个月也没见到"犁头匠"的身影。就在他们收拾行装准备离开时，有山民说他在自己家粪坑旁发现了"犁头匠"，情急之下，赵尔宓亲自下手抓住了这条足有1.5米长的大家伙。

1973年，赵尔宓与同事前往喜马拉雅山南麓的墨脱县采集标本。那时，墨脱县是全国没有通车的县份之一，到那里必须翻过喜马拉雅山海拔5500米的多雄拉垭

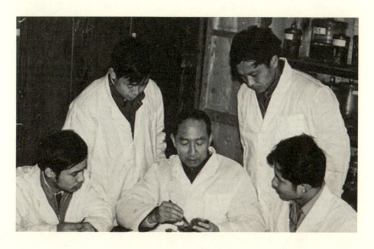

1984年赵尔宓（中）指导生物所研究生解剖

口。赵尔宓一行用了三天三夜才到达当时的墨脱县城马尼翁。这一个多星期的采集，赵尔宓发现了西藏独有的 8 种两栖爬行动物，包括由他命名的新蛇种"墨脱竹叶青"。尤其是在墨脱希壤发现的眼镜王蛇，将这一蛇种已知的分布范围向北推移了 4 个纬度，并为亚热带动物沿雅鲁藏布江大峡谷水气通道向北扩散提供了有力证据。赵尔宓在国际学术界享有很高的声誉，2003年，他当选美国两栖爬行动物学家联盟终生荣誉会员。

后记

　　成都是一座有着三千多年历史的文化名城，成都的教育从文翁兴学肇始，早在汉朝即成为国家兴办学校的仿效样板，西蜀文化自此历经数千年，绵绵不绝，天府之国名人辈出。在这蕴含深厚内涵的土壤之上，建立了许许多多启智育德、培养人才的学校，这些学校与蓉城百姓的生活息息相关。每个土生土长的成都人，多多少少都有亲朋好友曾在此间读书习字、启蒙受教，甚至自己就是这些学校的校友。百年间虽时局动荡，仁人志士却颇多善绩，办学治校、培育英才，其间多少苦乐曲折，不足为外人道。

　　今天我们有幸通过编写这本书，梳理百年来成都颇具特色的学校历史文化，挖掘、讲述其中鲜为人知的故事，将百年来成都学校的办学史、办学理念、种种人与事呈现给读者，以期拼图百年来成都教育史的局部，供读者管窥。

　　《成都百年学校》一书是在成都市文化体制改革和文化产业发展领导小组办公室领导及《天府文化·成都百年》丛书编委会的悉心指导下，在汪令江主持完成的前期策划、调研、采访和编写提纲的基础上，由邱果统筹协调组织撰写，经过数次修改完善，最终定稿。书稿是多位作者创作撰写的集体智慧结晶：陈伟、张秀梅（电子科技大学），甘露、李媛、刘瀛、郑典宜、杨春霞、于玉、徐艺心等（成都大学）。全书统稿及校对工作由邱果、李媛等完成。另外，原编写提纲还准备撰写成都市锦官驿小学、成都实验小学、成都市龙江路小学等小学内容，因为全书篇幅有限等原因，定稿中删减了相关部分，也为本书留下了遗憾。

　　本书的完成要感谢来自成都市相关小学、中学、大学的多位领导和老师的大力支持。在编写组考察、采访和收集材料的过程中，许多教育工作者提供了大量参考资料和写作素材。感谢西南交通大学原峨眉校区校长阎开印、公共管理与政法学院党委书记高凡、档案馆（校史馆）原馆长熊瑛、校史办公室主任崔啸晨和鲍洪刚，石室中学的田间校长、赵清芳副校长，树德中学的陈东永校长，成都七中易国栋校长，成都工业学院图书与档案信息中心主任、图书馆馆长王进鑫，成都工业学院档案馆周德文老师，成都大学美术与设计学院原院长刘遂海教授等耐心细致的介绍和讲述；感谢电子科技大学宣传部副部长陈伟，西南财经大学档案馆馆长金元平、副馆长张红霞，石室中学张治老师，树德中学熊光燕老师，中和中学罗晓华老师，成都大学罗宾老师，成都大学宣传部、档案馆及四川大学档案馆等为写作收集并提供了部分素材、图片等文献资料；感谢四川大学校史馆丰富的收藏和展示，感谢四川大学档案馆沈军老师的帮助，感谢四川大学校友们，为我们提供了许多未成文字、而在师生中口耳相传的小故事；感谢成都工业学院副院长陈传伟、成都市教育学会会长王志坚、副会长陆枋、高新区教育总督学唐方剑等为顺利完成本书写作给予的帮助和支持。

　　此外，还要感谢成都大学图书馆成都文献中心的老师，在我们的写作过程中，积极帮助查找各个学校的相关文献资料，并对我们缺乏的文献提出具体的解决方案。最后，感谢各位领导的支持与帮助，正是因为有了他们的大力支持，才会有这本《成都百年学校》的呈现。成都百年的教育内涵悠久丰富、校史资料纷繁复杂，鉴于编写组水平有限，难免留下疏漏和遗憾，恳请各位批评指正，以望在今后能得到修订和完善。

《成都百年学校》编写组

2023 年 11 月

Chengdu 100 Year School

图书在版编目（CIP）数据

成都百年学校 / 邱果, 李媛, 汪令江编著. -- 成都:
成都时代出版社, 2024.12. -- （"天府文化·百年成都"
丛书）. -- ISBN 978-7-5464-3572-5

Ⅰ. G527.711

中国国家版本馆CIP数据核字第2024Z49B97号

成都百年学校

CHENGDU BAINIAN XUEXIAO

邱　果　李　媛　汪令江　编著

出 品 人：钟　江
责任编辑：蒲　迪
责任校对：李　佳
责任印制：江　黎　曾译乐
设计制作：　　　　成都读城投资有限公司

出版发行：成都传媒集团·成都时代出版社
　　　　　028-86621273　（编辑部）
　　　　　028-86763285　（图书发行）
印　　刷：四川华龙印务有限公司
规　　格：160mm×230mm
字　　数：385千
印　　张：20
版　　次：2024年12月第1版
印　　次：2024年12月第1次印刷
书　　号：ISBN 978-7-5464-3572-5
定　　价：58.00元